Vermögensverwaltung
Übernahmerecht im Gefolge
der EU-Übernahmerichtlinie

Bankrechtstag 2006

BrV 27

Schriftenreihe der Bankrechtlichen Vereinigung

herausgegeben von

Walther Hadding, Mainz
Klaus J. Hopt, Hamburg
Herbert Schimansky, Karlsruhe

Band 27

De Gruyter Recht · Berlin

Vermögensverwaltung
Übernahmerecht im Gefolge der EU-Übernahmerichtlinie

Bankrechtstag 2006

De Gruyter Recht · Berlin

♾ Gedruckt auf säurefreiem Papier, das die US-ANSI-Norm über Haltbarkeit erfüllt.

ISBN 978-3-89949-351-1

Bibliografische Information der Deutschen Nationalbibliothek

Die Deutsche Nationalbibliothek verzeichnet diese Publikation in der Deutschen Nationalbibliografie; detaillierte bibliografische Daten sind im Internet über http://dnb.d-db.de abrufbar.

Printed in Germany

Druck und buchbinderische Verarbeitung: Druckhaus Köthen GmbH, Köthen
Umschlaggestaltung: Angela Dobrick, Hamburg

Vorwort

Der Bankrechtstag 2006 der Bankrechtlichen Vereinigung – Wissenschaftliche Gesellschaft für Bankrecht e.V. fand am 23. Juni 2006 in Zürich statt. Über die hochaktuellen Themen „Vermögensverwaltung" sowie „Übernahmerecht im Gefolge der EU-Übernahmerichtlinie" diskutierten mehr als 160 Teilnehmer.

Die erste Abteilung beschäftigte sich mit dem Thema „Vermögensverwaltung", das eine immer stärkere Verrechtlichung erfährt. Dies gilt insbesondere für den Bereich der EU, wo die Finanzmarktrichtlinie MiFID eine grundlegende Neubestimmung des Rechts der Vermögensverwaltung bringen wird, zeigt sich aber auch in einer Rechtsordnung wie der schweizerischen, die nicht (direkt) durch das Europarecht geprägt ist. Der einleitende Vortrag von *C. Benicke* gab einen Überblick über die aktuellen Rechtsprobleme der Vermögensverwaltung, ehe *F.A. Schäfer* die Neuerungen durch die MiFID analysierte und *W. Wiegand* einen Überblick über die Vermögensverwaltung im Schweizer Recht gab. Die zweite Abteilung des Bankrechtstags 2006 behandelte die Neuerungen im Übernahmerecht aufgrund der gerade (zum 20. Mai 2006) in Kraft getretenen EU-Übernahmerichtlinie. Beginnend mit einem Blick von außen, in dem *K. Hofstetter* die schweizerische Sicht auf das neue europäische Übernahmerecht darlegte, analysierten anschließend *P. Doralt* und *P.O. Mülbert* die Umsetzung der europäischen Vorgaben in das österreichische und das deutsche Recht.

Über den Bankrechtstag 2006 ist in Literatur und Presse auch dieses Mal ausführlich berichtet worden. Hingewiesen sei besonders auf die umfänglichen Berichte von *C. Kumpan*, ZBB 2006, 319 und *M. Lyner/M. Parmentier*, WM 2006, 1470.

Die Druckvorbereitung dieses Bandes haben dankenswerterweise Herr wiss. Ass. *Alexander Hellgardt* und Frau *Ingeborg Stahl* vorgenommen, Herr cand. iur. *Sven Sievert* (alle vom Max-Planck-Institut für ausländisches und internationales Privatrecht, Hamburg) hat beim Stichwortverzeichnis geholfen.

Allen, die zum Gelingen des Bankrechtstag 2006 beigetragen haben, insbesondere auch Frau *C. Langeneck* vom Sekretariat der BrV, sei von den Herausgebern herzlich gedankt.

Mainz, Hamburg, Marxzell
im März 2007

Hadding, Hopt, Schimansky

Inhaltsverzeichnis

1. Abteilung: Vermögensverwaltung

Leitung: *Arne Wittig* Chefsyndikus Deutschland/Zentraleuropa der Deutsche Bank AG, Frankfurt am Main

2. Abteilung: Übernahmerecht im Gefolge der EU-Übernahmerichtlinie

Leitung: *Dr. Urs Zulauf* Vizedirektor/Leiter Rechtsdienst Eidgenössische Bankenkommission, Bern

1. Abteilung:
Vermögensverwaltung
Leitung: *Arne Wittig* Chefsyndikus
Deutschland/Zentraleuropa
der Deutsche Bank AG, Frankfurt am Main

Das Recht der Vermögensverwaltung

Prof. Dr. *Christoph Benicke*
Justus-Liebig Universität Gießen

I. Einleitung

Die Finanzportfolioverwaltung wird in § 1 Abs. 1a Nr. 3 KWG als die Verwaltung einzelner in Finanzinstrumenten angelegter Vermögen für andere mit Entscheidungsspielraum definiert. Kennzeichnend sind damit zum einen die Vermögensgegenstände, die verwaltet werden. Das Gesetz verwendet den Begriff des Finanzinstruments. Im Kern handelt es sich dabei vor allem um fungible Anlagetitel, die am Kapitalmarkt gehandelt werden. Dies grenzt die Finanzportfolioverwaltung oder auch Wertpapiervermögensverwaltung von den Verwaltungen anderer Vermögenswerte ab. Eine solche rechtliche Sonderbehandlung ist gerechtfertigt, weil die Leistungspflichten des Verwalters durch die Art der Vermögensgegenstände geprägt werden. Es geht um ein Handeln am Kapitalmarkt vor allem in Form des Erwerbs und der Veräußerung von Anlagetiteln. Bei der Verwaltung einer unternehmerischen Beteiligung oder eines Immobilienvermögens geht es demgegenüber vor allem um das Halten und Bewirtschaften des konkreten Vermögensgegenstandes.

Zum anderen ist die Vermögensverwaltung nach der Art der Tätigkeit von der Anlageberatung abzugrenzen. Entscheidend ist insoweit, dass der Verwalter selbst mit eigenem Entscheidungsspielraum Anlageentscheidungen für den Kunden trifft, während der Berater den Kunden nur unterstützt, damit dieser die Anlageentscheidung selbst treffen kann. Außerdem ist die Vermögensverwaltung notwendig auf eine gewisse Dauer angelegt, während die Anlageberatung auch einzelfallbezogen erbracht werden kann und in den meisten Fällen erbracht wird.

II. Ökonomische Analyse des Vermögensverwaltungsverhältnisses

1. Vermögensverwaltung als spezialisierte Arbeitsteilung

Die Fremdverwaltung von Wertpapiervermögen kann sich als eigener Geschäftszweig nur etablieren, wenn in großer Zahl ausreichend große Vermögen vorhanden sind. Das Vorhandensein solchen privaten anlagebereiten Vermögens ist zwar notwendige Bedingung für das Entstehen eines Marktes der Vermögensverwaltung, erklärt aber noch nicht, warum die Vermögensinhaber dritte Personen als Fremdverwalter heranziehen. Traditionell wird als Grund für die Fremdverwaltung von Vermögen angeführt, dass der Inhaber selbst verhindert sei, sein Vermögen zu verwalten.[1] Vermögensverwaltung in Finanztiteln, wie sie heute in großem Umfang angeboten wird, kann aber nur dadurch erklärt werden, dass es sich um eine Form der Arbeitsteilung handelt, die durch die Spezialisierung wirtschaftliche Vorteile bringt.

Die Vorteile von Arbeitsteilung hängen von der Komplexität der Tätigkeit und den Möglichkeiten der Standardisierung ab. Je komplexer die Tätigkeit ist, desto größer ist das spezifische Know-how, das für eine Tätigkeit erforderlich ist. Für den Einzelnen lohnt es sich nicht, dieses Wissen zu erwerben, wenn er es nur für seine eigenen Angelegenheiten verwenden kann. Die Vorteile von Arbeitsteilung und Spezialisierung sind daher umso größer, je öfter das spezifische Know-how von dem Experten angewandt werden kann oder anders ausgedrückt, wenn Skalenvorteile bestehen. Dass sich die Vermögensverwaltung durch Anlage am Kapitalmarkt durch ein hohes Maß an Komplexität auszeichnet, spezifisches Know-how erfordert und hierbei erhebliche Skalenvorteile möglich sind, ist unbestreitbar.[2]

2. *Funktion der Vermögensverwaltung als Finanzintermediär*

Der Vermögensverwalter ist Intermediär am Kapitalmarkt.[3] Anders als die Kreditinstitute im bilanzwirksamen Geschäft tritt der Vermögensverwalter nicht zwischen den Anleger und die kapitalaufnehmende Stelle, sondern unterstützt den Anleger bei der direkten Anlage seines Vermögens in Finanzinstrumente.

a) Informationsverarbeitung

Die Leistung des Vermögensverwalters besteht zum einen in der Informationsauswertung und der Informationsverarbeitung für den Anleger. Dabei

---

1 *Heymann*, Geschäftsanwälte und Treuhandgesellschaften als Vermögensverwalter nach englischem und deutschem Recht, in: Festgabe Güterbock, 1910, S. 563, 564 f.

2 Zu den einzelnen Aspekten *Benicke*, Wertpapiervermögensverwaltung, 2006, S. 132 ff.

3 Zum Begriff des Finanzintermediation *Bank*, Finanzintermediation, in: Gerke/ Steiner (Hrsg.), Enzyklopädie der Betriebswirtschaftslehre, Band 6, Handwörterbuch des Bank- und Finanzwesens, 3. Aufl. 2001, Sp. 836.

wird die Allgemeinpublizität des Kapitalmarkts für die Zwecke der Anlage aufbereitet und für konkrete Anlageentscheidungen zugunsten des Vermögensinhabers nutzbar gemacht. Besonders deutlich wird dies bei der Auswahl von Anlagetiteln im Rahmen einer aktiven Anlagestrategie wie etwa der Fundamentalanalyse. Anders als bei der Anlageberatung wird diese Informationsverarbeitung nicht durch eine entsprechende Aufklärung und Beratung des Anlegers erbracht, sondern bildet die Grundlage für die durch den Verwalter zu treffende Anlageentscheidung.[4]

b) Optimierung der Portefeuillegestaltung

Wenn die Kapitalmärkte zunehmend informationseffizient werden, tritt diese herkömmlich im Vordergrund stehende Leistung der Informationsauswertung allerdings zurück. In einem weitgehend informationseffizienten Kapitalmarkt sind bereits alle verfügbaren und für die Bewertung von Anlagetiteln relevanten Informationen bei der Kursbildung berücksichtigt. Durch Informationsauswertung kann daher nachhaltig keine höhere Rendite als die Marktrendite erwirtschaftet werden.[5]

Entscheidend kommt es daher darauf an, das Portefeuille optimal zu gestalten. Eine höhere Rendite kann grundsätzlich nur durch Eingehung eines höheren Risikos erzielt werden. Die wirtschaftswissenschaftliche Kapitalmarkttheorie hat zeigen können, dass nicht jedes Risiko durch eine höhere erwartete Rendite vergütet wird. Das Risiko eines Anlagetitels, das durch Diversifikation vermieden werden kann, das sogenannte unsystematische Risiko, wird nicht durch eine höhere erwartete Rendite entgolten.[6] Ziel einer Anlage muss es daher sein, eine unter Kostengesichtspunkten optimale Diversifikation der Anlage zu verwirklichen. Diversifikation dient demnach zumindest nicht primär dazu, das absolute Risiko einer Anlage zu senken. Ziel ist vielmehr, ein Risiko zu vermeiden, das nicht durch eine entsprechend höhere erwartete Rendite vergütet wird.

---

4 *Benicke* (oben Fn. 2), S. 134 f.

5 S. dazu *Franke/Hax*, Finanzwirtschaft des Unternehmens und Kapitalmarkt, 5. Aufl. 2004, S. 415 f.

6 *Schmidt/Terberger*, Grundzüge der Investitions- und Finanzierungstheorie, 4. Aufl. 1997, S. 321 ff.

Ist durch Diversifikation das nicht vergütete unsystematische Risiko möglichst weitgehend beseitigt worden, kommt es nun darauf an, die Anlage so zu gestalten, dass das eingegangene Risiko den Anlagezielen des Vermögensinhabers entspricht. Das Ziel besteht dabei nicht darin, eine möglichst risikoarme Gestaltung zu verwirklichen. Da das systematische Risiko durch eine entsprechend höhere erwartete Rendite vergütet wird, ist das Maß an Risiko zu wählen, das den Anlagezielen des konkreten Anlegers entspricht. Zu vermeiden ist damit nicht nur ein zu hohes, sondern auch ein zu niedriges Maß an Risiko, weil dies zu einer entsprechend geringeren erwarteten Rendite führt.[7] Entscheidend ist die Erkenntnis, dass es für die Vermögensverwaltung nicht die eine richtige Anlagepolitik gibt, sondern immer nur eine für die Anlageziele eines bestimmten Kunden richtige Anlagepolitik.

Eine weitere Folge der Wirkung von Diversifikation und der Unterscheidung von unsystematischen, d.h. nicht vergüteten, und systematischen, d.h. vergüteten Risiken, besteht darin, dass ein Anlagetitel im Hinblick auf die Übereinstimmung mit den Anlagezielen eines Vermögensinhabers nie isoliert bewertet werden kann. Entscheidend ist nicht das Risiko eines Anlagetitels als solchem, sondern nur das Risiko des gesamten für den Vermögensinhaber gebildeten Portefeuilles. Bewertungsmaßstab für einen einzelnen Anlagetitel ist daher nur seine Auswirkungen auf die Struktur des gesamten Portefeuilles.[8]

3. *Kosten der Vermögensverwaltung*

a) Allgemein

Den Vorteilen der Arbeitsteilung, die durch Einschaltung eines Verwalters erzielt werden können, stehen die dadurch anfallenden Kosten gegenüber. Der Gesamtnutzen der Arbeitsteilung und Spezialisierung ergibt sich aus den Vorteilen abzüglich der Kosten. Kosten werden insoweit in einem weiten Sinn verstanden und schließen nicht nur das Entgelt des Vermögensverwalters und die Transaktionsgebühren ein.

---

7 S. dazu *Benicke* (oben Fn. 2), S. 123 f.

8 *Benicke* (oben Fn. 2), S. 121 f.; zur Frage, welches Maß an Diversifikation ein Vermögensverwalter verwirklichen muss und ob die technische Analyse Anwendung finden darf, s. aaO. 774 ff. und 784.

Sonstige Kosten sind für die Beurteilung des Gesamtnutzens von mindestens genauso großer Bedeutung. Solche sonstigen Kosten entstehen für die Vertragsanbahnung, die Vertragsgestaltung und den Vertragsabschluss. Außerdem entstehen bei der Delegation einer Aufgabe an einen anderen noch Überwachungs- und Kontrollkosten sowie der sog. „residual loss". Der „residual loss" ist der Verlust, den der Auftraggeber dadurch erleidet, dass eine Überwachung nicht vollständig möglich ist. Insoweit besteht die Gefahr, dass der Beauftragte die Aufgabe nicht vollständig und nicht ausschließlich im Interesse des Auftraggebers erfüllt.

Diese Kosten sind im Wesentlichen auf Informationsasymmetrien zwischen Auftraggeber und Beauftragtem zurückzuführen. Sie können so hoch sein, dass eine an sich wohlfahrtserhöhende Spezialisierung unterbleibt. Anders ausgedrückt ist die Beherrschung der Kosten aufgrund von Informationsasymmetrien entscheidend für einen maximalen Wohlfahrtsgewinn durch die Arbeitsteilung, d.h. sowohl für die Anbieter als auch die Nachfrager.

b) Qualitätsunsicherheit bei Beginn des Vermögensverwaltungsverhältnisses

Bei der Vermögensverwaltung besteht zum einen eine Informationsasymmetrie bei Abschluss des Vertrages. Der Kunde kann die von dem Verwalter angebotene Leistung bei Vertragsschluss nur sehr beschränkt auf ihre Qualität hin untersuchen. Die Leistung „Vermögensverwaltung" ist nicht gegenständlich, sondern stellt ein Versprechen dar, für den Kunden in einer bestimmten Weise tätig zu werden. Dabei zeichnet sich die Beschreibung der zu erbringenden Tätigkeiten durch ein großes Maß an Unbestimmtheit aus. Es ist also schwer, Inhalt und Qualität der versprochenen Leistung bei Vertragsschluss zu beurteilen. Auch die Fähigkeiten eines Verwalters und seine tatsächlichen und persönlichen Ressourcen können vom Kunden nur sehr eingeschränkt unmittelbar überprüft werden, weil dies spezielle Kenntnisse voraussetzt und damit besondere Kosten verursachen würde. Folge der Unsicherheit über die Qualität ist die Gefahr der Negativauslese (adverse selection), wie sie von *Akerlof* beschrieben wurde.[9] Im schlimmsten Fall kommt ein Markt für das Produkt bzw. die Dienstleistung nicht zustande.

---

9 *Akerlof*, The Market for „Lemons": Quality, Uncertainty and the Market Mechanism, Quarterly Journal of Economics 84 (1970), 488; s. auch *Schäfer/*

Ein außerrechtlicher Mechanismus zur Verminderung der Qualitätsunsicherheit stellt etwa das sogenannte Signalisieren dar, bei dem von bestimmten beobachtbaren Merkmalen Rückschlüsse auf Qualitätsmerkmale gezogen werden können.[10] Ein solches Signal für ausreichende Ressourcen soll bei der Vermögensverwaltung etwa durch eine teure Ausstattung der Büroräumlichkeiten ausgestrahlt werden. Ein anderer wichtiger Mechanismus ist die Reputation des Unternehmens, auf die der Kunde seine Entscheidung, einen Vermögensverwalter auszuwählen, stützt.

Die wohl wichtigsten rechtlichen Mechanismen zur Verminderung der Qualitätsunsicherheit stellen staatliche Zulassung und Aufsicht der Anbieter dar. So wird bei der Entscheidung der Zulassung eines Anbieters zur Portfolioverwaltung nach § 32 KWG geprüft, dass der Anbieter die zum Geschäftsbetrieb erforderlichen Mittel, insbesondere ein ausreichendes Anfangskapital besitzt. Es müssen zuverlässige und fachlich geeignete Geschäftsleiter vorhanden sein und der Anbieter muss bereit und in der Lage sein, die notwendigen organisatorischen Vorkehrungen zum ordnungsgemäßen Betreiben der Geschäfte zu schaffen. Dadurch soll sichergestellt werden, dass alle Anbieter einen Mindeststandard hinsichtlich der Qualität ihres Leistungsinhalts erfüllen.

c) Prinzipal-Agenten-Problematik bei der Vermögensverwaltung

Eine Informationsasymmetrie besteht zwischen Verwalter und Kunden auch bei der Durchführung der Vermögensverwaltung. Die sich dabei ergebenden Regelungsprobleme werden von der Prinzipal-Agenten-Theorie beschrieben.[11] Die Austauschbeziehung zwischen dem Verwalter und dem Vermögensinhaber ist darauf gerichtet, dass der Verwalter für den Vermögens-

Ott, Lehrbuch der ökonomischen Analyse des Zivilrechts, 4. Aufl. 2005, S. 321 ff.

10 Dazu grundlegend *Spence*, Job Market Signaling, Quarterly Journal of Economics 87 (1973) 355; s. auch *Spremann*, Wirtschaft, Investition und Finanzierung, 5. Aufl. 1996, S. 706, 721.

11 S. dazu grundlegend *Jensen/Meckling*, Theory of the firm: Managerial behavior, agency costs, and ownership structure, 3 Journal of Financial Economics (1976) 305 ff.; *Holmstrom*, Moral Hazard and Observability, 10 Bell Journal of Economics (1979) 74 ff.; s. auch *Eisenhardt*, Agency theory: An assessment and review, 14 Academy of Management Review (1989) 57 ff.

inhaber tätig wird und dabei seine Sachkunde einsetzt. Der Erfolg der Tätigkeit soll dem Kunden zugute kommen. Zum einen folgt daraus, dass der Vermögensinhaber dem Verwalter die unmittelbare Einwirkung und Entscheidungsmacht in einem Bereich seiner Vermögensangelegenheiten einräumt.

Zum anderen kann die von dem Verwalter zu erbringende Tätigkeit im Voraus nur sehr allgemein beschrieben werden. Der Spezialisierungseffekt ist umso größer, je mehr Freiraum dem Verwalter als Experten eingeräumt wird. Wenn der Kunde dem Verwalter bestimmte Verhaltensweisen vorschreiben will, so muss er sich selbst die dafür notwendigen Kenntnisse verschaffen und verliert dadurch gerade den Vorteil der Arbeitsteilung. Außerdem verringern konkrete Vorgaben den Handlungsspielraum, den der Verwalter für Tätigkeiten zum Nutzen des Kunden ausfüllen kann. Der Vermögensinhaber besitzt daher auch bei Durchführung des Vertrages nur sehr eingeschränkte Informationen und Möglichkeiten, um die Ordnungsmäßigkeit der Handlungen des Verwalters zu beurteilen.

Hinzu kommt noch, dass auch aus dem Ergebnis der Verwaltungstätigkeit nur sehr unsichere Schlüsse auf die Qualität und Pflichtmäßigkeit der Leistungserbringung gezogen werden können. Es handelt sich bei der Vermögensverwaltung zu einem großen Teil um ein sogenanntes Glaubensgut.[12] Ob die Vornahme oder das Unterlassen einer Anlageentscheidung pflichtgemäß war, ist nach der Situation zu beurteilen, in der sich der Verwalter ex ante befand. Eine Anlageentscheidung, die sich im Zeitpunkt der Vornahme als pflichtgemäß darstellt, kann dennoch zu einem Vermögensverlust führen. Aus einer hohen Rendite oder aber einem Verlust kann daher kein sicherer Schluss auf die Ordnungsmäßigkeit der Anlageentscheidung gezogen werden.

Soweit der Verwalter einen von dem Kunden nicht beobachtbaren oder kontrollierbaren Handlungsbereich besitzt, besteht die Gefahr, dass der Verwalter diesen Freiraum zu Handlungen ausnutzt, die in seinem eigenen Interesse und nicht im Interesse des Vermögensinhabers liegen. So kann der Verwalter ein geringeres Maß an Anstrengungen und an Mitteln einsetzen, d.h. weniger für den Kunden arbeiten. Eine andere Gefahr besteht darin, dass

12 S. zu der Einteilung in Such-, Erfahrungs- und Glaubensgüter *Schäfer/Ott* (oben Fn. 9), S. 499.

der Verwalter besondere Anlagemöglichkeiten, die für den Kunden in Betracht kommen, nicht für diesen, sondern für sich selbst wahrnimmt. Noch weitergehend besteht die Gefahr, dass der Verwalter sich Teile des Vermögens des Kunden aneignet. Dies ist etwa in der Form der Spesenreiterei (des sogenannten churning)[13] oder des Abladens von Wertpapieren in Kundenportfolios möglich.

Opportunistisches Verhalten kann auch auf Interessenkonflikte zwischen mehreren Kunden des Verwalters zurückzuführen sein. Dabei kann es sich um verschiedene Vermögensverwaltungskunden handeln, oder aber etwa bei Kreditinstituten auch um Interessenkonflikte mit Kunden aus einer anderen Geschäftstätigkeit, wie dem Kreditgeschäft oder dem Emissionsgeschäft.[14] Für den einzelnen Vermögensverwaltungskunden besteht dabei die Gefahr, dass die Wahrnehmung seiner Interessen hinter der Beachtung der Interessen der anderen Kunden zurückgestellt wird.

Das Ziel der vertraglichen Gestaltung und des Einsatzes anderer Mechanismen besteht zumindest nach der ökonomischen Analyse darin, den Verlust, den der Prinzipal durch die Informationsasymmetrie erleidet, möglichst gering zu halten.[15] Das typische institutionelle Arrangement, das das Risiko in der Prinzipal-Agenten-Konstellation vermeiden soll, ist die Ausgestaltung eines Anreizsystems, aufgrund dessen der Agent bei Verfolgung seiner eigenen Interessen auch im Interesse des Auftraggebers handelt.[16] Dem liegt zugrunde, dass die Informationsasymmetrie nur dann ein Problem darstellt, wenn die Interessen von Prinzipal und Agenten unterschiedlich sind.

Darüber hinaus dient die Prinzipal-Agenten-Theorie aber auch der Analyse solcher institutioneller Regelungen, die das Prinzipal-Agenten-Problem durch Verminderung der Informationsasymmetrie und des unbeobachtbaren

---

13 S. dazu *Benicke* (oben Fn. 2), S. 690 ff.

14 Ausführlich zum Interessenkonflikt der Banken aufgrund anderer Geschäftsbeziehungen im Verhältnis zum Effektenkunden *Hopt*, Der Kapitalanlegerschutz im Recht der Banken, 1975, S. 108 ff.; *Zobl*, Der Vermögensverwaltungsauftrag der Banken unter besonderer Berücksichtigung von Interessenkonflikten, in: Festgabe Schluep, 1988, S. 319, 326 ff.

15 *Pratt/Zeckhauser*, Principals and agents: an overwiew, in: Pratt/Zeckhauser (Hrsg.) Principals and Agents: The Structure of Business, 1985, S. 3.

16 *Spremann*, Asymmetrische Information, ZfB 60 (1990) 561, 581 ff.; *Laux*, Anreizkompatible Erfolgsbeteiligung und Kapitalmarkt, in: Festschrift Moxter, 1994, S. 1261.

Handlungsspielraums verringern. Wesentlich ist dabei die Suche nach geeigneten Formen der Überwachung und Kontrolle des Agenten durch den Prinzipal. Möglich sind etwa explizite Verhaltensnormen, die dem Beauftragten bestimmte (beobachtbare) Handlungen vorschreiben oder verbieten.[17]

Die aufsichtsrechtliche Kontrolle von Wohlverhaltenspflichten kann damit begründet werden, dass der einzelne Kunde nur beschränkte Möglichkeiten hat, die Einhaltung der Verhaltenspflichten zu überprüfen. Die Aufsichtsbehörde kann sich die erforderlichen Informationen demgegenüber im Rahmen der aufsichtsrechtlichen Prüfung verschaffen und hat dabei auch noch Größenvorteile, da die Kontrolle für alle Kunden eines Wertpapierdienstleistungsunternehmens vorgenommen werden kann.[18]

Besondere Bedeutung kommt auch den Unterrichtungspflichten zu. Die Dokumentation der Handlungen kann im Streitfall die Überprüfung der Notwendigkeit und Pflichtmäßigkeit der vorgenommenen Handlungen erleichtern. Der Prinzipal kann sich die notwendige Information über die Handlungen des Agenten selbst regelmäßig nur unter erheblichen Kosten verschaffen, während es für den Agenten relativ einfach ist, dem Prinzipal diese Information zur Verfügung zu stellen. Allerdings ergibt sich in diesem Fall das zusätzliche Problem, dass Vorsorge gegen die unvollständige oder nicht wahrheitsgetreue Darstellung der Information durch den Agenten getroffen werden muss.[19]

III. Anlagerichtlinien

1. Erscheinungsformen

In den meisten Fällen wird bei Beginn der Vermögensverwaltung in Anlagerichtlinien bestimmt, welche Anlagepolitik bei der Verwaltung verfolgt werden soll. Dabei können verschiedene Arten von Anlagerichtlinien unterschieden werden. Zum einen gibt es individuell für den konkreten Kunden ausgearbeitete Anlagerichtlinien. Diese können dem Verwalter ein-

17 *Wenger/Terberger*, Die Beziehung zwischen Agent und Prinzipal als Baustein einer ökonomischen Theorie der Organisation, WiSt 1988, 506, 507.

18 S. dazu *Benicke* (oben Fn. 2), S. 284 f.

19 *Spremann* (oben Fn. 10), S. 713 f.

seitig von dem Kunden vorgegeben werden.[20] Meistens erarbeitet aber der Vermögensverwalter die individuellen Anlagerichtlinien in engem Kontakt mit dem Kunden für diesen. Bei einer zweiten Art kann der Kunde zwischen drei oder vier vorgegebenen Anlageausrichtungen wählen, die nicht oder nur beschränkt individuell verändert werden können. Bei einer dritten Art gibt der Verwalter eine bestimmte Anlagerichtlinie vor. Eine Ausrichtung auf die individuellen Verhältnisse des Kunden ist nicht vorgesehen.

Die Anlagerichtlinien können ihrem Inhalt nach sehr unterschiedlich sein. Neben einer allgemeinen Beschreibung der Ausrichtung der Anlagepolitik mit oft nur sehr vagen Begriffen wie etwa „ertragsorientiert mit begrenztem Risiko" enthalten sie fast immer Angaben über die Art von Anlagetiteln, die der Vermögensverwalter für den Kunden erwerben darf, etwa Aktien, Optionsscheine oder Anleihen. Dabei wird oft eine Aufteilung des Vermögens auf die verschiedenen Anlageklassen bestimmt. Neben festen Grenzwerten wie etwa 40% Aktien und 60% Schuldverschreibungen, finden sich auch Gestaltungen bei denen nur Grenzwerte angegeben werde: Etwa bis zu 60% in inländische Aktien.

2. *Funktionen*

Anlagerichtlinien haben verschiedene Funktionen.[21] Zum einen sollen sie die Anlageziele des Kunden konkretisieren. Damit wird der Tatsache Rechnung getragen, dass es nicht die eine richtige Vermögensverwaltung gibt. Entscheidend ist vielmehr, dass eine Anlagepolitik verfolgt wird, die den Anlagezielen des Kunden insbesondere im Hinblick auf Risiko, Rendite und Liquidität entspricht. Die Ausrichtung der Verwaltung wird dabei wesentlich durch die sogenannte Asset Allocation, d.h. die Aufteilung des anzulegenden Vermögens auf die verschiedenen Anlageklassen, bestimmt.

Die zweite Funktion der Anlagerichtlinien besteht darin, dass sie den Handlungsspielraum des Verwalters näher bestimmen und begrenzen können. Dies hat für den Kunden den Vorteil, dass sich damit der Bereich unbeobachtbarer interessenwidriger Verhaltensmöglichkeiten verringert. Die Einhaltung der Anlagerichtlinien ist leichter zu überprüfen als die der allge-

20 S. den Fall von BGH, WM 1998, 21.
21 Ausführlich *Benicke* (oben Fn. 2), S. 557 ff.

meinen Pflicht zur interessengemäßen Verwaltung. Dies gilt insbesondere, wenn die Anlagerichtlinien konkrete Vorgaben enthalten. Für den Verwalter haben Anlagerichtlinien den Vorteil, dass die Unsicherheit reduziert wird, ob die Verwaltungspflicht ordnungsgemäß erfüllt worden ist und dies auch in einem etwaigen Schadensersatzprozess von dem Gericht so beurteilt wird. Ein Verhalten in Übereinstimmung mit den Vorgaben wird regelmäßig ordnungsgemäß sein. Je konkreter die Vorgaben sind, desto geringer ist die verbleibende Unsicherheit.[22]

Anlagerichtlinien haben aber auch Nachteile. Je geringer der Handlungsspielraum ist, der dem Verwalter zusteht, desto geringer ist tendenziell auch der aus der Arbeitsteilung erzielbare Vorteil. Eine Handlung, die im Interesse des Kunden liegen würde, unterbleibt, weil sie den Handlungsspielraum des Verwalters überschreitet. Außerdem verursacht die Auswahl und Bestimmung von Anlagerichtlinien für den Kunden einen Aufwand. Für eine eigene rationale Entscheidung muss er sich die Kenntnisse über die Charakteristika von Finanztiteln und die Wirkungsweise des Kapitalmarkts aneignen.

Aus der Sicht des Anbieters der Vermögensverwaltung haben die Anlagerichtlinien daneben noch die Funktion, die Vermögensverwaltung zu standardisieren. Dies ist besonders deutlich der Fall, wenn der Anleger nur zwischen drei oder vier vorgegebenen Anlagerichtlinien auswählen kann, individuelle Veränderungen aber nicht möglich sein sollen. Daher stellt sich die nähere Bestimmung des Verwaltungshandelns in Anlagerichtlinien als eine Optimierungsaufgabe dar. Es gibt nicht die für alle Anleger gleichermaßen ideale Art von Anlagerichtlinien.

3. *Rechtsnatur*

Üblicherweise werden die Anlagerichtlinien als Weisungen im Sinne von § 665 BGB angesehen. Daraus wird abgeleitet, dass sie jederzeit widerruflich

---

22 Auf diesen Punkt stellt die rechtswissenschaftliche Literatur vor allem ab, *Schäfer*, Vermögensverwaltung, in: Assmann/Schütze (Hrsg.), Handbuch des Kapitalanlagerechts, 2. Aufl. 1997, § 28 Rz. 21; *Schödermeier*, Nachforschungspflichten einer Bank als Vermögensverwalterin zur Person ihres Kunden, WM 1995, 2053, 2056 f.; *Gaßner/Escher*, Bankpflichten bei der Vermögensverwaltung nach Wertpapierhandelsgesetz und BGH-Rechtsprechung, WM 1997, 93, 99.

und durch Einzelweisungen abänderbar sind.[23] Diese Ansicht unterscheidet aber nicht ausreichend zwischen den verschiedenen Arten der Vermögensverwaltung und den dabei anzutreffenden Anlagerichtlinien.

Weisungen wurden als „ausfüllende Gestaltungsrechte" bezeichnet,[24] durch die der Auftraggeber den Vertrag den jeweiligen Gegebenheiten nach seinem Interesse anpassen kann.[25] Ob der Auftraggeber ein solches einseitiges Recht hat, hängt davon ab, dass es ihm durch den Vertrag eingeräumt worden ist.[26] Abzustellen ist daher auf die konkrete vertragliche Vereinbarung. Möglich ist, dass sich der Verwalter in einem weiten Rahmen zur Verwaltung verpflichtet hat und damit dem Kunden aufgrund des Vertrages das Recht zusteht, die Pflicht des Verwalters durch beliebige Weisungen zu konkretisieren. Möglich ist aber auch, dass der Vertrag dem Kunden nur in einem begrenzten Rahmen ein einseitiges Gestaltungsrecht der Verwaltungspflicht einräumt oder ein solches einseitiges Recht überhaupt nicht vorsieht.

Verdeutlicht werden kann dies am Beispiel der standardisierten Vermögensverwaltung auf Fondsbasis. Bei dieser Form bietet der Verwalter als Dienstleistung an, dass die Verwaltung in einer von drei verschiedenen Ausrichtungen durch Anlage in Investmentfonds-Anteile durchgeführt wird. Der Kunde soll bei diesem Angebot nur das Recht haben, zu bestimmen, welche der drei verschiedenen Ausrichtungen der Verwaltung realisiert wird. Er soll aber nicht das Recht besitzen, dem Verwalter vorschreiben zu können, für ihn bestimmte Aktien zu erwerben. Bei einer Vermögensverwaltung, die

---

23 *Schäfer*, Vermögensverwaltung, in: Bankrecht und Bankpraxis, Loseblatt, Rz. 11/34; *Müller* in: Schäfer/Müller, Haftung für fehlerhafte Wertpapierdienstleistungen, 1999, Rz. 284, 288; *Balzer*, Vermögensverwaltung, 1999, S. 81; *V. Lang*, Informationspflichten bei Wertpapierdienstleistungen, 2003, § 23 Rz. 47; *Pfeiffer*, LM BGB § 675 Nr. 244 (4/1998).

24 Begriffsverwendung von *Knütel*, Weisungen bei Geschäftsbesorgungsverhältnissen, insbesondere bei Kommission und Spedition, ZHR 137 (1973), S. 285, 288 Fußn. 12 in Anlehnung an *Bötticher*, Besinnung auf das Gestaltungsrecht und das Gestaltungsklagerecht, in: Festschrift Dölle, Bd. 1, (1963), S. 51 f., der Weisungen aber gerade nicht als Gestaltungsrechte ansieht, da sie nicht unwiderruflich sind.

25 *Knütel*, ZHR 137 (1973), 285, 288; *Erman/Ehmann*, Handkommentar zum Bürgerlichen Gesetzbuch, 11. Aufl. 2004, § 665 Rz. 4.

26 *Knütel*, ZHR 137 (1973), S. 285, 288; weil der Auftraggeber an eine einmal gegebene Weisung nicht gebunden ist, geht die Gestaltungsmöglichkeit über die nach § 315 BGB hinaus.

so ausgestaltet ist, dass der Verwalter eine bestimmte Art der Anlage anbietet, wird dem Kunden sogar überhaupt keine Auswahlmöglichkeit eingeräumt. Eine solche Anlagerichtlinie stellt keine Weisung dar. Die Bestimmung über die Anlagepolitik ist vielmehr Bestandteil der vertraglichen Vereinbarung über die vom Verwalter zu erbringende Leistung.[27]

4. *Ausschluss des Weisungsrechts*

Aussagen, dass Anlagerichtlinien Weisungen sind und daher von dem Kunden jederzeit widerrufen und durch Einzelweisungen geändert werden können,[28] sind daher in ihrer Allgemeinheit unzutreffend. Es ist im Einzelfall festzustellen, ob eine Anlagerichtlinie nur die Konkretisierung der in einem umfassenderen Sinn eingegangenen Verpflichtung des Vermögensverwalters darstellt. Möglich ist auch, dass eine Anlagerichtlinie den Pflichtrahmen bestimmt, den der Verwalter übernimmt und der Kunde nicht berechtigt sein soll, abweichende Weisungen zu erteilen.[29]

Die unterschiedlichen Gestaltungen verlangen daher nach einer differenzierten rechtlichen Beurteilung. Ist vorgesehen, dass der Anleger frei ist, die Anteile der verschiedenen Anlageklassen zu bestimmen, so spricht dies für ein weitgehendes Weisungsrecht. Fraglich ist die Reichweite des Weisungsrechts in den Fällen, in denen der Kunde zwischen drei oder vier inhaltlich vorgegebenen Anlagerichtlinien auswählen kann. Hier ist anhand der Umstände des Einzelfalls zu bestimmen, wie weit ein Weisungsrecht reicht. Zu berücksichtigende Gesichtspunkte sind etwa Aussagen in der Werbung oder bei der Vertragsanbahnung, die den individuellen Charakter der Leistung hervorheben. Für ein Weisungsrecht spricht auch, wenn das Vertragsformular Felder enthält, die eine individuelle Ausrichtung zulassen.

Fraglich ist allerdings, ob das Recht zur Erteilung von Einzelweisungen überhaupt ausgeschlossen werden kann. Eine generelle oder weitgehende

---

27 Zur Unterscheidung zwischen Vertragsvereinbarungen und Weisungen s. *Seiler* in: Münchener Kommentar zum BGB, 4. Aufl. 2005, § 665 Rz. 10 f.

28 Etwa *Balzer* (oben Fn. 23), S. 81 f.

29 Es ist anerkannt, dass sich die Weisung im Rahmen der übernommenen Verpflichtung halten muss, *Steffen* in: Reichsgerichtsrätekommentar zum BGB, 12. Aufl. 1978, § 665 Rz. 3; *Beuthien* in Soergel, BGB, 12. Aufl. 1999, § 665 Rz. 6; *Seiler* (oben Fn. 27), § 665 Rz. 12.

formularmäßige Aufhebung der Weisungsgebundenheit des Geschäftsführers wird beim Geschäftsbesorgungsvertrag und folglich auch beim Vermögensverwaltungsvertrag für unwirksam gehalten.[30] Die Aufhebung der Weisungsgebundenheit widerspreche dem jeweiligen Vertragszweck.[31] Die Weisungsbefugnis des Auftraggebers sei ein wesentliches Recht i.S.v. § 307 Abs. 2 Nr. 2 BGB, weil sie das Korrelat zu dem weiten Handlungsspielraum des Geschäftsführers ist. Der Geschäftsführer erhalte den Handlungsspielraum nicht im eigenen Interesse eingeräumt, sondern zur Wahrnehmung der Interessen des Auftraggebers. Er habe das Geschäft so zu besorgen, wie es dem Willen des Auftraggebers entspricht.[32]

Aus dieser Begründung ergibt sich aber auch, dass die Interessenlage anders ist, wenn die Verwaltungspflicht durch vertragliche Vereinbarung bereits weitgehend konkretisiert worden ist. In diesem Fall sind bereits durch die vertragliche Vereinbarung die Interessen des Auftraggebers näher bestimmt und der Handlungsspielraum des Verwalters begrenzt worden. Der Anleger hat durch den Vertragsschluss und die Auswahl einer der angebotenen Standard-Anlagerichtlinien und/oder durch die Wahl eines Verwalters, der die Verwaltung nach einer bestimmten Anlagepolitik anbietet, die Ausrichtung der Verwaltung auf seine Interessen vorgenommen.

Ein weitgehendes Weisungsrecht im Einzelfall liegt auch nicht generell im Interesse des Kunden. Der Kunde hat bei einer Betrachtung ex ante auch ein Interesse daran, dass das Weisungsrecht beschränkt werden kann. Die Beschränkung des individuellen Weisungsrechts ermöglicht eine weitergehende Standardisierung der Vermögensverwaltung. Dem Nachteil, dass der Kunde keine Einzelweisungen erteilen kann, steht der Vorteil gegenüber, dass die Verwaltung kostengünstiger angeboten werden kann. Wäre eine Beschränkung des Weisungsrechts durch vertragliche Vereinbarung nicht möglich, würde dies bedeuten, dass eine standardisierte Form der Vermö-

30 Geschäftsbesorgung: *Wolf* in: Wolf/Horn/Lindacher, AGB-Gesetz, 4. Aufl. 1999, § 9 Rz. G 163; Vermögensverwaltung: OLG Köln, WM 1997, 570, 573; *Müller* in: Schäfer/Müller (oben Fn. 23), Rz. 291; *Lang* (oben Fn. 23), § 23 Rz. 48; *Sprau* in Palandt, BGB, 65. Aufl. 2006, § 675 Rz. 12.

31 *Wolf* in: Wolf/Horn/Lindacher, AGBG (vorige Fn.), § 9 Rz. G 163 für die Überweisung im Rahmen eines Girovertrages; s. zur Änderung der Rechtslage aufgrund von §§ 676 a ff. BGB *Schulz*, Das neue Recht der Banküberweisung, ZBB 1999, 287, 289 f.

32 *Steffen* (oben Fn. 29), § 662 Rz. 2.

gensverwaltung nur eingeschränkt verwirklicht werden könnte. Der Verwalter müsste immer bereit sein, Einzelweisungen zu empfangen und auszuführen. Damit würde die Produktvielfalt eingeschränkt. Der Anleger, der aufgrund des Kosten-Nutzen-Vergleichs eine standardisierte Verwaltung bevorzugt, könnte diese nicht erhalten.

Die Interessen des Kunden können dadurch ausreichend berücksichtigt werden, dass die Ausgestaltung der Vermögensverwaltung und der Ausschluss des Rechts zu individuellen Weisungen hinreichend transparent gemacht werden müssen.

IV. Interessenkonflikte, insbesondere bei Entgeltregelungen

1. Interessenwahrungspflicht

Der Verwalter hat die Pflicht, die Interessen des Kunden zu wahren. Dies folgt bereits aus dem Charakter der Vermögensverwaltung als Geschäftsbesorgung. Die Pflicht zur Interessenwahrung ist für alle Wertpapierdienstleistungen auch in § 31 Abs. 1 Nr. 1 WpHG niedergelegt. Wenig geklärt ist aber noch der Inhalt der Interessenwahrungspflicht.[33] Hier interessiert vor allem, ob und in welchem Umfang der Verwalter den Interessen des Kunden den Vorrang vor den eigenen einräumen muss oder auch eigene Interessen verfolgen darf. Daneben ist noch von Bedeutung, in welchem Umfang den Verwalter zusätzliche Pflichten treffen, die die Gefahr einer Verletzung der Interessenwahrungspflicht vermeiden sollen.

Bei der Interessenwahrungspflicht können in Anlehnung an das angloamerikanische Treuhandhandrecht zwei Ausprägungen unterschieden werden. Zum einen die duty of care, d.h. die Pflicht zur sorgfältigen Durchführung der übernommenen Aufgabe, und zum anderen die duty of loyalty, die als Treuepflicht bezeichnet werden kann.

Die Interessenwahrungspflicht in der Ausprägung der Pflicht zur sorgfältigen Durchführung ist Folge der Offenheit des Leistungsprogramms des Vermögensverwalters. Da konkrete Verhaltenspflichten und ein bestimmter zu erreichender Erfolg nicht oder nur eingeschränkt festgelegt werden können, muss als Maßstab für die Durchführung der Tätigkeit eine allgemeine

33 S. dazu *Benicke* (oben Fn. 2), S. 425 ff.

Ausrichtung auf einen Sorgfaltsmaßstab und auf die Interessen des Auftraggebers erfolgen.

2. *Treuepflicht*

Von der Pflicht zu sachkundiger und sorgfältiger Durchführung der Verwaltung ist die Treuepflicht (duty of loyalty) zu unterscheiden. Die Treuepflicht zeichnet sich einmal durch die besondere Rechtsfolge aus, dass sie den Verwalter verpflichtet, den Interessen des Kunden den Vorrang vor den eigenen Interessen einzuräumen. Zum anderen wird die Bedeutung der Treuepflicht darin gesehen, dass sie dem Schuldner für Situationen, in denen seine Interessen mit denen des Geschäftsherrn in Konflikt stehen, besondere Pflichten auferlegt.[34]

Der sachliche Grund für die Annahme einer Treuepflicht wurde früher vor allem in der Gewährung von persönlichem Vertrauen gesehen.[35] Treuepflichten werden heute aber überwiegend objektiv[36] begründet: Sie sind das notwendige rechtliche Korrelat zu einer dem Treuepflichtigen eingeräumten Einwirkungsmacht.[37]

Die Treuepflicht ist wie die allgemeine Sorgfaltspflicht generalklauselartig weit, da wegen der Vielfältigkeit von Einwirkungsmöglichkeiten die

---

34 Restatement Agency 2nd, § 387; Restatement Trusts 2nd, § 170 Comment a; *Scott/Fratcher*, The Law of Trust, 4. Aufl. 2000, § 170.25; *Reuschlein/Gregory*, The Law of Agency and Partnership, 2. Aufl. 1990, § 68; *Fratcher*, International Encyclopedia of Comparative Law, Vol. VI Property and Trust, Chapter 11, 1973, Rz. 80; s. auch *Bines*, The Law of Investment Management, 1978, S. 1-36; *Frankel/Schwing*, The Regulation of Money Manager, Mutual Funds and Advisers, 2. Aufl. Stand 2005, § 14.01.

35 *Hueck*, Der Treuegedanke im Recht der offenen Handelsgesellschaft, in: Festschrift Hübner 1935, S. 72 f.; *ders.*, Der Treuegedanke im modernen Privatrecht, 1947, S. 12 f., 19.

36 Das Abstellen auf gewährtes Vertrauen zwingt oft zu Fiktionen, wenn ein tatsächlich gewährtes Vertrauen nicht vorliegt, s. *Grundmann*, Der Treuhandvertrag, insbesondere die werbende Treuhand, 1997, S. 134.

37 *Mestmäcker*, Verwaltung, Konzerngewalt und Recht der Aktionäre, 1958, S. 214 f.; *Zöllner*, Schranken mitgliedschaftsrechtlicher Stimmrechtsmacht bei privatrechtlichen Personenverbänden, 1963, S. 341 f.; *Grundmann* (vorige Fn.), S. 140.

einzelnen Verhaltenspflichten im Voraus nicht abschließend bestimmt werden können.

Primär stellt sich die Frage, unter welchen Voraussetzungen eine Treuepflicht angenommen werden kann, die den Schuldner verpflichtet, den Interessen des anderen Teils den Vorrang einzuräumen. Nur in diesem Bereich muss der Schuldner seine eigenen Interessen zurückstellen. Im Anschluss an *Grundmann* ist eine solche Treuepflicht des Verwalters immer dann, aber auch nur dann anzunehmen, wenn der Verwalter die betreffende Einwirkungsmacht oder sonstige geldwerte Position von dem Kunden gegenleistungsfrei erlangt hat.[38] Hat jemand eine Einwirkungsmacht ohne Leistung eines Entgelts erhalten, so ist es sachlich gerechtfertigt und entspricht auch dem (mutmaßlichen) Willen der Parteien, dass diese Position nur im Interesse des anderen Teils benutzt werden darf. Stellt die Einräumung einer Position demgegenüber das Entgelt für eine Gegenleistung dar, so wird diese Position zumindest nicht nur fremdnützig gehalten.

Mit diesen Kriterien lässt sich bei der Vermögensverwaltung bestimmen, in welchen Bereichen den Verwalter eine Treuepflicht trifft. So erhält der Verwalter etwa für die Durchführung der Verwaltung die Befugnis eingeräumt, auf Kosten des Kunden Wertpapiertransaktionen durchführen zu lassen. Diese Befugnis stellt aber nicht die Gegenleistung für seine Verwaltungstätigkeit dar. Gegenleistung für die Verwaltungstätigkeit ist nur die ausdrücklich vereinbarte Vergütung. Daher hält der Verwalter diese Befugnis treuhänderisch. Maßgeblich sind damit nur die Interessen des Kunden. Dem Verwalter ist es also untersagt, eigene Interessen zu verfolgen, etwa eine Depotbank auszuwählen, die ihm Provisionen zahlt oder Anlagegeschäfte zu tätigen, um die Gebührenzahlungen und damit auch seine Provisionseinnahmen zu erhöhen (sog. Spesenreiterei). Diese Treuepflicht begründet auch das Verbot des Vorlaufens und des Scalping.[39]

Auf der anderen Seite erlaubt dies auch die Bereiche zu bestimmen, in denen den Verwalter keine Treuepflicht trifft, er vielmehr berechtigt ist, seine eigenen Interessen zu verfolgen. So ist der Verwalter nicht verpflichtet, die Interessen des Kunden dadurch zu wahren, dass er einem Unternehmen, dessen Wertpapiere der Kunde besitzt, einen Kredit gewährt oder verlängert.

---

38 *Grundmann* (oben Fn. 36), S. 192 f.

39 Dazu *Benicke* (oben Fn. 2), S. 630 ff.

Die Einwirkungsmacht auf das Vermögen des Kunden durch Entscheidungen im Kreditgeschäft ist dem Verwalter nicht von dem Kunden eingeräumt worden. Sie besteht unabhängig von dem Vermögensverwaltungsvertrag.

Eine Treuepflicht besteht aber, wenn der Verwalter bei einer Anlageentscheidung für das Kundenvermögen erwägt, Wertpapiere eines Unternehmens zu erwerben. Eigene Interessen an dieser Entscheidung, etwa die Sicherung der Rückzahlung von Krediten, dürfen in die Anlageentscheidung nicht einfließen. Demgegenüber hat der Verwalter beim Eigenhandel in Wertpapieren keine Treuepflicht, wenn die Anlage unabhängig von einer Einwirkungsmacht oder geldwerten Position erfolgt, die ihm vom Kunden eingeräumt worden ist. So kann der Verwalter aus eigenem Interesse Eigengeschäfte in Wertpapieren durchführen, auch wenn dadurch die Kurse von Wertpapieren, die von den Kunden gehalten werden, negativ beeinflusst werden.

3. *Interessenwahrungspflicht und Interessenkonflikte*

Entscheidend für das Verständnis von Vorschriften über Interessenkonflikte ist die Unterscheidung von zwei Regelungsebenen. Es geht auf einer ersten Stufe um die Bestimmung der Rangordnung der beteiligten Interessen. Auf einer zweiten Ebene geht es darum, durch zusätzliche Maßnahmen oder Pflichten sicherzustellen, dass dieses Rangverhältnis eingehalten wird.[40]

Die Bestimmung der Rangordnung der betroffenen Interessen erfolgt auf der ersten Stufe durch die Annahme einer Treuepflicht, wie sie soeben dargestellt wurde. Durch die rechtliche Bestimmung über die Rangordnung der Interessen ist der zugrundeliegende tatsächliche Interessengegensatz aber noch nicht beseitigt. Der Verwalter hat weiterhin das tatsächliche Interesse, eine Sondervergütung zu erzielen, indem er für die Ausführung der Wertpapiergeschäfte ein Kreditinstitut auswählt, das ihm Rückvergütungen zahlt. Es geht insoweit um den Konflikt zwischen den Eigeninteressen einer Person und einer sie treffenden rechtlichen Verpflichtung.[41]

---

40 S. *Grundmann* in: Ebenroth/Boujong/Joost, HGB, 2001, § 31 WpHG Rz. VI 200; *Benicke* (oben Fn. 2), S. 443 ff.

41 *Anderson*, Conflicts of Interest: Efficiency, Fairness and Corporate Structure, 25 UCLA Law Rev. 738 (1978); *Poser*, International Securities Regulation, 1991, S. 183.

Ein Verwalter, der nur auf die Maximierung seines eigenen Nutzens aus ist, wird den rechtlichen Interessenvorrang des Kunden immer dann nicht beachten, wenn der erwartete Vorteil für ihn durch die Nichteinhaltung größer ist als der zu erwartende Nachteil. Für die Höhe des erwarteten Nachteils ist neben der Höhe einer möglichen Sanktion die Wahrscheinlichkeit der Sanktion maßgeblich. Je geringer die Wahrscheinlichkeit einer Sanktion ist, desto eher „lohnt" es sich für den Schuldner, die Pflicht nicht zu erfüllen.

Ein Problem stellt der Interessenkonflikt auf dieser zweiten Ebene daher besonders dann dar, wenn die Einhaltung des Interessenvorrangs nur schwer festzustellen ist. Das ist immer der Fall, wenn in dieser Hinsicht eine Informationsasymmetrie zwischen den Beteiligten besteht. In diesem Fall ist die Wahrscheinlichkeit, dass der Gläubiger eine Verletzung des Interessenvorrangs bemerkt und sich daraus eine negative Konsequenz für den Schuldner ergibt, gering.

Die Bewältigung des Interessenkonflikts im Sinne der Vermeidung oder Verminderung der Gefahr, dass der Verwalter dem vorrangigen Interesse des Kunden zuwider handelt, erfordert zusätzliche Mechanismen. Ein solches Mittel ist zum einen die Ausschaltung gegenläufiger Interessen des Verwalters. So besteht die Gefahr des Vorlaufens oder des Scalping nicht, wenn es dem Verwalter verboten ist, in einem gewissen zeitlichen Rahmen eigene Geschäfte in den Wertpapieren zu tätigen, für die er Kundengeschäfte durchführen lässt.[42] Eine andere Möglichkeit besteht in organisatorischen Gestaltungen, die vermeiden, dass der bestehende Interessenkonflikt eine Gefährdung der Interessenwahrungspflicht bewirkt. So kann das Vorlaufen vor Kundenordern durch die Eigenhandelsabteilung dadurch vermieden werden, dass die Abteilung der Vermögensverwaltung und die Eigenhandelsabteilung durch eine sogenannte chinesische Mauer getrennt wird.[43]

42 S. dazu *Benicke* (oben Fn. 2), S. 671 ff.
43 Dazu ausführlich *Benicke* (oben Fn. 2), S. 747 ff.

4. Offenlegung zur Vermeidung von Interessenkonflikten bei Rückvergütungen

a) Wirkungsweise der Offenlegung

Näher eingegangen werden soll auf das Mittel der Offenlegung als Mittel zur Bewältigung von Interessenkonflikten. Die Wirkungsweise der Offenlegung eines Interessenkonflikts kann an dem Interessenkonflikt verdeutlicht werden, der besteht, wenn der Verwalter Rückvergütungen von der Depotbank erhält.

Die Pflicht zur Offenlegung ist aus der Interessenwahrungspflicht des Verwalters abzuleiten. Dies nimmt auch die Bundesanstalt für Finanzdienstleistungsaufsicht in Teil E Nr. 2 der Richtlinie zur Konkretisierung von §§ 31, 32 WpHG[44] an. Es besteht wie dargestellt ein Interessenvorrang des Kunden im Hinblick auf die Durchführung der Wertpapiergeschäfte. Daraus folgt zum einen, dass Rückvergütungen, die die Depotbank zu zahlen bereit ist, grundsätzlich nicht dem Verwalter, sondern dem Kunden zustehen.

Die Pflicht zur Offenlegung lässt nun den Interessenvorrang des Kunden grundsätzlich unberührt. Ein Recht, die Rückvergütungen zu behalten, hat der Verwalter daher nicht allein aufgrund der Offenlegung, sondern nur dann, wenn der Kunde hierzu sein Einverständnis erklärt hat.

Die Offenlegung und gegebenenfalls das Einverständnis des Kunden, dass der Verwalter berechtigt ist, Rückvergütungen zu erhalten, lässt aber den Interessenvorrang des Kunden ansonsten unberührt. Die Entscheidung über die Häufigkeit von Wertpapiertransaktionen muss weiterhin nur am Interesse des Kunden ausgerichtet werden. Jedes Geschäft, das nicht durch die Interessen des Kunden gedeckt ist, stellt eine Pflichtverletzung dar. Die Offenlegung hat nur den Zweck, die bestehende tatsächliche Konfliktsituation zu bewältigen. Dem liegt der Gedanke zugrunde, dass der Kunde, der von der Rückvergütung Kenntnis hat, zum einen seine Überwachungsaktivitäten gezielter auf diese Interessenkonfliktsituation ausrichten kann. Zum anderen kann der Kunde, der von der Rückvergütungsvereinbarung Kenntnis hat und

---

44 Richtlinie v. 23.8.2001 gemäß § 35 Abs. 6 des Gesetzes über den Wertpapierhandel (WpHG) zur Konkretisierung der §§ 31 und 32 WpHG für das Kommissionsgeschäft, den Eigenhandel für andere und das Vermittlungsgeschäft der Wertpapierdienstleistungsunternehmen, Bundesanzeiger Nr. 165 vom 4.9.2001, S. 19 217.

das Risiko für zu groß und oder schlecht überwachbar hält, die Beziehung zu dem Vermögensverwalter beenden oder ihn zu einem Verzicht auf Rückvergütungen drängen.

b) Informationspflicht der Depotbank

Der Bundesgerichtshof hat zusätzlich noch eine Pflicht der Depotbank angenommen, die Vereinbarung einer Rückvergütung mit dem Verwalter, dem Kunden gegenüber offen zu legen.[45] Die Annahme einer solchen Pflicht rechtfertigt sich dadurch, dass die Depotbank durch eine solche Vereinbarung wissentlich eine konkrete Gefahr der Interessenverletzung des Verwalters gegenüber Kunden schafft. Die Inpflichtnahme der Depotbank ist notwendig, weil allein die Offenlegungspflicht des Verwalters die Interessengefährdung nur unzureichend begrenzt. Die Wahrscheinlichkeit, dass der Kunde von einer Rückvergütungsvereinbarung erfährt, ist nur gering. Oft dürften auch Ansprüche gegen den Verwalter nicht durchsetzbar sein, weil dieser über zu wenig eigenes Vermögen verfügt, in das vollstreckt werden kann. Demgegenüber sind die Aussichten einer erfolgreichen Vollstreckung gegenüber einer Depotbank viel höher.

Die Rechtsprechung hat die Haftung im Ergebnis auch sehr streng ausgestaltet. Der Kunde kann den gesamten Schaden verlangen, den er durch die Vermögensverwaltung erlitten hat. Entscheidend ist dabei, dass die Pflicht zur Offenlegung vor allem auch dem Zweck dient, dem Kunden wichtige Informationen für die Beurteilung der Vertrauenswürdigkeit des Verwalters zu verschaffen. Dabei wird vermutet, dass der Kunde einen Verwalter, der sich hinter seinem Rücken Rückvergütungen der Depotbank versprechen lässt, nicht mit der weiteren Verwaltung seines Vermögens betraut hätte.[46] Der Kunde muss daher nur nachweisen, dass eine Vereinbarung über Rückvergütungen mit seinem Verwalter bestand, die ihm gegenüber nicht offen gelegt wurde. Es kommt nicht darauf an, ob der Verwalter seine Interessenwahrungspflicht tatsächlich verletzt hat, was im Einzelfall oft schwierig zu beweisen ist. Dieser Rechtsprechung ist zuzustimmen, weil sie die Pflicht zur

---

45 BGH, NJW 2001, 962, 963; OLG Stuttgart, NJW 2005, 1989, 1993; s. auch *Geibel*, Schadensersatz wegen verdeckter Innenprovisionen und ähnlichen Zuwendungen, ZBB 2003, 349, 351 f.

46 BGH, NJW 2001, 962.

Offenlegung konsequent zur Bewältigung der Interessenkonfliktsituation einsetzt.

c) Offenlegungspflichten von Banken als Vermögensverwalter

Eine ähnliche Interessenkonfliktsituation kann nun aber auch entstehen, wenn Vermögensverwalter und Depotbank dasselbe Institut sind bzw. derselben Institutsgruppe angehören. Werden dem Kunden der Vermögensverwaltung die normalen Entgelte für Transaktionen berechnet, besteht auch in diesem Fall ein Anreiz, durch hohe Transaktionsvolumina Gebühren zu generieren. Diese normalen Gebühren sind meist betriebswirtschaftlich so kalkuliert, dass sie auch die einzelfallbezogene Anlageberatung mit abdecken. Für Transaktionen aus der Vermögensverwaltung muss diese Leistung nicht erbracht werden, so dass die Gebühr eine hohe Gewinnmarge hat.

Eine besondere Pflicht, den Kunden auf diesen Umstand hinzuweisen, sollte aber dennoch nicht angenommen werden. Die Höhe der Gebühren, die das Institut erhält, ist dem Kunden bekannt. Es handelt sich daher nicht um eine versteckte Gebühr. Hinzu kommt, dass auch der Umstand, dass die bloße Transaktion billiger erfolgen kann, aufgrund der Existenz sogenannter Discountbanken allgemein bekannt sein dürfte.

Problematisch ist aber der Fall, dass die Mitarbeiter im Bereich der Vermögensverwaltung eine Vergütung erhalten, die an das Gebührenaufkommen, das durch die Vermögensverwaltungsabteilung generiert wird, gekoppelt ist. Durch eine solche Vergütungsregelung wird ein Anreiz für die Mitarbeiter geschaffen, Transaktionen nicht allein im Kundeninteresse, sondern im Interesse des Gebührenaufkommens vorzunehmen. Eine solche Vereinbarung schafft daher wie die Vereinbarung von Rückvergütungen die dem Kunden nicht erkennbare Gefahr, dass der Vorrang seiner Interessen missachtet wird. Es ist daher gerechtfertigt, an solche Vergütungsregelungen dieselben Maßstäbe anzulegen, wie dies die Rechtsprechung bei den Vereinbarungen über Rückvergütungen zwischen Depotbank und Vermögensverwalter getan hat.

5. *Interessenkonflikte bei einer erfolgsbezogenen Vergütung*

a) Erscheinungsformen

Erfolgsbezogene Vergütungen kommen in unterschiedlichen Gestaltungen vor. So kann die Vergütung ausschließlich erfolgsbezogen erfolgen oder zusätzlich zu einer nichterfolgsbezogenen Grundvergütung vereinbart sein. Der Erfolg kann in einem Anteil am absoluten Vermögenszuwachs bestehen. Möglich ist aber auch, dass der Verwalter nur an einem Gewinn beteiligt wird, der über einen bestimmten Betrag oder Vergleichsmaßstab hinausgeht.[47]

b) Anreizwirkungen

Eine erfolgsbezogene Vergütung hat nun Auswirkungen auf die Interessen des Verwalters bei der Durchführung der Verwaltung.[48] Dabei sind gegenläufige Auswirkungen auszumachen. Zum einen führt ein erfolgsbezogenes Entgelt zu einer partiellen Interessengleichrichtung, die die Gefahr des opportunistischen Ausnutzens von Handlungsspielräumen vermindert. Ist der Verwalter am Erfolg der Verwaltung beteiligt, begründet dies einen Anreiz, den für eine erfolgreiche Verwaltung erforderlichen Aufwand zu erbringen. Tendenziell wird auch die Gefahr etwa der Spesenreiterei vermindert, weil durch eine zu kostenträchtige Verwaltung auch das erfolgsbezogene Entgelt vermindert würde. Die positive Anreizwirkung hängt allerdings sehr von der konkreten Gestaltung ab. Sie ist nur sehr gering, wenn der Verwalter an jedem Gewinn des Portefeuilles mit einem festen Prozentsatz beteiligt wird.

Wichtig für die Beurteilung der erfolgsbezogenen Vergütung ist, dass sie aus Sicht des Kunden auch negative Anreize erzeugt. Es wird ein neuer Interessenkonflikt geschaffen, indem nun ein eigenes Interesse des Verwalters an der Risikostruktur des Portfolios entsteht. Der Verwalter hat bei einer erfolgsbezogenen Vergütung ein Interesse daran, dass Portefeuille möglichst riskant anzulegen.

Dies kann an einem einfachen Zahlenbeispiel verdeutlicht werden: Eine Anlagemöglichkeit A, die nach einer Zeitperiode mit der Wahrscheinlichkeit

---

47 Ausführlich *Benicke* (oben Fn. 2), S. 920 f.
48 Eingehend *Benicke* (oben Fn. 2) S. 941 ff.

von je 50% zu einem Gewinn von 12 oder zu einem Verlust von 6 führt, hat für den Vermögensinhaber einen Erwartungswert von (12 : 2) – (6 : 2) = 3. Für den Verwalter, der mit 1/3 an dem Gewinn beteiligt ist, hat diese Anlage einen Erwartungswert von 1/3 x (12 : 2) – 0 = 2. Eine Anlagemöglichkeit B, die nach einer Zeitperiode mit der Wahrscheinlichkeit von je 50% zu einem Gewinn von 18 und zu einem Verlust von 14 führt, hat für den Anleger einen Erwartungswert von (18 : 2) – (14 : 2) = 2. Für den Verwalter ist der Erwartungswert demgegenüber 1/3 x (18 : 2) = 3. Der Verwalter hat also einen Anreiz, ein höheres Risiko einzugehen, als es der Risikopräferenz des Anlegers entspricht. Es besteht sogar ein Anreiz, eine Anlage mit einem höheren Risiko einer Anlage vorzuziehen, die ein geringeres Risiko, aber höheren Erwartungswert für den Anleger hat.[49]

Dieser Anreiz, eine risikoreichere Anlagepolitik zu verwirklichen als sie den Interessen des Kunden entspricht, kann nun dadurch vermindert werden, dass eine Gewinnbeteiligung nur erfolgt, wenn ein vorher eingetretener Verlust ausgeglichen worden ist. Allerdings vermeidet eine solche Gestaltung bei weitem nicht vollständig das Interesse des Verwalters an einer risikoreicheren Anlagepolitik. Dies folgt etwa daraus, dass eine risikoreichere Anlagepolitik zwar auch die Wahrscheinlichkeit erhöht, dass für einen Teil der Verwaltungskunden überhaupt keine Gewinne erwirtschaftet werden. Durch besonders risikoreiches Vorgehen werden bei einem Teil der Kunden sogar besonders hohe Verluste eintreten. Die fehlende Gewinnbeteiligung bei den Verlustkunden wird aber mehr als überkompensiert durch die Gewinnbeteiligung bei den Kunden, die aufgrund der besonders risikoreichen Anlagepolitik einen besonders hohen Gewinn erwirtschaftet haben. Dies ergibt sich daraus, dass der Verwalter bei einem Verlust unabhängig von dessen Höhe kein Entgelt erhält. Er ist also indifferent, ob die Kunden nur einen kleinen oder einen besonders hohen Verlust erleiden. Auch der Abbruch der Kundenbeziehung ist für ihn mit Ausnahme von Reputationsverlusten nicht negativ,

---

49 Die Wirkung lässt sich auch optionstheoretisch begründen: Eine Erfolgsbeteiligung wirkt wie eine Kaufoption. Der Verwalter profitiert, wenn der Portfoliowert einen bestimmten Basiswert übersteigt. Der Wert einer Kaufoption hängt wesentlich von der Volatilität des zugrundeliegenden Basiswertes ab. Eine Erhöhung der Volatilität des Portfoliowertes führt daher zu einer Erhöhung des Wertes der Erfolgsbeteiligung, s. *Nuske*, Vermögensverwaltung, in: Brunner/ Vollath (Hrsg.), Handbuch der Finanzdienstleistungen, 1993, S. 337, 346 f.

da er von einem Kunden mit einem besonders hohen Verlust kein Entgelt erhält. Demgegenüber hat der Verwalter durchaus ein Interesse an besonders hohen Gewinnen der Kunden, da er daran anteilig, bei manchen Gestaltungen sogar überproportional partizipiert.

c) Bewertung

Zum einen ist zu betonen, dass der Verwalter aufgrund der Interessenwahrungspflicht verpflichtet ist, die Anlage A auszuwählen, weil nur diese den Interessen des Kunden entspricht. Betroffen ist dabei die Treuepflicht. Die Interessen des Kunden haben insoweit Vorrang vor den Vergütungsinteressen des Verwalters. Die Möglichkeit zur Anlageentscheidung hat der Verwalter von dem Kunden eingeräumt erhalten, um interessengerechte Anlageentscheidungen zu treffen.

Möglich ist aber, dass den Verwalter weitergehende Pflichten treffen, die tatsächlich weiter bestehende Interessenkonfliktsituation zu beseitigen. Als mögliche Mechanismen kommt zum einen ein Verbot der Vereinbarung von erfolgsbezogenen Entgelten bei der Vermögensverwaltung in Betracht. Dies ist in den USA teilweise der Fall. Mit Kleinanlegern kann dort grundsätzlich kein erfolgsbezogenes Entgelt vereinbart werden.[50]

Ein anderer Mechanismus ist die Offenlegung des Interessenkonflikts gegenüber dem Kunden. Genauer spezifiziert werden muss aber insoweit noch, was offen zu legen wäre. Die Tatsache, dass der Verwalter am Erfolg beteiligt ist, ist dem Kunden aufgrund der Vereinbarung bekannt. Als offenzulegender Umstand kommt damit nur die besondere Anreizwirkung des erfolgsbezogenen Entgelts in Betracht. Darin besteht ein wesentlicher Unterschied zu den Rückvergütungen, von denen der Kunde ohne Offenlegung keine Kenntnis hat.

Es erscheint nun aber fraglich, ob eine Rechtspflicht des Verwalters angenommen werden kann, die Anreizwirkung der erfolgsbezogenen Vergütung offen zu legen. Zum einen stellt es eine erhebliche Belastung des Verwalters dar, wenn er verpflichtet ist, den Kunden einen Warnhinweis in Bezug auf sein eigenes potentiell schädigendes Verhalten zu geben. Zum anderen ist die praktische Wirksamkeit eines solchen Hinweises zweifelhaft. Jeder Verwalter

50 Zu den Einzelheiten *Benicke* (oben Fn. 2), S. 940 f.

würde im Eigeninteresse darauf hinweisen, dass die Gefahr bei ihm nicht bestünde und der Hinweis nur eine übertriebene Formalie des Gesetzgebers darstelle.

V. Zusammenfassung

Die Finanzportfolioverwaltung ist Finanzintermediation am Kapitalmarkt. Die Leistung besteht neben der Transformation der Publizität des Kapitalmarkts vor allem darin, eine optimale Gestaltung des Kundenportfolios zu verwirklichen. Optimale Gestaltung bedeutet neben einer ausreichenden Diversifikation vor allem eine Ausrichtung auf die Präferenzen des Kunden im Hinblick auf Risiko, Rendite und Liquidität.

Vermögensverwaltung stellt eine Form der spezialisierten Arbeitsteilung dar. Den Vorteilen der Arbeitsteilung stehen die durch die Delegation entstehenden Kosten gegenüber. Kosten entstehen vor allem aufgrund von Informationsasymmetrien bei Vertragsabschluss und bei Durchführung der Verwaltung. Der Verwalter hat einen unbeobachtbaren Handlungsspielraum, den er zu opportunistischem Verhalten ausnutzen kann.

Die Bewältigung der aus den Informationsasymmetrien folgenden Gefahren stellt eine Optimierungsaufgabe dar. Dies wurde am Beispiel der Anlagerichtlinien verdeutlicht. Sie dienen zum einen der Ausrichtung der Verwaltung auf die Anlageziele des konkreten Kunden. Zum anderen begrenzen sie den Handlungsspielraum des Verwalters, soweit sie konkrete Vorgaben enthalten. Aufgezeigt wurde, dass Anlagerichtlinien nicht immer Weisungen darstellen, sondern auch Bestandteil der vertraglichen Vereinbarung sein können. Wenn durch die vertragliche Vereinbarung die Ausrichtung der Verwaltung bereits in Form von Anlagerichtlinien konkretisiert ist, kann ein Recht des Kunden, davon abweichende Einzelweisungen zu erteilen, ausgeschlossen sein.

Die Vermögensverwaltung wird durch die Pflicht zur Interessenwahrung bestimmt. Diese hat zwei Ausprägungen: die Pflicht zur ordnungsgemäßen Durchführung der Verwaltung sowie die Treuepflicht. Die Treuepflicht zielt darauf ab, die Einwirkungsmacht des Verwalters auf die Interessen des Kunden auszurichten. Die Treuepflicht begründet einen Interessenvorrang des Kunden und ist immer dann gegeben, wenn der Verwalter eine Einwirkungsmacht vom Kunden ohne Entgelt erhalten hat, um die Verwaltung durchführen zu können. Da das Bestehen eines Interessenvorrangs des Kunden den tatsächlich bestehenden Interessenkonflikt nicht entfallen lässt, folgen aus der Treuepflicht ergänzende Pflichten zur Bewältigung des Interessenkonflikts. Ein Beispiel für eine solche ergänzende Pflicht ist die Pflicht zur Offenlegung eines Interessenkonflikts. Dies erklärt die vom Bundesgerichtshof angenommene Pflicht der Depotbank, den Kunden über eine Rückvergütungsvereinbarung zugunsten des Vermögensverwalters zu informieren. Sie folgt aus der Treuepflicht und dient der präventiven Vermeidung einer Interessenverletzung. Eine solche Informationspflicht ist ebenfalls anzunehmen, wenn das vermögensverwaltende Institut Mitarbeiter an dem von ihnen generierten Provisionsaufkommen wirtschaftlich beteiligt.

Eine erfolgsbezogene Vergütungsregelung hat im Hinblick auf die Beachtung der Interessenwahrungspflicht sowohl positive als auch negative Anreizwirkungen. Negativ wirkt sie sich dadurch aus, dass sie einen Anreiz für den Verwalter schafft, die Anlage besonders risikoreich zu gestalten. Eine Pflicht des Verwalters, diese Anreizwirkung dem Kunden gegenüber offen zu legen, ist aber nicht anzunehmen, weil sie von dem Verwalter eine Selbstbezichtigung verlangen würde und praktisch leer liefe.

Vermögensverwaltung nach der MiFID

Rechtsanwalt Professor Dr. *Frank A. Schäfer*
Düsseldorf

I. Stand des Rechtssetzungsverfahrens

II. Wesentliche Änderungen des deutschen Rechts der Vermögensverwaltung durch die MiFID
   1. Eignung (Suitability)
      a) Kundenkenntnis
      b) Anlagerichtlinien
      c) Kundennäheres Institut
   2. Kundengünstigste Ausführung (Best Execution)
      a) Best Execution Policy
      b) Pflichten des Vermögensverwalters
   3. Behandlung von Interessenkonflikten
      a) Pflichtenkanon
      b) Interessenkonflikte zwischen Unternehmen und Kunden
      c) Interessenkonflikte zwischen Kunden
      d) Conflict of Interest Policy
      e) Aufzeichnungspflicht
   4. Vorstandsverantwortung
   5. Auswirkungen auf Abschluss und Inhalt des Vermögensverwaltungsvertrages
      a) Form
      b) Benchmark
      c) Verlustsbenachrichtigung
   6. Berichts- und Benachrichtigungspflichten
      a) Berichtspflichten
      b) Häufigkeit der Berichte
      c) Benachrichtigungspflicht bei Verlusteintritt
   7. Anreize (Inducements)
      a) Typische Formen von Anreizen
      b) Verbot mit Ausnahmen

III. Zusammenfassung der wesentlichen Ergebnisse

I. Stand des Rechtssetzungsverfahrens

Die Richtlinie 2004/39/EG des Europäischen Parlaments und des Rates über Märkte für Finanzinstrumente[1] in der Fassung der Änderung durch Richtlinie 2006/31/EG des Europäischen Parlamentes und des Rates[2] erging im Lamfalussy-Verfahren als Rahmenrichtlinie. Zu ihrer Konkretisierung hat die Kommission eine Durchführungs-Verordnung[3] und eine Durchführungs-Richtlinie[4] erlassen.[5] Durch die Verordnung werden im Wesentlichen die Regelungen der MiFID zu der Meldung von Geschäften, der Markttransparenz, der Zulassung von Finanzinstrumenten zum Handel sowie die Regelungen derivativer Finanzinstrumente europaweit einheitlich konkretisiert. Durch die Durchführungs-Richtlinie werden die Anforderungen der MiFID zu der Organisation, der Auslagerung, der Sicherung des Kundenvermögens, den Interessenkonflikten, den Anreizen, den Berichtspflichten gegenüber den Kunden, der kundengünstigsten Ausführung, der Bearbeitung von Kundenaufträgen, den geeigneten Gegenparteien und den Aufzeichnungspflichten geregelt. Die für die Vermögensverwaltung einschlägigen Regelungen finden sich durchweg in der Durchführungs-Richtlinie.

Die MiFID sieht in Art. 70 Unterabs. 1 vor, dass die Umsetzungsvorschriften der nationalen Rechtsordnungen bis 31. Januar 2007 zu erlassen sind. Diese Vorschriften sind ab dem 1. November 2007 anzuwenden. Nach einer Verlautbarung des federführenden Bundesministeriums der Finanzen beabsichtigt die Bundesregierung, die Umsetzungsvorschriften bis Ende März zu erlassen und diese ab 1. Januar 2008 anzuwenden.

---

1 Vom 21. April 2004, ABl der EU Nr. L 145/1 vom 30.4.2004.

2 Vom 5. April 2006, ABl der EU Nr. L 114/60 vom 27.4.2006.

3 VO (EG) Nr. 1287/2006 der Kommission vom 10. August 2006, ABl. EU Nr. L 241/1 vom 2. September 2006.

4 Richtlinie 2006/73/EG der Kommission vom 10. August 2006, ABl. EU Nr. L 241/26 vom 2. September 2006.

5 Vgl. dazu auch die Background Note vom 6. Februar 2006, abrufbar unter <http://ec.europa.eu/internal_market/securities/isd/mifid2_de.htm>.

II. Wesentliche Änderungen des deutschen Rechts der Vermögensverwaltung durch die MiFID

1. Eignung (Suitability)

Nach Art. 19 Abs. 4 MiFID hat ein Vermögensverwalter die notwendigen Informationen über die Kenntnisse und Erfahrungen des Kunden in Bezug auf den Typ der Dienstleistung, seine finanziellen Verhältnisse und seine Anlageziele einzuholen, um sich in die Lage zu versetzen, dem Kunden geeignete Wertpapierdienstleistungen und Finanzinstrumente zu empfehlen. Diese Regelung wird konkretisiert durch Artt. 35, 37 sowie die Erwägungsgründe 51 und 56 bis 60 der Durchführungs-Richtlinie und erläutert in der Background Note in Ziffer 7.5.

a) Kundenkenntnis

Anlagerat und Vermögensverwaltung haben immer für den Kunden geeignet zu sein. Zu diesem Zweck hat der Vermögensverwalter von dem Kunden Informationen einzuholen, die er benötigt, um die Eignung seiner Handlungen für den konkreten Kunden beurteilen zu können. Zu diesem Zweck hat er nach Art. 37 Abs. 1 Durchführungs-Richtlinie zu fragen nach der Kenntnis und der Erfahrung des Kunden zu der Art der Dienstleistung, der Geschäfte und der Finanzinstrumente, der Art, dem Umfang und der Häufigkeit der von dem Kunden in den Finanzinstrumenten getätigten Geschäfte und dem Zeitraum, in dem sie getätigt worden sind, sowie dem Bildungsstand, dem Beruf oder einem relevanten früheren Beruf des Kunden. Handelt es sich bei dem Kunden nicht um einen Kleinanleger[6] sondern um einen professionellen Kunden, kann der Vermögensverwalter nach Art. 35 Abs. 2 Unterabs. 1 Durchführungs-Richtlinie die Erfahrungen und Kenntnisse seines Kunden unterstellen und braucht dementsprechend die genannten Fragen nicht zu stellen.

Weiter hat sich der Vermögensverwalter nach Art. 35 Abs. 3 Durchführungs-Richtlinie nach den finanziellen Verhältnissen zu erkundigen und in

6 Zur Kundenkategorisierung vgl. *Seyfried*, Die Richtlinie über Märkte für Finanzinstrumente (MiFID) – Neuordnung der Wohlverhaltensregeln, WM 2006, 1375 ff.

diesem Zusammenhang die Herkunft und die Höhe des regelmäßigen Einkommens, sämtliche Vermögenswerte und deren Liquidität sowie die regelmäßigen finanziellen Verpflichtungen des Kunden festzustellen. Hinsichtlich der Anlageziele hat der Vermögensverwalter nach Art. 35 Abs. 4 Durchführungs-Richtlinie den Kunden nach dem Anlagezeitraum, der Präferenzen hinsichtlich des Risikos, dem Risikoprofil sowie dem Zweck der Anlage zu befragen. Die Fragen nach den finanziellen Verhältnissen sowie den Anlagezielen hat der Vermögensverwalter nicht nur bei Kleinanlegern sondern auch bei professionellen Kunden zu stellen. Anders als für die Anlageberatung sieht die Durchführungs-Richtlinie in Art. 35 Abs. 2 Unterabs. 2 keine Ausnahme für die Vermögensverwaltung für professionelle Kunden dahingehend vor, dass der Verwalter annehmen darf, dass der Kunde finanziell in der Lage ist, das Risiko eines etwaigen Verlustes aus der Anlage zu tragen. Diese Ungleichbehandlung erscheint inkonsequent.

Im Wesentlichen entsprechen diese Vorgaben der MiFID und der Durchführungs-Richtlinie den bereits bestehenden Anforderungen von § 31 Abs. 2 WpHG mit Ausnahme der Fragen nach Bildungsstand, Beruf oder relevantem früheren Beruf des Anlegers. Neben dieser Anpassung von § 31 Abs. 2 WpHG werden die meisten von den verschiedenen Institutsgruppen und Instituten erarbeiteten Fragebögen anzupassen sein. Eine Einschränkung der Fragepflicht, wie sie derzeit von § 31 Abs. 2 Satz 1 zweiter Halbsatz vorgesehen ist („... soweit dies zur Wahrung der Interessen der Kunden und im Hinblick auf Art und Umfang der beabsichtigten Geschäfte erforderlich ist"), enthält die Durchführungs-Richtlinie nicht ausdrücklich. Da Art. 35 Abs. 1 Satz 1 Durchführungs-Richtlinie jedoch davon spricht, dass Fakten zu erfragen sind, um „nach vernünftigem Ermessen davon ausgehen zu können, dass das ... Geschäft ... die... Anforderungen erfüllt ...", sollte die bisherige deutsche Regelung beibehalten werden können. Für diese Auslegung sprechen auch Art. 35 Abs. 3 und 4 Durchführungs-Richtlinie, die jeweils die Einschränkung „soweit relevant" enthalten.[7]

Erfreulich ist, dass Art. 37 Abs. 3 der Durchführungs-Richtlinie ausdrücklich den Vermögensverwalter für berechtigt erklärt, sich auf die von dem Kunden übermittelten Informationen zu verlassen, soweit dem Vermögensverwalter nicht positiv bekannt ist oder es ihm hätte bekannt sein müssen,

---

7 So auch *Seyfried*, WM 2006, 1375, 1382 N. 73.

dass die Informationen offensichtlich veraltet, unzutreffend oder unvollständig sind. Dies entspricht auch der bisher h.L. und der Verwaltungsauffassung der BaFin, auch wenn dies bisher keinen Niederschlag in der (Verwaltungs-)Richtlinie[8] gefunden hat.

Die umfassende Regelung der Fragepflicht des Vermögensverwalters gilt ausdrücklich nicht für bestehende Vermögensverwaltungsverhältnisse hinsichtlich der Erfahrungen und Kenntnisse der bestehenden Kunden.[9] Es verwundert insofern, dass im Umkehrschluss aus der Regelung der Erfahrungen und Kenntnisse offensichtlich nochmals nach der finanziellen Lage und den Anlagezielen eine Befragung der Kunden durchgeführt werden soll. Insofern wäre wünschenswert, wenn seitens des deutschen Gesetzgebers klargestellt wird, dass auch insoweit eine erneute Befragung nur zu erfolgen hat, wenn seitens der Eignung der Vereinbarungen im Vermögensverwaltungsvertrag (Anlagerichtlinie) Zweifel bestehen.

Für die Fälle der Execution-Only-Dienstleistungen sieht Art. 19 Abs. 5 Unterabs. 3 MiFID vor, dass das Wertpapierdienstleistungsunternehmen seinen Kunden im Falle der Verweigerung oder der unzureichenden Erteilung von Angaben zu warnen und darauf hinzuweisen hat, dass es in Ermangelung einer Kenntnis nicht in der Lage ist zu beurteilen, ob eine in Betracht gezogene Wertpapierdienstleistung für den Kunden geeignet ist. Eine entsprechende Warnpflicht sieht Art. 19 Abs. 4 MiFID für die Vermögensverwaltung (und die Anlageberatung) jedoch nicht vor. Über die hieraus zu ziehenden Konsequenzen verhält sich die Durchführungs-Richtlinie nicht ausdrücklich. Sie enthält lediglich in Art. 35 Abs. 5 ein Verbot für den Vermögensverwalter, dem Kunden bestimmte Wertpapierdienstleistungen oder Finanzinstrumente zu empfehlen. Daraus ist zu entnehmen, dass jedenfalls kein weitergehendes Verbot besteht, überhaupt eine Vermögensverwaltung zu erbringen. Es erscheint insofern naheliegend, von einer Lücke in der Durchführungs-Richtlinie auszugehen und diese durch eine analoge Anwendung von Art. 19 Abs. 5 Unterabs. 3 MiFID zu schließen.

---

8 Richtlinie gemäß § 35 Abs. 6 WpHG zur Konkretisierung der §§ 31, 32 WpHG für das Kommissionsgeschäft, den Eigenhandel für andere und das Vermittlungsgeschäft der Wertpapierdienstleistungsunternehmen vom 23. August 2001, BAnz. Nr. 165 vom 4. August 2001, S. 19217.

9 Vgl. Erwägungsgrund 59 Satz 1 Durchführungs-Richtlinie.

b) Anlagerichtlinien

Eine Pflicht zur Vereinbarung von Anlagerichtlinien sieht die Durchführungs-Richtlinie nicht vor. Dies entspricht der bereits h.L.[10] und sollte dementsprechend auch die Diskussion in Deutschland beenden. Faktisch läuft der Vermögensverwalter jedoch ohne Vereinbarung von Anlagerichtlinien ein nicht unerhebliches Risiko, die Geeignetheit seiner Verwaltungshandlungen für einen konkreten Kunden ohne Anlagerichtlinien beurteilen zu können. Die Vereinbarung von Anlagerichtlinien ist daher sowohl den Kunden wie dem Vermögensverwalter zu empfehlen.

Spricht der Vermögensverwalter eine Empfehlung, einen Wunsch oder einen Rat hinsichtlich einer Anlagerichtlinie oder deren Änderung aus, so gilt dies als Empfehlung i.S.v. Art. 19 Abs. 4 MiFID[11]. Eine besondere Bedeutung bekommt die Qualifizierung der Empfehlung, des Wunsches oder des Rates hinsichtlich einer Anlagerichtlinie durch den Vermögensverwalter als Empfehlung dann, wenn den Vermögensverwalter aufgrund einer Verweigerung der erforderlichen Angaben durch den Kunden einem Empfehlungsverbot gemäß Art. 35 Abs. 5 der Durchführungs-Richtlinie unterliegt. Dies wird z.B. in den Fallkonstellationen von Bedeutung, in denen ein Vermögensinhaber sich für bestimmte Asset-Klassen jeweils einzelne Vermögensverwalter aussucht und diesen ohne weitere Informationen die Verwaltung der jeweiligen Anlageklasse (z.B. europäische Aktien, europäische Renten, US-Aktien etc.) vorgibt. In diesen Fällen darf der Vermögensverwalter keinen Einfluss auf die Anlagerichtlinien durch Rat oder Empfehlung ausüben.

c) Kundennäheres Institut

Zu begrüßen ist die – klarstellende – Regelung von Art. 20 Unterabs. 1 und 2 MiFID, derzufolge das kundennähere Institut die Befragung des Kunden durchzuführen und die erforderliche Informationen dem Kunden mitzuteilen hat. Hierdurch wird klargestellt, dass ein bankexterner Vermögensverwalter die Eignung der Dienstleistung zu beurteilen und keine erneute Befragung

10 BGH WM 1994, 834 = ZIP 1994, 692; OLG Frankfurt WM 1996, 665; OLG Hamm WM 1996, 669 sowie die Nachw. bei *Schwintowski/Schäfer*, Bankrecht, 2. Aufl. 2004, § 19 Rn. 42 mit N. 93.

11 Vgl. Erwägungsgrund 60 Durchführungs-Richtlinie.

und Aufklärung des Kunden durch das depotführende Kreditinstitut zu erfolgen hat. Dies entspricht der in Deutschland bereits ganz h.L. und Verwaltungsauffassung der BaFin[12].

2. *Kundengünstigste Ausführung (Best Execution)*

Artt. 19 Abs. 1, 21 MiFID verpflichten Wertpapierdienstleistungsunternehmen dazu, ihre Dienstleistung „ehrlich, redlich und professionell im bestmöglichen Interesse ihres Kunden" zu erbringen[13] und Aufträge mit dem „bestmöglichen Ergebnis für ihre Kunden" durchzuführen. Diese Regelung wird konkretisiert durch Artt. 44 bis 46 sowie Erwägungsgründe 66 bis 76 der Durchführungs-Richtlinie und wird erläutert durch Background Note in Ziffer 7.7.

a) Best Execution Policy

Die Best Execution Policy gilt für die Ausführung von Aufträgen durch Wertpapierdienstleistungsunternehmen. Das depotführende Kreditinstitut hat daher die ihm von dem Vermögensverwalter als Bevollmächtigten des Kunden erteilten Aufträge gemäß den Vorschriften zur Best Execution auszuführen. Gemäß Art. 45 Abs. 1 der Durchführungs-Richtlinie sind jedoch auch die Vermögensverwalter zur entsprechenden Erfüllung der Best Execution verpflichtet. Diese Pflichten treffen den Vermögensverwalter nach Art. 45 Abs. 7 Durchführungs-Richtlinie jedoch nur, wenn er nicht zugleich depotführendes Kreditinstitut ist. Erbringt ein depotführendes Kreditinstitut zugleich die Vermögensverwaltung, verbleibt es bei den Pflichten aus Art. 21 MiFID.

---

12 Vgl. (Verwaltungs-)Richtlinie gemäß § 35 Abs. 6 WpHG vom 23. August 2001 sub. B 2.1 Abs. 2.

13 *Kumpan/Hellgardt*, Haftung der Wertpapierdienstleistungsunternehmen nach Umsetzung der EU-Richtlinie über Märkte über Finanzinstrumente (MiFID), DB 2006, 1714, 1717 weisen zutreffend darauf hin, dass mit dieser Formulierung wohl gemeint ist: „bestmöglich im Interesse ihres Kunden".

b) Pflichten des Vermögensverwalters

Der Vermögensverwalter muss sich daher darüber informieren, auf welchem Markt die von ihm indizierten Aufträge am besten ausgeführt werden können. Insoweit gelten auch für ihn die Kriterien Kurs, Kosten, Schnelligkeit, Wahrscheinlichkeit der Ausführung und Abrechnung, wie von Art. 21 Abs. 1 Satz 1 MiFID vorgegeben. Da es sich bei Kunden des Vermögensverwalters i.d.R. um sog. Kleinanleger handeln wird, gilt für ihn auch, dass nach Art. 44 Abs. 3 Durchführungs-Richtlinie dem gesamten Entgelt (also Preis für das Finanzinstrument zuzüglich der Transaktionskosten) entscheidende Bedeutung zukommt.

Erwägungsgrund 75 der Durchführungs-Richtlinie statuiert, dass die Richtlinie nicht beabsichtigt, dass sowohl der Vermögensverwalter wie die Depotbank zur bestmöglichen Ausführung ein und desselben Auftrags verpflichtet sind. Der dadurch entstehende Widerspruch zu Art. 45 Abs. 1 der Durchführungs-Richtlinie wurde in deren Entwurf vom 6. Februar 2006 in Erwägungsgrund 63, der dem Erwägungsgrund 75 der Richtlinie entspricht, in Satz 3 dahingehend aufgelöst, dass der Vermögensverwalter die Qualität der Ausführung durch die Depotbank zu überwachen hatte. Sätze 2 bis 4 des Erwägungsgrundes des Entwurfs der Durchführungs-Richtlinie wurden jedoch nicht in Erwägungsgrund 75 der Durchführungs-Richtlinie übernommen. Vielmehr sieht Art. 45 Abs. 4 Unterabs. 2 Durchführungs-Richtlinie nunmehr vor, dass der Vermögensverwalter seiner Pflicht zur Best Execution nachkommt, wenn er bei der Platzierung des Auftrages bei der Depotbank einer Kundenweisung folgt.[14] In Ermangelung von Weisungen des Kunden kann der Vermögensverwalter jedoch aufgrund seiner Best Execution Policy verpflichtet sein, das depotführende Kreditinstitut anzuweisen, bestimmte Märkte oder bestimmte Makler für die Durchführung von Orders einzuschalten, wenn der Vermögensverwalter der Auffassung ist, dass dies zu einem besseren Ergebnis führt als die Best Execution Policy des depotführenden Kreditinstituts.[15]

---

14 Dies legt nahe, dass der Vermögensverwalter mit dem Kunden in dem Vermögensverwaltungsvertrag i.S. einer Kundenweisung vereinbart, dass sämtliche Wertpapierorder über die kundendepotführende Bank abgewickelt werden sollen.

15 So auch die Financial Services Authority in einem Discussionspaper 06/3 betitelt „Implementing MiFID's Best Execution Requirements", Mai 2006, Ziff. 4.20 bis 4.24.

Ebenso wie das depotführende Kreditinstitut hat der Vermögensverwalter seine Kunden über seine „Best Execution Policy" zu informieren und deren schriftliche Zustimmung hierzu einzuholen.[16] Dabei gelten die Grundsätze für eine Best Execution sowohl für Kommissions- wie Festpreisgeschäfte.[17] Nach Art. 45 Abs. 6 Durchführungs-Richtlinie sind die Grundsätze durch den Vermögensverwalter einmal jährlich oder beim Eintritt wesentlicher Veränderungen zu überprüfen.

Im deutschen öffentlichen Recht enthält § 31 Abs. 1 Nr. 1 WpHG sowie die (Verwaltungs-)Richtlinie gemäß § 35 Abs. 6 WpHG des BAWe[18] eine Pflicht zur Ausführung im Interesse des Kunden.[19] Im deutschen Zivilrecht gelten Grundsätze zu Best Execution in allgemeiner Form für den Kommissionär bereits aufgrund des Kommissionsrechtes der §§ 383 ff. HGB und für den Vermögensverwalter aufgrund des Auftragsrechts der §§ 662 ff. BGB. Eine ausdrückliche Formulierung derselben – oder gar eine Kontrolle der Durchführung – erfolgt in Deutschland bisher jedoch nicht. Die Umsetzung der Grundsätze der Best Execution wird in Deutschland voraussichtlich im WpHG bzw. einer Verordnung und durch öffentlich-rechtliche Normen erfolgen. Dies erscheint durchaus angemessen, da es einem Anleger im Rahmen des Kommissionsverhältnisses i.d.R. praktisch unmöglich sein wird, die Einhaltung einer optimalen Interessenwahrnehmung durch den Kommissionär bzw. den Vermögensverwalter zu überprüfen. Während jedoch bei der Kommission mit Selbsteintritt gemäß den AGB-Banken vor 1995 häufig von Seiten der Verbraucherschützer die Vermutung eines „Kursschnitts" geäußert wurde und dies Anlass für die Banken zur Aufgabe der Kommission mit Selbsteintritt und ihre Ersetzung durch eine einfache Kommission war,[20] sind Vermutungen, Kommissionäre würden nicht die besten Ausführungsorte wählen, bisher – soweit ersichtlich – nicht geäußert worden. Es darf daher durchaus bezweifelt werden, ob die Einführung einer Best Execution Policy und der Überwachung der Einhaltung derselben durch Aufsichtsbehörden einen wesentlichen Fortschritt im Anlegerschutz bringt.

16 Vgl. Art. 21 Abs. 3 Unterabs. 2 Satz 2 MiFID.
17 Vgl. Erwägungsgrund 69 Durchführungs-Richtlinie.
18 Vgl. Nachw. in Fn. 8.
19 Das Fehlen des Wortes „bestmöglichen" dürfte insoweit keine Abweichung begründen – vgl. *Kumpan/Hellgardt*, DB 2006, 1714, 1717.
20 Vgl. *Schwintowski/Schäfer* (oben Fn. 10), § 16 Rn. 22 ff. m.w.N.

3. Behandlung von Interessenkonflikten

Artt. 13 Abs. 3 und 6, 18 MiFID sehen vor, dass eine Wertpapierfirma so organisiert ist, dass Interessenkonflikte den Kundeninteressen nicht schaden. Diese Vorschrift wird konkretisiert durch die Artt. 21 bis 23 und Erwägungsgründe 24 bis 27 der Durchführungs-Richtlinie und sie werden erläutert in der Background Note Ziff. 6.1.

a) Pflichtenkanon

Das Wertpapierdienstleistungsunternehmen trifft ein dreifacher Pflichtenkanon im Zusammenhang mit der Behandlung von Interessenkonflikten. Es hat eine Pflicht zu

- der Erkennung von Interessenkonflikten (Art. 18 Abs. 1 MiFID),
- der Verhinderung von daraus resultierenden Schäden für Kunden durch organisatorische Vorkehrungen (Art. 13 Abs. 3 MiFID) sowie
- der Aufdeckung von nicht vermeidbaren Risiken gegenüber den Kunden (Art. 18 Abs. 2 MiFID).

b) Interessenkonflikte zwischen Unternehmen und Kunden

Interessenkonflikte können einerseits zwischen dem Wertpapierdienstleistungsunternehmen (einschließlich seinen Organen, Mitarbeitern, gebundenen Vermittlern und kontrollierten Personen) und seinen Kunden auftreten, andererseits aber auch zwischen den Kunden selbst. Die Interessenkonflikte zwischen dem Unternehmen und seinen Kunden werden hinsichtlich ihres Inhalts durch Art. 21 Durchführungs-Richtlinie geregelt. Das Wertpapierdienstleistungsunternehmen wird angehalten, fünf Kategorien von möglichen Interessenkonflikten zwischen dem Unternehmen und seinen Kunden auf ihr Vorliegen hin zu überprüfen. Diese fünf Situationen sind:

- Wahrscheinlich erzielt das Unternehmen oder seine Organe, Mitarbeiter oder kontrollierten Personen zu Lasten von Kunden finanzielle Vorteile oder vermeidet finanzielle Verluste;
- das Unternehmen oder die vorgenannten Personen haben am Ergebnis einer für den Kunden erbrachten Dienstleistung oder eines im Namen des Kunden getätigten Geschäftes ein Interesse, das nicht mit dem Interesse des Kunden an diesem Ergebnis übereinstimmt;

- für das Unternehmen oder eine der vorgenannten Personen gibt es finanzielle oder sonstige Anreize, die Interessen eines anderen Kunden oder einer anderen Gruppe von Kunden über die Interessen des Kunden zu stellen;
- das Unternehmen oder eine der vorgenannten Personen geht der gleichen Tätigkeit nach wie der Kunde;
- oder das Unternehmen oder eine der vorgenannten Personen erhält für die dem Kunden erbrachte und vergütete Dienstleistung von einem Dritten „Anreize" in Form von Geld, Gütern oder Dienstleistungen.

Diese abstrakten Regelungen entsprechen bei Vermögensverwaltern dem Verbot des Frontrunnings, Gegenlaufens, Parallellaufens, Dumpings oder Auskaufens sowie der Erzielung von Kick-Backs (Retrozessionen). Die soeben genannten konkreten Interessenkonflikte der Vermögensverwalter sind derzeit bereits aufsichtsrechtlich durch §§ 31 Abs. 1 Ziff. 2, 32 WpHG, die (Verwaltungs-)Richtlinie gemäß § 35 Abs. 6 WpHG der BaFin (dort Teil E, sowie Teil B 3) sowie die Richtlinien der BaFin für Mitarbeitergeschäfte[21] geregelt. Im deutschen öffentlichen Recht bisher nicht ausdrücklich angesprochen ist der Interessenkonflikt, dass für das Wertpapierdienstleistungsunternehmen finanzielle Anreize zur Bevorzugung einer bestimmten Kundengruppe bestehen. Zivilrechtlich dürften sämtliche von der MiFID und der Durchführungs-Richtlinie angesprochenen Interessenkonflikte grundsätzlich im Interesse der jeweiligen Kunden zu lösen sein.

c) Interessenkonflikte zwischen Kunden

Anders als die Interessenkonflikte zwischen dem Wertpapierdienstleistungsunternehmen und seinen Kunden werden die Interessenkonflikte zwischen verschiedenen Kunden nur in Art. 18 Abs. 1 MiFID erwähnt, von der Durchführungs-Richtlinie jedoch nicht ausdrücklich geregelt. Insofern geht die (Verwaltungs-)Richtlinie gemäß § 35 Abs. 6 WpHG des BAWe vom 23. August 2001[22] weiter, wenn in Teil B 3 Abs. 1 für ein Wertpapierdienstleistungsunternehmen ein Verbot statuiert wird, „einzelne Kunden bei der

21 Vgl. Bekanntmachung des BAKred und des BAWe über Anforderungen an Verhaltensregeln für Mitarbeiter der Kreditinstitute und Finanzdienstleistungsinstitute in Bezug auf Mitarbeitergeschäfte vom 7. Juni 2000, BAnz. S. 13790.

22 Vgl. Nachw. in Fn. 8.

Erbringung der Wertpapierdienstleistung ... nicht ohne sachlichen Grund zu Lasten anderer Kunden" zu bevorzugen.

Interessenkonflikte zwischen Kunden können besonders bei Vermögensverwaltern auftreten. Grundsätzlich sind drei Konstellationen zu unterscheiden. Zum einen können die Interessenkonflikte zwischen den Kunden knappheitsbedingt sein. Derartige Situationen treten etwa auf, wenn in einem engen Markt Wertpapiere gekauft werden sollen und ein Kauf des Wertpapiers bereits für wenige Kunden zu einer Kurssteigerung führen würde. Zum anderen können Interessenkonflikte zwischen Kunden reaktionsbedingt sein. Eine derartige Situation tritt etwa ein, wenn auf einem engen Markt der Vermögensverwalter Wertpapiere eines Unternehmens verkauft, während andere seiner Kunden diese noch halten. Schließlich kann es zu Interessenkonflikten zwischen Kunden kommen, wenn der Vermögensverwalter die Interessen eines Kunden zum Nachteil eines anderen Kunden wahrnimmt. Eine solche Situation ist etwa gegeben, wenn der Vermögensverwalter im Auftrage eines Kunden eine größere Position auf- oder abbauen soll und zwecks Vermeidung von Kursausschlägen die zu kaufenden Wertpapiere aus den Depots anderer Kunden herauskauft oder die zu verkaufenden Wertpapiere für die Depots anderer Kunden erwirbt.

Zivilrechtlich ist das soeben genannte Verhalten der Vermögensverwalter unzulässig. Allerdings wird es einem Vermögensinhaber i.d.R. schwer fallen, die interesseninduzierte Sorgfaltspflichtverletzung des Vermögensverwalters nachzuweisen. Hier setzen die MiFID und die Durchführungs-Richtlinie an.

d) Conflict of Interest Policy

Art. 22 Abs. 1 und 2 Durchführungs-Richtlinie verlangen, dass ein Wertpapierdienstleistungsunternehmen zunächst schriftlich die Umstände festhält, unter denen ein Interessenkonflikt auftreten kann oder vorliegt und wie im Falle des Auftretens eines Interessenkonfliktes mit diesem zu verfahren ist. Das Wertpapierdienstleistungsunternehmen hat nach Art. 13 MiFID organisatorische Maßnahmen zur Vermeidung der Interessenkonflikte zu treffen. Für den Fall, dass die organisatorischen Vorkehrungen für eine Gewährleistung der Vermeidung des Risikos der Beeinträchtigung von Kundeninteressen nicht ausreichen, sehen Artt. 18 Abs. 2 MiFID, 22 Abs. 4 Durchführungs-Richtlinie vor, dass mögliche Interessenkonflikte gegenüber den Kunden „auf einem dauerhaften Datenträger" offengelegt werden.

Zu den organisatorischen Maßnahmen und Verfahren zählt Art. 22 Abs. 3 Durchführungs-Richtlinie eine Vielzahl von Möglichkeiten auf. So kommen in Betracht

- Chinese Walls,
- Überwachung der handelnden Personen,
- Untersagung eines Tantiemepools zwischen Personen, die konfligierende Interessen wahrnehmen,
- Verhinderung unangemessenen Einflusses auf handelnde Personen, sowie
- Ausschluss oder Kontrolle bestimmter Personen, die ein angemessenes Konfliktmanagement behindern können.

In allen Gruppen von Interessenkonflikten sind auch solche Umstände zu berücksichtigen, die sich aus Interessenkonflikten zwischen Kunden und anderen gruppenangehörigen Gesellschaften ergeben können (Art. 22 Abs. 1 Unterabs. 2 Durchführungs-Richtlinie).

Welche Maßnahmen im Einzelfall von einem Wertpapierdienstleistungsunternehmen zu ergreifen sind, hängt ab von seiner Größe und Organisation sowie der Art, dem Umfang und der Komplexität der Geschäfte (Art. 22 Abs. 1 Unterabs. 1 Durchführungs-Richtlinie). Deutsche Vermögensverwalter werden daher zukünftig eine schriftliche Conflict of Interest Policy aufstellen müssen. Diese muss die möglichen Interessenkonflikte aufzählen, die organisatorischen Maßnahmen des Vermögensverwalters zur Vermeidung auflisten und schließlich konkrete Handlungsanweisungen für den Fall des Eintritts eines Interessenkonfliktes enthalten. Dies dürfte Vermögensverwaltern ohne Lizenz zum Betreiben von Bankgeschäften leichter fallen als Kreditinstituten, die auch die Vermögensverwaltung anbieten. Für letztere dürfte unschwer vorherzusagen sein, dass die Conflict of Interest Policy leicht den Umfang eines kleinen Handbuchs annehmen kann.

e) Aufzeichnungspflicht

Besonders dann, wenn eine zivilrechtliche Wahrnehmung der Interessen der Kunden durch diese an Informations- oder Beweisfragen scheitert, kommt der aufsichtsrechtlichen Überwachung der diesbezüglichen Pflichten des Wertpapierdienstleistungsunternehmens besondere Bedeutung zu. Nicht zuletzt deshalb sieht Art. 13 Abs. 6 MiFID vor, dass ein Wertpapierdienstleistungsunternehmen Aufzeichnungen über sämtliche Dienstleistungen zu führen hat, die ausreichen, um der zuständigen Behörde zu ermöglichen, die

Einhaltung der Anforderungen der Richtlinie zu überprüfen und sich zu vergewissern, dass sämtliche Verpflichtungen gegenüber den Kunden eingehalten wurden. Art. 23 Durchführungs-Richtlinie konkretisiert diese Verpflichtung dahingehend, dass sie besonders auch für die Wertpapierdienstleistungen gilt, bei denen es zu einem Interessenkonflikt gekommen ist, „der in erheblichem Maße den Interessen eines oder mehrerer Kunden abträglich sein könnte". Diese Aufzeichnungspflicht geht deutlich über die Aufzeichnungspflichten von § 34 WpHG hinaus. Dieser bedarf daher einer deutlichen Erweiterung.

4. *Vorstandsverantwortung*

Für die Einhaltung der Verpflichtungen des Wertpapierdienstleistungsunternehmens gegenüber seinen Kunden ist grundsätzlich der Vorstand bzw. die Geschäftsführung verantwortlich. In Art. 13 Abs. 2 MiFID heißt es recht allgemein, dass das Wertpapierdienstleistungsunternehmen sicherzustellen hat, dass es ebenso wie seine Organe, Beschäftigten und gebundenen Vermittler den Verpflichtungen der MiFID nachkommt. Art. 9 Abs. 1 Durchführungs-Richtlinie konkretisiert dies dahingehend, dass „die Geschäftsführung sowie gegebenenfalls das Aufsichtsorgan die Verantwortung für die Einhaltung der in der Richtlinie festgelegten Pflichten tragen".

Die grundsätzliche Verantwortlichkeit des Vorstandes bzw. der Geschäftsführung für die Einhaltung der Pflichten durch das Wertpapierdienstleistungsunternehmen wird öffentlich-rechtlich bereits durch §§ 32, 36 KWG für die Unzuverlässigkeit eines Geschäftsleiters statuiert, insbesondere auch für den Fall, dass ein Institut nachhaltig gegen Bestimmungen des KWG oder des WpHG oder von Durchführungsverordnungen verstößt. Abzuwarten bleibt, ob im Rahmen der Umsetzung der MiFID sowie der Durchführungs-Richtlinie in deutsches Recht die Verpflichtungen der Geschäftsleitung derart ausgestaltet werden, dass sie auch als zivilrechtliche Pflicht etwa i.S.v. § 93 Abs. 1 AktG zu werten sind. Mit Blick auf die Rechtsprechung des BGH zu den Pflichten von Vorständen bei der Kreditvergabe erscheint dies durchaus naheliegend. Zu einer Schadensersatzverpflichtung des Vorstandes bzw. Geschäftsführers des Wertpapierdienstleistungsunternehmens führt dies jedoch nur, wenn dem Wertpapierdienstleistungsunternehmen durch einen Verstoß gegen öffentlich-rechtliche Pflichten auch ein Schaden entstanden ist. Hierzu kann es kommen, wenn die Pflichten des Wertpapierdienstleistungsunternehmens aus der MiFID bzw. der Durchführungs-Richtlinie durch das deutsche Umsetzungsgesetz nicht nur als Pflichten statuiert werden, die im öffentlichen Interesse bestehen, sondern auch als Pflichten, die den Individualinteressen der einzelnen Anleger zu dienen bestimmt sind. Haben diese Pflichten drittschützende Wirkung i.S.d. § 823 Abs. 2 BGB, kann eine Pflichtverletzung des Wertpapierdienstleistungsunternehmens eine Schadensersatzverpflichtung gegenüber dem Anleger und damit einen Schaden für das Wertpapierdienstleistungsunternehmen herbeiführen.[23] Selbst dann wäre es jedoch zu weitgehend, wenn man den Vorstand für jede einzelne Schadensentstehung für verantwortlich halten wollte, da er nicht jeden Mitarbeiter des Unternehmens persönlich kontrollieren kann. Eine Schadensersatzverpflichtung des Vorstandes ist allenfalls dann berechtigt, wenn er verantwortlich Strukturmaßnahmen unterlassen oder falsch vorgenommen hat, die die Entstehung von Einzelfällen im Regelfall, d.h. grundsätzlich systematisch, nicht verhindern.

Bereits aus wohlverstandenem Eigeninteresse wird daher die Geschäftsleitung eines Vermögensverwalters bzw. eines auch Vermögensverwaltungen anbietenden Kreditinstitutes auf eine präzise Umsetzung der Pflichten des Wertpapierdienstleistungsunternehmens aufgrund der MiFID Wert legen. Dies gilt besonders für die Einhaltung der Eignungsprüfung (Suitability), der kundengünstigsten Ausführung (Best Execution) und der Behandlung von Interessenkonflikten aufgrund von Anreizen Dritter.

5. *Auswirkungen auf Abschluss und Inhalt des Vermögensverwaltungsvertrages*

Während die Vorschriften über geeignete Organisationsmaßnahmen zur Verhinderung von Interessenkonflikten, Best Execution und Suitability in der MiFID und der Durchführungs-Richtlinie notwendigerweise noch recht abstrakt ausfallen müssen, sieht ein Satz weiterer Regeln wesentlich konkretere Vorgaben für den Abschluss und den Inhalt des Vermögensverwaltungsvertrages vor. Die allgemeinen Vorgaben von Art. 19 Abs. 2 und 3 MiFID werden durch die Artt. 27 bis 35 sowie die Erwägungsgründe 41 bis 53 der

23 Vgl. auch *Kumpan/Hellgardt*, DB 2006, 1714 ff.

Durchführungs-Richtlinie konkretisiert und in der Background Note in Ziff. 7.4 erläutert. Drei Aspekte, nämlich die Form des Vermögensverwaltungsvertrages, die Pflicht zur Vereinbarung einer Benchmark sowie die Pflicht zur Verlustbenachrichtigung seien herausgegriffen.

a) Form

Art. 29 Abs. 1 lit. a) Durchführungs-Richtlinie verpflichtet ein Wertpapierdienstleistungsunternehmen öffentlich-rechtlich, den Wortlaut des Vermögensverwaltungsvertrages dem Kunden bzw. potentiellen Kunden, der ein Kleinanleger ist, zu übermitteln. Anders als noch im Entwurf der Durchführungs-Richtlinie vom 6. Februar 2006 ist nicht mehr die Zurverfügungstellung auf einem dauerhaften Datenträger erforderlich. „Dauerhafter Datenträger" wird durch Art. 2 Durchführungs-Richtlinie dahingehend definiert, dass es „jedes Medium [ist], das es Kunden gestattet, an ihn persönlich gerichtete Informationen derart zu speichern, dass er sie in der Folge für eine für die Zwecke der Informationen angemessene Dauer einsehen kann, und das die unveränderte Wiedergabe der gespeicherten Informationen ermöglicht". Eine zivilrechtliche Form sollte nach dem Erwägungsgrund 37 des Entwurfs der Durchführungs-Richtlinie vom 6. Februar 2006 damit ausdrücklich nicht vorgeschrieben werden. Interessanterweise ist dieser Erwägungsgrund jedoch in der endgültigen Fassung weggefallen. Dafür heißt es in Art. 39 Durchführungs-Richtlinie nunmehr: "Die Mitgliedstaaten sorgen dafür, dass eine Wertpapierfirma, die für einen neuen Kleinanleger erstmals nach Beginn der Anwendung dieser Richtlinie eine Wertpapierdienstleistung erbringt, die keine Anlageberatung darstellt, mit diesem Kunden auf Papier oder einem anderen dauerhaften Datenträger eine schriftliche Rahmenvereinbarung abschließt, in der die wesentlichen Rechte und Pflichten der Wertpapierfirma und des Kunden niedergelegt sind". Damit wird faktisch für den Vermögensverwaltungsvertrag Schriftform vorgeschrieben.

Bei der Umsetzung der Durchführungs-Richtlinie in deutsches Recht sollte der deutsche Gesetzgeber wohl erwägen, ob er zusätzlich zu dem öffentlich-rechtlichen Schriftformerfordernis auch ein zivilrechtliches Schriftformerfordernis im Rahmen des Auftragsrechtes statuieren sollte. Die Zivilrechtsprechung hatte bereits des Öfteren Fälle der sogenannten grauen Vermögensverwaltung zu entscheiden.[24] Dies sind etwa die Fälle, in denen ein Anlageberatungskunde Dispositionen seines Anlageberaters über das Konto des Kunden ohne vorherige Rücksprache und Entscheidung des Kunden vornimmt oder der Kunde dem Anlageberater vor einer längeren Abwesenheit mündlich beauftragt, etwa im Falle eines Crashs das Depot angemessen umzuschichten. Wäre ein derart geschlossener mündlicher Vermögensverwaltungsvertrag formunwirksam und Dispositionen ohne Ermächtigungsbasis durchgeführt, entzöge man dem Vermögensinhaber sowohl die positiven Ergebnisse dieser Tätigkeit als auch mögliche Ansprüche aus positiver Vertragsverletzung. Faktisch wird die Vermögensverwaltung jedoch in der ganz überwiegenden Anzahl aller Fälle ohnehin schriftlich vereinbart, da nur so das bereits jetzt faktisch bestehende öffentlich-rechtliche Schriftformerfordernis aus der Aufzeichnungspflicht gemäß § 34 WpHG erfüllt wird und der Vermögensverwalter aus Eigeninteresse seine Rechte und Pflichten schriftlich definieren will.

b) Benchmark

Art. 30 Abs. 2 und Abs. 3 lit. c) Durchführungs-Richtlinie verpflichtet einen Vermögensverwalter, „auf der Grundlage der Anlageziele des Kunden und der Art der im Kundenportfolio enthaltenen Finanzinstrumente eine angemessene Bewertungs- und Vergleichsmethode, etwa eine aussagekräftige Vergleichsgröße, festzulegen". Zweck dieser Pflicht ist, dass der Kunde die Leistung des Vermögensverwalters bewerten kann. Während noch in den Vorentwürfen diskutiert wurde, dass eine sogenannte Benchmark vertraglich vereinbart werden muss, sieht die Durchführungs-Richtlinie nunmehr vor, dass sie einseitig durch den Vermögensverwalter festgelegt werden kann. Allerdings sieht der Wortlaut von Art. 41 Abs. 2 lit. e) Durchführungs-Richtlinie wiederum die Vereinbarung einer Benchmark vor. Insoweit dürfte es sich um eine versehentlich unterlassene Anpassung durch die EU-Kommission handeln. Die Frage konzentriert sich damit darauf, was eine „angemessene Bewertungs- und Vergleichsmethode" mit Blick auf die Anlageziele des Kunden und die Art der im Kundenportfolio enthaltenen Finanzinstrumente ist. Da Kleinanleger – anders als etwa institutionelle Anleger –

24 Vgl. etwa OLG Karlsruhe WM 2001, 806 = ZIP 2000, 2060.

die Leistungen ihres Vermögensverwalters nicht für gut halten, wenn etwa ein in deutschen Standardwerten angelegtes Portfolio nur einen Rückgang von 20% aufweist, während der DAX um 30% zurückgegangen ist, also der Vermögensverwalter eine Leistung erbringt, die jeden institutionellen Anleger positiv stimmte, wird von Seiten der Vermögensverwalter derzeit vielfach in Erwägung gezogen, eine sogenannte „total return benchmark" vorzusehen. Diese orientierte sich etwa an einem Durchschnittszinssatz nach Berücksichtigung der Inflation. Ob dies zumindest bei überwiegend in Aktien angelegten Portfolios im Einklang mit den im Kundenportfolio enthaltenen Finanzinstrumenten steht, erscheint jedoch zweifelhaft.

Fraglich sind die zivilrechtlichen Konsequenzen der Angabe einer unangemessenen Benchmark durch den Vermögensverwalter. Gibt er eine Benchmark an, die seine relative Leistung überbewertet, könnte der Kunde im Falle des späteren Eintritts von Verlusten argumentieren, er habe die Leistung des Vermögensverwalters wegen der unangemessenen Benchmark überschätzt und deshalb den Vermögensverwaltungsvertrag – zu Unrecht – nicht gekündigt. Handelte es sich bei der Benchmark um eine vertragliche Vereinbarung, wäre diese Argumentation wohl nur schwer zu widerlegen. Wird – was zu erwarten steht – die Verpflichtung zur Mitteilung einer Benchmark lediglich im öffentlichen Recht umgesetzt, könnte es sich bei der Mitteilung einer unzutreffenden Benchmark um die Verletzung einer vertraglichen Nebenpflicht i.S.d. § 311 BGB handeln. Dabei würde nicht die Pflicht zur Mitteilung einer Benchmark verletzt, sondern die allgemeine zivilrechtliche Pflicht, keine unzutreffenden Informationen zur Beschönigung der eigenen vertraglichen Leistungserbringung abzugeben. Zudem wird selbst bei einer rein öffentlich-rechtlichen Verankerung der Verpflichtung zur Mitteilung einer Benchmark deren Eigenschaft als Schutzgesetz i.S.d. § 823 Abs. 2 BGB nur schwer zu verneinen sein, da Art. 30 Abs. 2 Halbs. 2 Durchführungs-Richtlinie die Mitteilung der Benchmark ausdrücklich statuiert, „damit der Kunde, für den die Dienstleistung erbracht wird, die Leistung des Vermögensverwalters bewerten kann". Allerdings wird bei dem vorstehend geschilderten Szenario zu berücksichtigen sein, dass dem Vermögensinhaber kaum die Vermutung aufklärungsrichtigen Verhaltens wie vom BGH statuiert[25]

25 Vgl. dazu ausführlich *Ellenberger*, Umfassende anlage- und anlegergerechte Beratung, in: Ellenberger/Schäfer, Fehlgeschlagene Wertpapieranlagen, 2006, S. 57, 92 ff. sowie *U. Schäfer*, Fragen der Darlegungslast, Beweispflicht und

zugute kommen wird, denn auch bei Mitteilung einer zutreffenden Benchmark gibt es im Regelfall nicht nur die einzige Möglichkeit der Kündigung des Vermögensverwaltungsvertrages sondern z.B. die der Vereinbarung von geänderten Anlagerichtlinien.

c) Verlustsbenachrichtigung

In vielen Fällen wird zudem erforderlich, dass in dem Vermögensverwaltungsvertrag eine Vereinbarung über eine Grenze für die Benachrichtigung im Falle des Eintritts von Verlusten eingeführt wird. Die durch Art. 42 der Durchführungs-Richtlinie hierzu erlassenen Vorgaben werden nachfolgend (unter II.6.c)) erörtert.

6. Berichts- und Benachrichtigungspflichten

Ebenso wie der Vermögensverwaltungsvertrag sind auch die Berichts- und Benachrichtigungspflichten durch die MiFID und die Durchführungs-Richtlinie ausführlich geregelt. In Art. 18 Abs. 9 MiFID heißt es noch allgemein, dass der Vermögensverwalter dem Kunden in geeigneter Form über die für den Kunden erbrachten Dienstleistungen Bericht erstatten muss. Durch Artt. 41, 42 sowie Erwägungsgründe 63 bis 65 Durchführungs-Richtlinie werden diese detailliert geregelt und in der Background Note in Ziffer 7.6 erläutert.

a) Berichtspflichten

Durch Art. 41 Abs. 2 Durchführungs-Richtlinie wird der Vermögensverwalter verpflichtet, auf einem dauerhaften Datenträger u.a. mitzuteilen:
- die Wertentwicklung des Portfolios und die einzelnen Finanzinstrumente (lit. c)),
- den Gesamtbetrag aller angefallenen Gebühren, Entgelte und Kosten (lit. d)),

---

Tatsachenfeststellung im Prozeß zwischen Anleger und Wertpapierdienstleistungsunternehmen, in: Ellenberger/Schäfer, a.a.O., S. 349, 361 ff.

- einen Vergleich der Wertentwicklung des Portfolios mit der der Benchmark, „falls eine solche zwischen dem Vermögensverwalter und dem Kunden vereinbart wurde", sowie
- den Gesamtbetrag aller Zinsen und Dividenden (lit. f)).

Insofern ist auffällig, dass ein Benchmarkvergleich im Rahmen der Berichtsverpflichtungen des Vermögensverwalters nur gegeben sein soll, falls eine Benchmark ausdrücklich vereinbart wurde. Diese Formulierung der Durchführungs-Richtlinie scheint nicht im Einklang zu stehen mit Art. 30 Abs. 2 der Durchführungs-Richtlinie, demzufolge der Vermögensverwalter die Benchmark festlegt. Der Widerspruch könnte sich dadurch erklären, dass Art. 30 Abs. 2 der Durchführungs-Richtlinie der Umsetzung von Art. 19 Abs. 3 MiFID dient, während Art. 41 Abs. 2 Durchführungs-Richtlinie der Umsetzung von Art. 19 Abs. 8 MiFID dient. Art. 19 Abs. 3 MiFID behandelt die allgemeinen Informationsverpflichtungen, während Art. 19 Abs. 8 MiFID die Berichterstattung im speziellen erfasst. Insgesamt erscheint die Durchführungs-Richtlinie jedoch nicht durchgängig konsistent und es wird davon auszugehen sein, dass immer über einer Benchmark-Entwicklung zu berichten ist.

Diese Berichtspflichten entsprechen den bereits bisher geltenden zivilrechtlichen Verpflichtungen des Vermögensverwalters aufgrund von § 666 BGB. Sie haben bisher jedoch keine Entsprechung im öffentlichen Recht, so dass insoweit mit einer entsprechenden Ergänzung des WpHG oder einer Verordnung zu rechnen ist.

b) Häufigkeit der Berichte

Detailliert geregelt wird durch die Durchführungs-Richtlinie auch die Häufigkeit der von dem Vermögensverwalter zu erbringenden Berichterstattungen. Art. 41 Abs. 3 Durchführungs-Richtlinie sieht insofern vor, dass eine Berichterstattung i.d.R. alle sechs Monate zu erfolgen hat. Hierzu sind jedoch drei wesentliche Ausnahmen vorgesehen.

Zum einen kann der Kunde wünschen, regelmäßig eine Berichterstattung alle drei Monate zu erhalten, Art. 41 Abs. 3 Satz 1 lit. a) Durchführungs-Richtlinie. Der Vermögensverwalter hat den Kunden darauf hinzuweisen, dass er das Recht hat, einen entsprechenden Wunsch zu äußern, Art. 41 Abs. 3 Satz 2 Durchführungs-Richtlinie. Diese Verpflichtung sollte der Vermögensverwalter sehr ernst nehmen. Unterlässt er einen Hinweis und wünscht daher ein Kunde nicht alle drei Monate eine Berichterstattung, läuft der Vermögensverwalter das Risiko, dass ein Kunde eingetretene Verluste mit der Argumentation ersetzt verlangt, dass er im Falle von dreimonatigen Informationen früher von dem Eintritt (von leichten) Verlusten erfahren und deshalb Konsequenzen für den Vermögensverwaltungsvertrag gezogen hätte.

Erhält der Kunde Informationen über jedes ausgeführte Geschäft – wie in Deutschland üblich –, kann die Berichterstattung auch in Abständen von zwölf Monaten erfolgen, Art. 41 Abs. 3 Satz 1 lit. b) Durchführungs-Richtlinie. Nicht gänzlich klar ist das Verhältnis dieser Vorschrift zu dem Recht des Kunden, regelmäßig alle drei Monate eine Berichterstattung zu verlangen. Vorbehaltlich einer anderweitigen Umsetzung durch das deutsche Umsetzungsgesetz wird man jedoch davon ausgehen müssen, dass die Durchführungs-Richtlinie das Recht des Kunden, alle drei Monate eine Berichterstattung zu verlangen, hierdurch nicht beinträchtigen wollte.

Die wahrscheinlich bedeutungsvollste Regelung liegt in Art. 41 Abs. 3 Satz 1 lit. c) Durchführungs-Richtlinie. Hiernach hat eine monatliche Berichterstattung gegenüber einem Kleinanleger zu erfolgen, wenn die Vermögensverwaltung ein „kreditfinanziertes Portfolio zulässt“. Fraglich ist, was ein „kreditfinanziertes“ Portfolio sein soll. Der deutsche Sprachgebrauch scheint nahezulegen, dass es sich um ein Portfolio handelt, in dem Wertpapiergeschäfte auch auf Kredit vorgenommen werden können. Schon im deutschen Sprachgebrauch stellt sich die Frage, ob bei der Zulässigkeit von Leerverkäufen eine „Kreditfinanzierung“ vorliegt oder lediglich dann, wenn der Vermögensverwalter zu Lasten des Vermögensinhabers eine Kreditlinie in Anspruch nehmen kann. Gänzlich zweifelhaft erscheint die deutsche Übersetzung der Durchführungs-Richtlinie jedoch, wenn man sie mit dem englischen und dem französischen Text vergleicht. Im englischen Text heißt es: „... agreement … authorizes a leveraged portfolio …", und im französischen Text: „... contrat ... autorise un effet de levier sur le portefeuille, ...“. Ein „leveraged portfolio“ oder ein „effet de levier sur le portefeuille“ umfasst in den beiden anderen Sprachen jegliche Hebelwirkung, also nicht nur die durch Kredit sondern auch durch den Einsatz von Derivaten. Der Einsatz von Derivaten wird jedoch im deutschen Sprachgebrauch kaum unter „kreditfinanziert“ zu fassen sein, da das Wort Kredit im deutschen Sprachgebrauch wohl nicht so weit ausgelegt werden kann. In dieselbe Richtung deutet, dass Art. 42 Durchführungs-Richtlinie ausdrücklich eine besondere Berichtspflicht für Portfolios „mit Eventualverbindlichkeiten“, also die meisten

„leveraged portfolios" statuiert. Hier wird von Bedeutung, wie der deutsche Gesetzgeber die Umsetzung dieser Vorschrift in deutsches Recht vornimmt.

Zivilrechtlich wird sich im Falle der Verletzung von öffentlich-rechtlichen Berichtspflichten die Frage stellen, welche Konsequenzen hieran zu knüpfen sind. Insoweit kann auf die Ausführungen zum fehlerhaften Benchmarkvergleich[26] verwiesen werden.

c) Benachrichtigungspflicht bei Verlusteintritt

Zusätzliche Berichtspflichten bei der Vermögensverwaltung statuiert Art. 42 Durchführungs-Richtlinie. Dieser gilt nach seinem Wortlaut „bei der Ausführung von Portfoliogeschäften" für Kleinanleger (sowie – hier nicht weiter interessierend – bei der Führung von Kundenkonten), die eine ungedeckte Position bei einem Geschäft mit Eventualverbindlichkeiten enthalten. Trotz der unglücklichen Formulierung, dass die „Ausführung" von Portfoliogeschäften Anknüpfungspunkt ist, ergibt sich aus der Überschrift, dem Kontext und einem Vergleich mit der englischen und französischen Fassung, dass die Durchführung der Vermögensverwaltung durch den Vermögensverwalter gemeint ist.

Voraussetzung für diese besondere Berichtspflicht ist, dass ein Portfolio „eine ungedeckte Position bei einem Geschäft mit Eventualverbindlichkeiten" tatsächlich enthält. Insofern unterscheidet sich die Berichtspflicht des Art. 42 Durchführungs-Richtlinie von der des Art. 41 Abs. 3 Satz 1 lit. c) Durchführungs-Richtlinie, die es für die monatliche Frequenz der Berichterstattung genügen lässt, dass der Vertrag ein „kreditfinanziertes Portfolio" zulässt – also unabhängig davon, ob tatsächlich Kredit in Anspruch genommen wird. Den Terminus des „Geschäfts mit einer Eventualverbindlichkeit" definiert Erwägungsgrund 63 Satz 2 Durchführungs-Richtlinie als „ein Geschäft, das für den Kunden mit einer tatsächlichen oder potentiellen Verbindlichkeit verbunden ist, die über den Kaufpreis des Instruments hinausgeht". Diese Definition ist offensichtlich widersprüchlich. Sie scheint darauf abzuzielen, dass besondere Verlustberichtspflichten bei Geschäften mit Eventualverbindlichkeiten statuiert werden sollen. Der Kauf von Optionen (call- wie put-options) durch einen Anleger birgt zwar das Risiko eines Total-

26 Vgl. oben II.5.b).

verlustes des Kaufpreises, kann jedoch nie zu einer Eventualverbindlichkeit des Anlegers führen. Schreibt der Anleger Optionen, wird er also Stillhalter in Geld oder Papieren, zahlt er hierfür keinen Kaufpreis, sondern erhält (als „Verkäufer") einen solchen. Sein Risiko ist nicht auf den erhaltenen „Kaufpreis" beschränkt. In Erwägungsgrund 63 Satz 2 ist daher von dem Wort „Kaufpreis" hineinzulesen „vom Anleger erhalten".

Rechtspolitisch wenig überzeugend ist allerdings, warum eine Verlustbenachrichtigungspflicht nur bei Stillhaltergeschäften (also dem Verkauf von Optionen) und nicht bei sämtlichen Finanztermingeschäften, also auch dem Kauf von Optionen, statuiert wird. Ebensowenig überzeugt, dass nur „ungedeckte Stillhaltergeschäfte" erfasst werden.

In diesem sehr engen Rahmen hat der Vermögensverwalter Verluste mitzuteilen, „die einen etwaigen, vorher zwischen dem Vermögensverwalter und dem Kunden vereinbarten Schwellenwert übersteigen". Zum einen ist hieraus zu entnehmen, dass dem Vermögensverwalter zukünftig grundsätzlich eine öffentlich-rechtliche Pflicht zu der Vereinbarung eines Schwellenwertes für Verluste obliegt. Aus dem Wort „etwaigen" ist nicht zu entnehmen, dass es dem Vermögensverwalter frei stehen soll, ob er eine derartige Vereinbarung mit dem Vermögensinhaber trifft. Vielmehr ergibt sich aus dem Vergleich mit dem englischen Text und der Entstehungsgeschichte, dass grundsätzlich ein Vermögensverwalter mit dem Vermögensinhaber vereinbaren soll, ab der Überschreitung welcher Verlustgrenze der Vermögensinhaber auch außerhalb der normalen Berichtszyklen zu unterrichten ist. Dem Gesetz nicht zu entnehmen ist allerdings, ob sich die Verlustgrenze auf die jeweiligen Einzelgeschäfte oder das gesamte Portfolio aller derartigen Geschäfte beziehen muss.

Die Benachrichtigungspflicht entsteht „spätestens am Ende des Geschäftstages, an dem der Schwellenwert überschritten wird bzw. – im Falle eines Nichtgeschäftstages – zu Beginn des folgenden Geschäftstages". Diese Frist erscheint unangemessen kurz und wird von den Vermögensverwaltern selbst bei Einsatz modernster Technik nur schwer einzuhalten sein. Sie erfordert eine praktisch stündliche Bewertung des Portfolios.

Diese öffentlich-rechtliche Pflicht zur Benachrichtigung über Verlusteintritte entspricht der vom BGH[27] schon im Jahre 1994 aus § 666 BGB her-

27 WM 1994, 834 = ZIP 1994, 693 – dazu ausführlich *Schäfer*, Vereinbarungen über Benachrichtigungspflichten in Vermögensverwaltungsverträgen, WM 1995, 1009 ff. und *Lang*, Informationspflichten bei Wertpapierdienstleistungen,

geleiteten Benachrichtigungspflicht im Falle des Eintritts von erheblichen Verlusten. Allerdings geht die Benachrichtigungspflicht des BGH wesentlich weiter, da sie sich auf das gesamte Portfolio bezieht und nicht nur auf ungedeckte Stillhaltergeschäfte.

Es wäre wünschenswert, dass diese Vorschrift der Durchführungs-Richtlinie vom deutschen Gesetzgeber mit Augenmaß und unter Berücksichtigung des technisch Machbaren erfolgt. Im Falle einer Umsetzung 1:1 wäre jedenfalls seitens der Zivilrechtsprechung eine Berücksichtigung des römischrechtlichen Grundsatzes „impossibilium est nulla obligatio" zu wünschen.

7. *Anreize (Inducements)*

Ein besonderes Augenmerk legen die MiFID sowie die Durchführungs-Richtlinie auf Anreize (Inducements), die an ein Wertpapierdienstleistungsunternehmen gezahlt werden. Wiederum findet sich die ganz allgemeine Regelung in Art. 19 Abs. 1 MiFID, derzufolge ein Wertpapierdienstleistungsunternehmen seine Dienstleistungen „ehrlich, redlich und professionell" zu erbringen hat. Hierzu führen Art. 26 sowie der Erwägungsgründe 39, 40 Durchführungs-Richtlinie detaillierte Regelungen ein, die durch die Background Note in Ziff. 7.2 erläutert werden.

a) Typische Formen von Anreizen

Anreize kommen in den vielfältigsten Formen vor. Im Bereich der Vermögensverwaltung sind typische Anreize sog. Kick-Backs oder Retrozessionen. Diese werden etwa von Kreditinstituten an unabhängige Vermögensverwalter gewährt und sind meist abhängig von der Höhe der Umsätze, die der Vermögensverwalter für einen einzelnen Kunden bei dem depotführenden Kreditinstitut veranlasst. Hintergrund der Zahlungen des Kreditinstitutes an den Vermögensverwalter ist häufig die Überlegung, dass die Retrozession den Vermögensverwalter dazu veranlassen kann, möglichst umfängliche Transaktionen für die Depotkunden durchzuführen, oder zumindest

---

2002, § 24 Rz. 27 ff.; *Balzer*, Vermögensverwaltung durch Kreditinstitute, 1999, S. 122 ff.; *Müller*, in: Schäfer/Müller, Haftung für fehlerhafte Wertpapierdienstleistungen, 1999, Rz. 309 ff.

das Depot bei dem Kreditinstitut zu belassen und den Kunden nicht zu veranlassen, es zu einem anderen Kreditinstitut zu verlegen.

Eine andere Form der Anreize besteht in der Zahlung sog. Bestandspflegeprovisionen. Diese charakterisieren Zahlungen von Kapitalanlagegesellschaften an depotführende Kreditinstitute oder depotbetreuende Vermögensverwalter abhängig von der Anzahl der in den jeweiligen Depots verbuchten Anteilsscheine von Fonds, die von der Kapitalanlagegesellschaft verwaltet werden. Grund für eine Zahlung von Bestandspflegeprovisionen ist häufig die Überlegung, dass eine Kapitalanlagegesellschaft durch die Zahlung das Kreditinstitut oder den Vermögensverwalter davon abhält, die Anteilsscheine von Fonds, die von der Kapitalanlagegesellschaft verwaltet werden, zu veräußern und durch die Anteilsscheine anderer Fonds zu ersetzen.

Eine kaum noch überschaubare Vielzahl von Ausprägungen haben die Leistungen von Maklern/Brokern/Dealern erfahren, die diese für die Abwicklung von Makleraufträgen über ihr Unternehmen denjenigen, die die Vergabe steuern, erbringen. Die Leistungen können von unmittelbaren Zahlungen (also klassischen Kick-Backs) über die Vereinbarung niedrigerer Gebühren für Eigenhandelsgeschäfte des Kommissionärs (im Gegensatz zu den Kundengeschäften) oder die Übernahme von Kosten für Nachrichtendienste (wie z.B. Reuters, Bloomberg etc.) oder die Zurverfügungstellung von Finanzanalysen bis hin zu „Fortbildungsseminaren“ auf Trauminseln reichen.

Allen Formen von Anreizen ist inhärent, dass sie leicht dazu missbraucht werden können, den Finanzintermediär, also das Kreditinstitut oder den Vermögensverwalter, zu einem Verhalten zu veranlassen, das nicht im wohlverstandenen Interesse der Kunden liegt. Letztlich stellen die Anreize damit einen Sonderfall der Interessenkonflikte dar.

b) Verbot mit Ausnahmen

Art. 26 Durchführungs-Richtlinie enthält daher ein grundsätzliches Verbot der Entgegennahme aber auch der Zahlung von Anreizen. Von diesem Verbot sind drei Ausnahmen vorgesehen.

Als selbstverständlich mutet die erste Ausnahme an, nämlich dass die Zahlung von Gebühren oder Provisionen oder die Leistung von nicht in Geldform angebotenen Zuwendungen an den Kunden oder eine in seinem

Auftrag handelnde Person gezahlt bzw. gewährt wird. Diese Formulierung hat bereits zu der Vermutung Anlass gegeben, dass die Zahlung von Kick-Backs durch ein Kreditinstitut an einen Vermögensverwalter deshalb zulässig sind, weil der Vermögensverwalter im Auftrage des Kunden handelt. Dies erscheint jedoch nicht überzeugend. Ein Kreditinstitut zahlt Kick-Backs an den Vermögensverwalter regelmäßig nicht in der Form, dass es eine Zahlung an den Kunden erbringen will und diese Zahlung leistet durch Übertragung eines Geldwertes an den im Auftrage des Kunden handelnden Vermögensverwalter. Dann läge es näher, dass das Kreditinstitut die Zahlung unmittelbar auf das bei ihm geführte Kundenkonto leistet. Durch die Zahlung auf ein Eigenkonto des Vermögensverwalters bringt das Kreditinstitut vielmehr zum Ausdruck, dass es gerade nicht an den Kunden, sondern an den Vermögensverwalter in seiner Eigenschaft als eigenständiges Wirtschaftssubjekt und nicht in seiner Eigenschaft als Bevollmächtigter des Kunden leisten will. Die klassischen Formen der Kick-Backs lassen sich daher mit dieser Argumentation kaum rechtfertigen.

Erwägenswert ist jedoch, dass Vermögensinhaber und Vermögensverwalter vereinbaren können, dass der Kunde dem Vermögensverwalter eine aufwandsabhängige (Transaktions-)Gebühr schuldet und diese – brevi manu traditio – von dem Kreditinstitut gezahlt erhält. Das Kreditinstitut leistet dann Kick-Backs handelnd in Erfüllung einer Verpflichtung des Kunden gegenüber dem Vermögensverwalter. Ein Vermögensinhaber, der eine derartige Vereinbarung trifft, ist sich unmittelbar darüber im Klaren, dass jede von dem Vermögensverwalter veranlasste Transaktion zu einer Zahlungsverpflichtung des Kunden führt. Akzeptiert er dies, trifft er eine eigenverantwortliche Entscheidung, die vom Gesetzgeber nicht hinterfragt werden sollte.

Die zweite Ausnahme liegt dann vor, wenn die Gebühr, Provision oder nicht in Geldform angebotene Zuwendung gezahlt oder gewährt wird, wenn

- die Existenz, die Art und der Betrag der Gebühr, Provision oder Zuwendung oder die Methode zur Berechnung dieses Betrages dem Kunden vor der Erbringung der Wertpapierdienstleistung umfassend, zutreffend und in verständlicher Weise eindeutig offengelegt wird und
- die Zahlung bzw. Leistung darauf ausgelegt ist, die Qualität der für den Kunden erbrachten Dienstleistung zu verbessern und sie den Wertpapierdienstleister nicht dabei behindert, pflichtgemäß im besten Interesse des Kunden zu handeln.

Die Offenlegung der Leistung oder des Erhalts von Anreizen durch ein Wertpapierdienstleistungsunternehmen (also sowohl durch den Leistenden wie den Empfangenden) kann nach Art. 26 Unterabs. 2 Durchführungs-Richtlinie in zusammenfassender Form erfolgen, wenn sich das Unternehmen verpflichtet, auf Nachfrage des Kunden weitere Einzelheiten offenzulegen und dieser Verpflichtung nachkommt.

Bei der Zahlung von Kick-Backs erscheint es äußerst zweifelhaft, ob diese zu einer Verbesserung der Dienstleistung des Vermögensverwalters führen, so dass sie regelmäßig nicht unter diese Ausnahme fallen werden.[28] Bei den Bestandspflegeprovisionen der Kapitalanlagegesellschaft lässt sich eine Verbesserung der Dienstleistung des Vermögensverwalters bzw. des depotführenden Instituts schon eher annehmen. Dies gilt insbesondere mit Blick darauf, dass sie auch einen Anreiz zu einer intensiveren Beschäftigung mit dem jeweiligen Fonds und seinem Management Anlass geben. Die Zahlungen bzw. Leistungen von Maklern oder Brokern sowie der von soft commissions durch Banken werden sich kaum pauschal beurteilen lassen und abhängig von den Umständen des Einzelfalls sein.

Die dritte Ausnahme gilt für Gebühren, die die Erbringung von Wertpapierdienstleistungen ermöglichen oder dafür notwendig sind (z.B. Verwahrungsgebühren, Abwicklungs- und Handelsplatzgebühren, Verwaltungsabgaben, gesetzliche Gebühren) und die wesensbedingt keine Konflikte mit den Pflichten der Firma im Interesse der Kunden zu handeln begründen können. Diese Ausnahme trifft weder für Kick-Backs noch Bestandspflegeprovisionen zu.

III. Zusammenfassung der wesentlichen Ergebnisse

Die vorgenannten Ausführungen sollten zeigen, dass die Änderungen der Rechtslandschaft für deutsche Vermögensverwalter durch die MiFID und die Durchführungs-Richtlinie erheblich sind. Sie werden eine nicht unerhebliche Veränderung vieler traditioneller Verhaltensweisen mit sich bringen. Ob alle immer auch auf einer ausgewogenen Abwägung der Interessen aller Vertragsparteien beruhen, erscheint in einigen Fällen zweifelhaft. Jedenfalls wird die Marktzutrittsschwelle für Vermögensverwalter aufgrund einer deutlich

28 Ebenso *Kumpan/Hellgardt*, DB 2006, 1714, 1719.

erhöhten Kostenbelastung weiter heraufgesetzt werden. Dies führt einerseits zu einer weiteren Marktkonzentration durch Herausbildung größerer – und hoffentlich auch effizienterer – Marktteilnehmer, andererseits jedoch auch zum Verlust individueller Entfaltungsmöglichkeiten, die gerade bei Kapitalanlagen „das Salz in der Suppe" darstellen. Wünschenswert wäre jedenfalls, dass die Regulierung unter dem Motto des Anlegerschutzes nicht derart übertrieben wird, dass Leistungen besonders findiger und individueller Vermögensverwalter durch Kosten letztlich unmöglich gemacht werden.

Vermögensverwaltung im Schweizer Recht

Prof. Dr. *Wolfgang Wiegand*
Universität Bern

Vermögensverwaltung ist ihrem Wesen und Zweck nach kein rechtlicher, sondern ein wirtschaftlicher Vorgang, und dies in zweifacher Hinsicht: Diejenigen, die Vermögen verwalten lassen, wollen durch optimale Anlage das erworbene Vermögen sichern und möglichst vermehren. Die Verwalter bieten diese Dienstleistung an, durch die sie zugleich selbst Gewinn erwirtschaften. Die Rechtsordnung stellte hierfür ursprünglich nur sehr rudimentäre Rahmenbedingungen auf, die in der Schweiz dem Auftragsrecht zu entnehmen sind, das, worauf später näher einzugehen ist, heute zum Recht der Serviceleistung aller Art geworden ist. Infolge der generellen Zunahme der Regulierungsdichte und der besonders intensiven Verrechtlichung des Finanzmarktes, die auf einem multikausalen Prozess beruht, in dem die Geldwäscherei- und Terrorismusregulierungen nur das (bisher) letzte Glied in einer langen Kette bilden, sind Bankgeschäfte heute in ein Netz von Rechts- und Verhaltensregeln eingebunden. Dies gilt auch und gerade für die Vermögensverwaltung, die im Folgenden in den in der Schweiz existierenden Rahmenbedingungen dargestellt wird. Dabei sind zunächst die tatsächlichen Gegebenheiten zu beschreiben, die sich in verschiedener Hinsicht von den deutschen Verhältnissen unterscheiden. Das gilt sowohl für den Umfang des Geschäfts wie für seine Erscheinungsformen.

I. Das Vermögensverwaltungsgeschäft in der Schweiz

1. Größenordnung und Bedeutung

Der Anteil der Banken am Wertschöpfungsprozess ist in der Schweiz im Vergleich zu den ähnlich strukturierten Volkswirtschaften der Nachbarländer außerordentlich hoch, er liegt bei ca. 12% des BIP. Ein zentrales Element der Geschäftstätigkeit der Banken ist die Vermögensverwaltung, was sich gewissermaßen von selbst aus den folgenden Zahlen ergibt: Ende 2006 wurden in der Schweiz Gelder in der Höhe von insgesamt 6.9 Billionen Franken verwaltet. Damit liegt die Schweiz weltweit hinter den USA und Großbritannien auf dem dritten Platz. Bei der Verwaltung privater Vermögen haben die Schweizer Vermögensverwalter einen Marktanteil von 28% und rangieren damit an der Spitze aller in diesem Geschäft tätigen Länder.[1] Der Umfang des Geschäftes hat natürlich zur Folge, dass es eine Vielzahl von Formen gibt, die sich sowohl im Marktauftritt wie in der Ausführung unterscheiden.

---

1 Angaben der Schweizerischen Nationalbank Anfang Januar 2007.

2. *Erscheinungsformen und Eigenarten*

Eine erste strukturelle Unterteilung ist diejenige in bankinterne und bankexterne Vermögensverwaltung. Während die erste sich in ihrer Struktur nicht wesentlich von derjenigen in anderen Ländern unterscheidet, weist die durch selbständig tätige Berater angebotene Verwaltungstätigkeit verschiedene Besonderheiten auf. Zum einen ist die rechtliche Struktur anders; denn es entsteht ein Dreiecksverhältnis mit drei später näher zu betrachtenden Rechtsverhältnissen. Zum anderen sind diese unabhängigen Vermögensverwalter[2] nicht in eine Bank eingegliedert und unterliegen deshalb nicht der Kontrolle der Eidgenössischen Bankenkommission (EBK). Aus alledem ergibt sich, dass sich für die bankinterne und die bankexterne Vermögensverwaltung Regelungskreise entwickelt haben, die sich nur teilweise überschneiden.

Daneben sind jedoch lokale Aspekte zu beobachten, die nicht unmittelbare rechtliche Auswirkungen haben. Es gibt traditionell gefestigte Verschiedenheiten in der Geschäftsführung, so weist die Art der Vermögensverwaltung in Zug und die *gestion de fortune* in Genf, um zwei Zentren dieses Geschäfts zu nennen, zumindest in ihrer äußeren Erscheinungsform erhebliche Unterschiede auf.

Wichtiger und nach meiner Einschätzung auch von rechtlicher Relevanz ist ein typologischer Unterschied, der auch in anderen Dienstleistungsberufen zu beobachten ist: Es gibt (immer noch) die individuelle Vermögensverwaltung, die auf beiden Seiten durch ein personales Element geprägt ist. Demgegenüber steht die standardisierte Vermögensverwaltung, die in zunehmendem Maße auch bei Privatkunden angeboten und angenommen wird. Hier bietet der Vermögensverwalter Konzepte an, die für eine Vielzahl von Kunden entwickelt und nur auf einen Typ aber nicht mehr auf eine individuelle Person zugeschnitten sind. Im Grunde werden Produkte verkauft, so dass sich hier wie bei allen standardisierten Dienstleistungen die Suche nach einer entsprechenden, der Produkthaftung angenäherten Haftung aufdrängt.[3] So weit sind bisher weder Rechtsprechung noch Literatur gegangen.

---

2 Die in der Schweiz übliche Bezeichnung ist „Unabhängiger oder Externer Vermögensverwalter"; zu den Einzelheiten unten Fn. 49.

3 Dazu und zum Folgenden insgesamt meine Abhandlung: *Wiegand*, Zur Haftung für Dienstleistungen, recht 1990, 134, 142 f.

Angesichts der beschriebenen Vielfalt der Vermögensverwaltung stellt sich jedoch zumindest die Frage, ob und in welchem Ausmaß rechtliche Differenzierungen geboten und möglich sind. Ehe dies im Einzelnen diskutiert werden kann, ist zunächst die rechtliche Erfassung des Vermögensverwaltungsgeschäfts im Schweizer Recht zu beschreiben.

II. Die rechtliche Einordnung

1. Dienstleistungsverträge im Schweizer Recht

Ausgangspunkt ist die Ausgestaltung des Auftragsrechts im Obligationenrecht (OR):[4] Wie in den meisten anderen kontinentaleuropäischen Kodifikationen war das römische *mandatum* das legislatorische Vorbild.[5] In der Schlussphase hat der Gesetzgeber jedoch in richtiger Einschätzung der Realien, aber in Abweichung vom überlieferten Modell, die Entgeltlichkeit zum Regelfall gemacht, indem er in Art. 394 Abs. 3 bestimmte: „Eine Vergütung ist zu leisten, wenn sie verabredet oder üblich ist."

Mit dieser Änderung war ein Gefäß für alle Dienstleistungen geschaffen und der synallagmatische Auftragsvertrag als Allgemeiner Dienstleistungsvertrag konzipiert. Dass dies durchaus die Vorstellung des Gesetzgebers war, ergibt sich aus Art. 394 Abs. 2, der folgendermaßen lautet: „Verträge über Arbeitsleistung, die keiner besondern Vertragsart dieses Gesetzes unterstellt sind, stehen unter den Vorschriften über den Auftrag." Diese Vorschrift sollte sich jedoch später ebenso als Hemmschuh für eine sachgerechte Weiterentwicklung des Rechts der Dienstleistungen erweisen wie ein Umstand, den der Gesetzgeber nicht bedacht hatte: Das überkommene romanistische Modell war geprägt durch seinen altruistischen Charakter, der insbesondere in der freien Widerrufbarkeit des Mandats seinen Ausdruck gefunden hatte. Ohne die Unvereinbarkeit eines solchen Rechts mit dem Konzept eines synallagmatischen Vertrages zu bemerken, hielt der Gesetzgeber daran fest, indem er in Art. 404 Abs. 1 OR bestimmte: „Der Auftrag kann von jedem Teile jederzeit widerrufen oder gekündigt werden". Beide Bestimmungen haben

4 Art. 394 – 406 OR.

5 Dazu und zum Folgenden insgesamt *Hofstetter*, Der Auftrag und die Geschäftsführung ohne Auftrag, Schweizerisches Privatrecht VII/6, 2000, 1 ff.

vor allem deshalb weit reichende Konsequenzen gehabt, weil das Bundesgericht sie strikt interpretiert hat. Zunächst hat es Art. 394 Abs. 2 OR als eine Art *numerus clausus* der Dienstleistungsverträge verstanden und diese sämtlich als Auftragsverträge eingeordnet, sofern nicht ein Arbeits- oder Werkvertrag vorlag. Damit waren Umgehungen des Auftragsrechts durch atypische Verträge weitgehend ausgeschlossen. Auch nachdem die Rechtsprechung in zunehmender Weise Innominatverträge im Dienstleistungsbereich anerkannt hatte, hielt sie daran fest, dass die auftragsrechtlichen Elemente nach Auftragsrecht zu beurteilen seien. Damit haben diese, soweit sie zwingender Natur sind, eine Art Sperrwirkung, die das gesamte Vertragsverhältnis betrifft.

Das hat weit reichende Konsequenzen: Denn damit kommt in allen Dienstleistungsbeziehungen Art. 404 OR zur Anwendung. Das Bundesgericht hat in ständiger Rechtsprechung trotz intensiver und anhaltender Kritik der Literatur daran festgehalten, dass Art. 404 Abs. 1 zwingendes Recht enthält.[6] Von diesem axiomatischen Ansatz ausgehend hat das Gericht alle Ausweichversuche abgeblockt und diese als Umgehung von Art. 404 qualifiziert, sofern das Geschäft auftragsrechtliche Elemente enthält.

Darin liegt die Bedeutung des bewusst ausführlich dargestellten Rechtsrahmens für die Bankgeschäfte im Allgemeinen; denn nach zutreffender, allerdings gelegentlich ohne überzeugende Begründungen bestrittener Auffassung enthalten praktisch alle Bankgeschäfte Dienstleistungselemente, so dass zumindest teilweise auftragsrechtliche Vorschriften zur Anwendung kommen (müssen).[7]

Dies gilt ungeachtet der soeben erwähnten Zweifel jedenfalls für die Vermögensverwaltung, die nach unbestrittener Auffassung in allen ihren Er-

---

6 Eingehende Darstellung und Kritik bei *Gauch*, Art. 404 OR – Sein Inhalt, seine Rechtfertigung und die Frage seines zwingenden Charakters, recht 1992, 9 ff. und mit breiter Analyse und Änderungsvorschlägen *Reber*, Die Baubindung beim Grundstückkauf, Diss. Bern 1999, S. 98 ff.

7 Dazu mit Nw. *Wiegand/Gutknecht*, Sorgfaltspflichten des Bankiers, in: Wiegand (Hrsg.), Banken und Bankrecht im Wandel, Berner Bankrechtstag 2003, Bd. 10, 2004, S. 155, 165. Verschiedentlich wird die Ansicht vertreten, dass bei Bankgeschäften, die keinen typischen Dienstleistungscharakter haben (etwa Kauf von Devisen, Vermietung von Bankschließfächern), das Auftragsrecht keine Anwendung finde. Diese Auffassung ist nicht haltbar, da alle Bankgeschäfte ein Dienstleistungselement aufweisen.

scheinungsformen und Phasen dem Auftragsrecht unterliegt. Das Bundesgericht hat den Vermögensverwaltungsvertrag seit jeher als Auftrag qualifiziert und diese Einordnung in mehreren neuen Entscheiden, auf die später einzugehen ist,[8] nachdrücklich bestätigt: „Auf den Vermögensverwaltungsvertrag finden die auftragsrechtlichen Regeln Anwendung". Dies gilt auch dann, wenn zu der rein verwaltenden Tätigkeit ergänzende Leistungen wie die Führung eines Depots oder die Abwicklung von Börsentransaktion hinzutreten, die ihrerseits Elemente des Hinterlegungsvertrages und der Kommission enthalten.[9] Im Ergebnis gilt: Vermögensverwaltung unterliegt im Wesentlichen dem Auftragsrecht oder die Vermögensverwaltung ist eine auftragsrechtliches Vertragsverhältnis.

2. *Konsequenzen dieser Qualifizierung*

Daraus ergeben sich Konsequenzen von unterschiedlichem Gewicht: Aus dem oben dargestellten Konzept des schweizerischen Auftragsrechts folgt, dass Vermögensverwaltungsverträge jederzeit frei widerrufbar sind. Eine Einschränkung dieses Widerrufrechts ist mit den zwingenden Regeln von Art. 404 OR unvereinbar. Das gilt auch für alle sonstigen vertraglichen Bestimmungen, die die Ausübung dieses erschweren oder gar verhindern. Daraus ergibt sich für die Banken eine gewisse Planungsunsicherheit, die das Bundesgericht jedoch auch in anderen Fällen in Kauf genommen hat.[10]

---

8 Zuletzt BGE 130 III 417, 420; Urteil 4C.432/2005 vom 22. März 2006, abrufbar unter <www.bger.ch> (Textauszug unten S. 60); BGE 124 III 155; 115 II 62, dazu sofort im Text.

9 Heute h.M. *Wiegand/Zellweger-Gutknecht*, Privatrechtliche Probleme der Vermögensverwaltung – Grundfragen und Schnittstellen, in: Wiegand (Hrsg.), Vermögensverwaltung und Nachlassplanung, Berner Bankrechtstag 2004, Bd. 11, 2005, S. 27, 30 mit Nw.; *Abegglen*, Vermögensverwaltung durch die Bank – konfliktträchtige Bereiche und ihre Bewältigung, unter besonderer Berücksichtigung von Kunden-Direktorders, SZW 2001, 179 ff.; anders, allerdings auf der Basis des Allgemeinen Bankvertrages *Hopt*, Rechtsprobleme der Anlageberatung und der Vermögensverwaltung der Schweizer Banken, in: von Graffenried (Hrsg.), Beiträge zum schweizerischen Bankenrecht, 1987, S. 135, 142.

10 Im berühmt gewordenen UTO-Entscheid (BGE 98 II 305) hat das Bundesgericht Art. 404 OR auf den Architektenvertrag angewandt, was zu einer die

Von größerer Bedeutung für die Praxis der Vermögensverwaltung ist jedoch, dass die auftragsrechtlichen Maßstäbe, d.h. die Sorgfalts- und die Informationspflichten eingehalten werden müssen. Die daraus resultierenden Pflichten des Vermögensverwalters sind deshalb zunächst darzustellen.

III. Die Pflichten des Vermögensverwalters

1. Übersicht über die typischen Pflichten

a) Sorgfaltspflicht – Das Modell des Bundesgerichts

In einem bis heute maßgeblich gebliebenen Entscheid[11] aus dem Jahre 1990 hat das Bundesgericht die Pflichten des Beauftragten in geradezu schulmäßiger Art und Weise konkretisiert. Gesetzliche Grundlage ist die Bestimmung des Art. 398 OR, dessen erste beiden Absätze folgendermaßen lauten:

> „Der Beauftragte haftet im Allgemeinen für die gleiche Sorgfalt wie der Arbeitnehmer im Arbeitsverhältnis."
> „Er haftet dem Auftraggeber für getreue und sorgfältige Ausführung des ihm übertragenen Geschäftes".

Das Bundesgericht hat daraus eine treppenartige Stufenordnung der Pflichten abgeleitet:

> „Der Beauftragte hat grundsätzlich nicht für den Erfolg seiner Tätigkeit einzustehen. Haftungsbegründend ist vielmehr eine unsorgfältige oder treuwidrige und den Auftraggeber schädigende Ausführung des Auftrages. Das *Mass der Sorgfalt* bestimmt sich nach *objektiven Kriterien.* Erforderlich ist die Sorgfalt, welche ein *gewissenhafter Beauftragter* in der gleichen Lage bei der Besorgung der ihm übertragenen Geschäfte anzuwenden pflegt […]. Höhere Anforderungen sind an den Beauftragten zu stellen, der seine Tätigkeit *berufsmässig,* gegen Entgelt ausübt […]. Dabei ist nach der *Art des Auftrages zu differenzieren*n und auch den besonderen Umständen des Einzelfalles Rechnung zu tragen […]. Bestehen für eine Berufsart oder ein bestimmtes Gewerbe allgemein befolgte *Verhaltensregeln und Usanzen,* können sie bei der Bestimmung des Sorgfaltsmasses herangezogen werden […]."[12]

Existenz etlicher Architekturbüros gefährdenden Widerrufswelle geführt hat, dazu *Reber* (oben Fn. 6), 5 ff.

11 BGE 115 II 62, detaillierte Analyse bei *Wiegand* (oben Fn. 3).

12 BGE 115 II 62 E. 3a (Hervorhebungen hinzugefügt).

Die hier für einen Fall der Vermögensverwaltung entwickelten Kriterien sind zum generellen Modell für alle Formen des Auftragsrechts geworden. Das Bundesgericht hat sie in zahlreichen Urteilen bestätigt und in einer gerade für das Bankgeschäft bedeutsamen Weise weiterentwickelt.

Vorausgeschickt ist die Feststellung, dass die Sorgfalt nach objektiven Kriterien zu bestimmen ist. Das impliziert zwei dogmatische Aspekte, die sich dem nicht mit der Schweizer Diskussion Vertrauten nicht ohne weiteres erschließen. Die Sorgfaltspflicht ist Leistungsinhalt, sie ist „objektiv zu verstehen und vom Verschulden zu trennen".[13] Das Bundesgericht folgt damit der heute überwiegend vertretenen und allein sachgerechten Auffassung, welche die Sorgfaltspflicht und deren Verletzung zum objektiven Tatbestand zählt und jede Vermischung mit dem Verschulden ablehnt.[14] Zugleich ist damit klargestellt, dass eine verschiedentlich postulierte Subjektivierung der Haftungsmaßstäbe, wenn überhaupt, nur auf der Ebene des Verschuldens stattfinden kann.[15]

Ausgangspunkt bildet zunächst eine Art Grundsorgfalt, diejenige des gewissenhaften Beauftragten, die jedoch dann stufenweise erhöht wird bei entgeltlicher Tätigkeit. Zur näheren Bestimmung dieser professionellen Sorgfalt können Usanzen und berufliche Verhaltensregeln herangezogen werden. Diese üblicherweise als „berufspezifisch" bezeichnete Sorgfalt eignet sich auf den ersten Blick zur Standardisierung und wäre deshalb für das in weiten Bereichen standardisierte Bankgeschäft geradezu ideal. Dieser erste Eindruck täuscht jedoch, weil zwei weitere Kriterien verwendet werden: Es ist auf die Art des Auftrags abzustellen. Auch das stünde einer zumindest geschäftstypischen Generalisierung der „berufstypischen" Sorgfalt nicht grundsätzlich entgegen und ließe immer noch die Standardisierung für bestimmte Geschäftssparten zu.

Das wird jedoch praktisch ausgeschlossen durch das letzte Element, das eine Berücksichtigung der Umstände des Einzelfalles erfordert. Damit wird der Sorgfaltsmaßstab zwar zunächst aus dem Typus des Geschäfts generell

---

13 So ausdrücklich das Urteil 4C.53/2000 vom 13. Juni 2000, dazu sogleich im Text.

14 Dazu jetzt statt aller *H.P. Walter*, Abgrenzung von Verschulden und Vertragsverletzung bei Dienstleistungsobligationen, in: Koller (Hrsg.), Haftung aus Vertrag, 1998, S. 50.

15 Dazu unten S. 60.

abgeleitet, dann aber gewissermaßen heruntergebrochen auf den konkret zu beurteilenden Fall. Das bedeutet, dass auf die Beteiligten und deren Situation abgestellt wird. Schon das ist bei der Abwicklung von Massengeschäften schwer umsetzbar, wird aber noch weiter kompliziert durch Präzisierungen, die das Bundesgericht in weiteren Urteilen vorgenommen hat, wobei die Tragweite nicht immer gesehen wurde. Am deutlichsten sichtbar wird dieser Vorgang in der in folgendem arztrechtlichen Entscheid vorgenommenen Bestimmung der Sorgfaltspflicht:

> „Die Anforderungen an die aus dem ärztlichen Behandlungsvertrag abgeleitete Sorgfaltspflicht – welche objektiv zu verstehen und vom Verschulden zu trennen ist[16] – *lassen sich nicht allgemein gültig festlegen.* Sie richten sich vielmehr nach den Umständen des Einzelfalles, namentlich nach der Art der Behandlung, den damit verbundenen Risiken, dem Ermessensspielraum und der Zeit, die dem Arzt zur Verfügung steht, *sowie nach Ausbildung, Leistungsfähigkeit und Ausstattung, die objektiv vom Medizinpersonal bzw. von der vertraglich verpflichteten Institution erwartet werden dürfen".*[17]

Der erste Satz wiederholt nur, wenn auch stärker akzentuiert, dass eine generalisierende Bestimmung der Sorgaltspflicht nicht möglich ist, sondern auf den Einzelfall abgestellt werden muss. Der zweite enthält eine ganz neue Perspektive, die nur sichtbar wird, wenn man sich die Bedeutung des Vorgangs klarmacht: Es geht bei der Bestimmung der vertraglich geschuldeten Sorgfalt um die Feststellung des Vertragsinhalts. Dieser wird normalerweise durch Auslegung der zum Konsens führenden wechselseitigen Willenserklärungen ermittelt, wobei nach den Grundsätzen der sog. Vertrauenstheorie darauf abzustellen ist, was der Empfänger der Erklärung vernünftigerweise verstanden hat oder verstehen durfte.[18]

Bei dieser Konsensermittlung stellt das Bundesgericht ganz auf der Linie der erwähnten Vertrauenstheorie, aber mit deutlichem Gewicht auf der Sicht des Patienten oder allgemeiner des Dienstleistungsempfängers darauf ab, was

---

16 Zu diesem bereits zitierten Satz und seiner Bedeutung oben S. 60.

17 Urteil 4C.53/2000 vom 13. Juni 2000 (Hervorhebung hinzugefügt).

18 Zusammenfassende Darstellung dieses Konzepts bei *Bucher*, Obligationenrecht Allgemeiner Teil, 1988, S. 110 ff.; prägnant die Formulierung des Bundesgerichts: „Konsens wird durch tatsächlich übereinstimmend verstandene oder nach dem Vertrauensprinzip zu verstehende Willenserklärungen bewirkt." (BGE 129 III 320 E. 6.2).

dieser „objektiv von der verpflichteten Institution erwarten darf". Zwar werden mit dem Wort objektiv überspannte Erwartungen ausgeblendet, aber im Übrigen bestimmen diese Erwartungen die vertraglich geschuldete Sorgfaltspflicht. Im Klartext heißt das, dass die Banken bei ihrem Marktauftreten berücksichtigen müssten, dass sie am Erscheinungsbild gemessen und danach be- oder eben auch verurteilt werden können. Ein Gedanke, der in Anbetracht der Hochglanzbroschüren der Vermögensverwalter ein gewisses Unbehagen auslösen könnte. Auf Milde der Richter können in dieser Hinsicht Vermögensverwalter kaum hoffen, anders die Anwälte: Das Bundesgericht hat bei der nach denselben Kriterien und in demselben Verfahren zu bestimmenden Sorgfaltspflicht folgendes ausgeführt: „Ob eine Verletzung der anwaltschaftlichen Sorgfaltspflicht vorliegt, ist stets an Hand des konkreten Falles zu prüfen. Dabei liegt der Wertungsgrat zwischen vertretbarem und unvertretbarem Vorgehen im Spannungsfeld zwischen der gefahrgeneigten Tätigkeit des Anwalts und seiner obrigkeitlich bekräftigten Fachkunde".[19] Die dogmatische Fragwürdigkeit dieses Entscheides, der auf Art. 321e OR[20] und das dort teilweise kodifizierte Konzept der gefahrgeneigten Arbeit abgestützt wird,[21] kann hier dahinstehen. Er dient nur dazu, dasjenige zu unterstreichen, was als Ergebnis der Analyse der auftragsrechtlichen Sorgfaltpflichten festzuhalten ist.

Die vom Bundesgericht vorgenommene Konkretisierung der Sorgfaltspflichten des Beauftragten führt trotz der im Ansatzpunkt generalisierenden Betrachtungsweise letztlich zu einer vollkommenen Individualisierung, bei der auf den Einzelfall abzustellen ist. Das ist im Sinne einer Einzelfallgerechtigkeit an sich zu begrüßen und zudem auch dogmatisch gut abgesichert. Für die Anwendung im Massengeschäft ist ein solcher Maßstab jedoch eine große Belastung. Denn dadurch ist jegliche Standardisierung ebenso

---

19 BGE 127 III 357 E. 1c.

20 In dieser arbeitsrechtlichen Vorschrift werden vertraglich geschuldete Sorgfalt und Verschulden vermischt, so dass es sich materiell wohl eher um eine Subjektivierung des Verschuldens handelt. Der Rückgriff auf das Arbeitsrecht erfolgt über Vorschrift des Art. 398 Abs. 1 OR, die auf die Idee zurückgeht, dass alle Arbeitsobligationen nach gleichen Maßstäben zu beurteilen seien. Eine identische Bestimmung findet sich im Werkvertragsrecht. Dieses Konzept war nie sachgerecht und ist es heute weniger denn je.

21 In der Schweiz hat man – nicht zuletzt infolge der Bestimmung von Art. 321e OR – am Konzept der gefahrgeneigten Tätigkeit festgehalten.

ausgeschlossen wie die Vorhersehbarkeit. Auf anschauliche Weise wird dies durch die Judikatur zur Vermögensverwaltung bestätigt, in der keine einheitliche Linie erkennbar ist. Ehe diese Rechtsprechung diskutiert wird, ist zunächst auf die Treuepflicht einzugehen.

b) Die Treuepflicht

Das Bundesgericht hat in dem eingehend besprochenen Urteil nicht nur die Sorgfaltspflicht, sondern auch die Treuepflicht des Beauftragten konkretisiert, wobei – was noch zu zeigen sein wird – am Ende nicht ganz klar ist, worauf sich der anerkannte Schadensersatzanspruch letztlich stützt. An die Worte „getreue ... Ausführung" in Art. 398 Abs. 2 OR[22] anknüpfend führt das Bundesgericht aus:

> „Aus der Treuepflicht des Beauftragten ergibt sich, dass er bei der Ausführung des Auftrages die *Interessen des Auftraggebers umfassend zu wahren* und deshalb alles zu unterlassen hat, was diesem Schaden zufügen könnte [...]. Ausfluss der Treuepflicht ist insbesondere, dass der Beauftragte *den Auftraggeber beraten und informieren* muss. Mit regelmässiger Beratung hat er dem Auftraggeber bei der Wahl der geeigneten Massnahmen behilflich zu sein. Erhält er Anweisungen, welche den Interessen des Auftraggebers zuwiderlaufen, hat er abzuraten [...]. *Gegenstand der Informationspflicht bildet alles, was für den Auftraggeber von Bedeutung ist.* Der Beauftragte hat als Fachmann dem Auftraggeber auch unaufgefordert über die Zweckmässigkeit des Auftrages und der Weisungen, die Kosten und Gefahren sowie die Erfolgschancen Auskunft zu geben [...]".[23]

Diese Deduktion beginnt mit der trivialen, dem Auftragsrecht wesenseigenen Interessenwahrungspflicht, um sich dann der Informations- und Beratungspflicht zuzuwenden. Zunächst wird die Pflicht zur unaufgeforderten und regelmäßigen Beratung kreiert. Für die Aufklärungspflicht ist die Konkretisierung der Treuepflicht gewissermaßen zur Magna Charta geworden. Sie macht die regelmäßige Information zur Pflicht des Beauftragten und erstreckt diese auf „alles, was für den Auftraggeber von Bedeutung ist". Diese Ausdehnung ermöglicht es, die Informationspflicht praktisch beliebig auszudeh-

22 Voller Text oben S. 60.
23 BGE 115 II 62 E. 3a (Hervorhebungen hinzugefügt).

nen.[24] Besonders verlockend ist das *ex eventu*: Angesichts einer eingetretenen Fehlentwicklung drängt sich die Behauptung, über einen Umstand von Interesse nicht informiert worden zu sein, geradezu auf.

Es liegt auf der Hand, dass eine derart weit reichende und zudem ausschließlich auf den Empfänger ausgerichtete Informationspflicht für das Bankgeschäft an sich schon äußerst problematisch ist. Diese Problematik erhöht sich dadurch, dass auch hier nicht auf einen durchschnittlichen Bankkunden abzustellen ist. Vielmehr richten sich Inhalt und Umfang nach dem „Empfängerhorizont". Maßgeblich ist also der Informationsbedarf des jeweiligen Kunden. Dass derartige Voraussetzungen im Massengeschäft praktisch nicht zu erfüllen sind, ist offensichtlich, ändert indessen nichts an der Rechtslage. Auch hier ist eine weitgehende Unvorhersehbarkeit der Resultate die selbstverständliche Konsequenz, auf die unten näher einzugehen ist. Zuvor sind alle Regeln und Versuche zu diskutieren, die eine Änderung dieser Ausgangslage anstreben oder bewirken könnten.

2. *Konkretisierung oder Ergänzung der auftragsrechtlichen Pflichten*

a) Richtlinien der Schweizerischen Bankiervereinigung

Angesichts der zuvor dargestellten „Unberechenbarkeit" der auf den Einzelfall ausgerichteten Interpretation der Pflichten des Beauftragten haben die Berufsverbände versucht, durch Verhaltensregeln gewisse Leitplanken zu schaffen. So hat die Schweizerische Bankiervereinigung[25] „Richtlinien für Vermögensverwaltungsaufträge"[26] herausgegeben, die sie selbst folgendermaßen charakterisiert:

> „Die Richtlinien gelten als Standesregeln. Sie haben keine direkten Auswirkungen auf das zugrunde liegende zivilrechtliche Verhältnis zwischen den Banken und ihren Kunden. Dieses Verhältnis stützt sich

---

24 Generell dazu *Wiegand*, Die Verhaltenspflichten, FS Gagnér, 1991, S. 547 ff. insoweit zustimmend *Hopt*, Funktion, Dogmatik und Reichweite der Aufklärungs-, Warn-. und Beratungspflichten der Kreditinstitute, FS Gernhuber, 1993, S. 169 ff.

25 Zu den entsprechenden Regularien der unabhängigen Vermögensverwalter siehe unten Fn. 49.

26 Abrufbar unter <www.swissbanking.org/999996_d_mod.pdf> (besucht am 13.2. 2007).

> nach wie vor auf die gesetzlichen Vorschriften (insbesondere auf die Art. 394 ff. Obligationenrecht) sowie auf die jeweiligen vertraglichen Bestimmungen zwischen Bank und Kunde (wie Vermögensverwaltungsauftrag, Allgemeine Geschäftsbedingungen der Banken etc.)."

Diese Selbsteinschätzung ist zutreffend, wird aber nicht überall verstanden. Immer wieder wird dieser und anderen Richtlinien der Bankiervereinigung quasi-normative Wirkung zugeschrieben. Das ist aus einer ganzen Reihe von in diesem Zusammenhang nicht näher zu behandelnden Gründen unhaltbar.[27] Richtig ist vielmehr, dass es sich um Handlungsanweisungen handelt, die der sicheren und sachgerechten Abwicklung dienen. Im Sinne der oben wiedergegebenen Definition des Bundesgerichts handelt es sich dann wohl um „für eine Berufsart oder ein bestimmtes Gewerbe allgemein befolgte Verhaltensregeln". Der Richter kann sie heranziehen, wenn er den Sorgfaltsmaßstab konkretisiert, ist aber – wie eingehend dargelegt – nicht daran gebunden, da er auf den Einzelfall abstellen kann und soll.

Infolgedessen ist auf den Inhalt der Richtlinie im Einzelnen nicht einzugehen, sondern ihre Wirkung nur exemplarisch zu beschreiben. Ziffer 2 lautet: „Der Vermögensverwaltungsvertrag wird in schriftlicher Form nach dem von der Bank festgelegten Text erteilt und vom Kunden unterzeichnet". Im Kommentar dazu heißt es, es genüge nicht, „dass der Kunde mündlich einen Auftrag zur bestmöglichen Verwaltung seines Vermögens erteilt". Die materielle Wirksamkeit des Vertrages wird weder durch fehlende Unterschrift noch durch die Nichtbenutzung des vorformulierten Textes berührt. Das bedeutet allenfalls, dass ein solches Vorgehen nicht den Berufsstandards entspricht. Ein Gericht könnte darin einen Sorgfaltsverstoß sehen, wenn dieser relevant werden würde, was nicht leicht vorstellbar ist. Näher liegen schon aufsichtsrechtliche Konsequenzen, sofern es sich nicht um einen Einzelfall handelt.

Im Ergebnis ist festzuhalten, dass die Richtlinie als solche im Verhältnis zum Kunden keine Wirkung entfaltet[28] und deshalb keine Standardisierung

---

27 So explizit das Bundesgericht in einem strafrechtlichen Entscheid vom 25. September 2001 = 6S./464/2001. Zur behaupteten „Allgemeinverbindlichkeit" der Vereinbarung über die Standesregeln zur Sorgfaltspflicht (VSB-Fassung 2003) *Wiegand/Gutknecht* (oben Fn. 7) 163, 167 f.

28 Eine andere Beurteilung kommt nur dann in Betracht, wenn die Banken diese Richtlinie ausdrücklich zum Vertragsinhalt machen und dadurch die vertraglich

von Sorgfalts- oder Aufklärungspflichten bewirkt. Weitaus schwieriger ist die Beurteilung der Wirkungen der Verhaltensregeln, die das Börsen und Effektenhandelsgesetz (BEHG) für Effektenhändler aufstellt.

b) Die Verhaltenspflichten des Effektenhändlers

In Art. 11 BEHG hat der Gesetzgeber Verhaltenspflichten für Effektenhändler normiert, die gemäß der in Art. 2 d BEHG[29] enthaltenen Definition auf alle bankinternen Vermögensverwalter Anwendung findet. Danach hat

> „Der Effektenhändler [...] gegenüber seinen Kunden:
> a. eine Informationspflicht; er weist sie insbesondere auf die mit einer bestimmten Geschäftsart verbundenen Risiken hin;
> b. eine Sorgfaltspflicht; er stellt insbesondere sicher, dass die Aufträge seiner Kunden bestmöglich erfüllt werden und diese die Abwicklung seiner Geschäfte nachvollziehen können;
> c. eine Treuepflicht; er stellt insbesondere sicher, dass allfällige Interessenkonflikte seine Kunden nicht benachteiligen."

Systematische Stellung,[30] Inhalt und Tragweite dieser Bestimmung waren von Beginn an umstritten. Dabei geht es um mehrere zu unterscheidende, wenn auch interdependente Aspekte. Einerseits ist das Verhältnis dieser Norm zu den aus dem Auftragsrecht abgeleiteten, oben dargelegten Pflichten zu klären. Dann ist der Inhalt der erstmals in Gesetzesform definierten Verhaltenspflichten zu bestimmen, um dann Folgerungen für die praktische Rechtsanwendung zu ziehen.

Die Literatur hat diese Fragen eingehend diskutiert,[31] wobei in gewissen Punkten Einhelligkeit bestand, während andere bis jetzt umstritten geblieben

---

geschuldete Sorgfalt in dem oben dargelegten Sinn konkretisieren würden. Dafür eignet sich diese Richtlinie nach ihrer Konzeption und ihrem Text nicht.

29 Artikel 2 lit. d lautet: „Effektenhändler: natürliche und juristische Personen und Personengesellschaften, die gewerbsmässig für eigene Rechnung zum kurzfristigen Wiederverkauf oder für Rechnung Dritter Effekten auf dem Sekundärmarkt kaufen und verkaufen, auf dem Primärmarkt öffentlich anbieten oder selbst Derivate schaffen und öffentlich anbieten."

30 Eingehende Analyse bei *Wiegand/Berger*, Zur rechtssystematischen Einordnung von Art. 11 BEHG, ZBJV 1999, 713 ff.; dort auch Hinweis auf die Beziehungen zu den §§ 31, 32 WpHG.

31 Generell kann auf die Kommentierungen zu Art. 11 BEHG verwiesen werden. Auf weitere Nachweise kann hier verzichtet werden, da der im Folgenden zu

sind. Die Lage hat sich insofern geändert, als das Bundesgericht sich in einem grundlegenden Urteil damit auseinandergesetzt hat. Die folgende Darstellung orientiert sich deshalb an diesem Entscheid.[32] Er betrifft einen Fall der Anlageberatung, in dem der (deutsche) Kläger, der (nach seinen Angaben) sein gesamtes für die Altervorsorge bestimmtes Vermögen verloren hatte, die Bank wegen Verletzung der Aufklärungs- und Treuepflicht in Anspruch nehmen wollte.

Ausgangspunkt der bundesgerichtlichen Beurteilung ist der Umstand, dass die Vorinstanz auch eine Verletzung von Art.11 BEHG geprüft hatte. Das Bundesgericht nimmt dies zum Anlass, um in grundsätzlicher Form zu der Frage der Anwendbarkeit dieser Vorschrift in privatrechtlichen Beziehungen Stellung zu nehmen,[33] und führt dazu aus:

> „Nach herrschender Lehrmeinung kommt der öffentlichrechtlichen Vorschrift von Art. 11 BEHG insoweit die Funktion einer Doppelnorm zu, als die damit statuierten Verhaltensregeln auch einen privatrechtlichen Zweck erfüllen. Die Funktion als Doppelnorm bedeutet, dass Art. 11 BEHG sowohl von den Vertragsparteien angerufen als auch von den Behörden von Amtes wegen angewendet werden kann. Privatrechtliche Vereinbarungen sind zulässig, soweit sie den Verhaltensregeln von Art. 11 BEHG nicht widersprechen. Andererseits sind diese Regeln im Bereich des Vertragsrechts auch dann zu berücksichtigen, wenn der konkrete Vertrag keine entsprechende Vereinbarung oder Bezugnahme enthält“.[34]

Zunächst schließt sich das Urteil der ganz herrschenden Meinung an, dass es sich um eine Doppelnorm handle. Mit diesem schon in den dreißiger Jahren des vorigen Jahrhunderts in Deutschland[35] entwickelten Begriff, der auch in

---

besprechende Entscheid des Bundesgerichts eine erschöpfende Zusammenstellung der Literatur enthält.

32 Urteil 4C.270/2006 vom 4. Januar 2007; weitgehend übereinstimmend, soweit Art. 11 BEHG betroffen ist, schon das Handelsgericht Zürich, Urteil vom 14. März 2005, ZR 2006, Nr. 3.

33 Deshalb ist in diesem Zusammenhang darauf näher einzugehen. Soweit die Verletzung der vertraglichen Aufklärungspflichten behandelt wird, enthält das Urteil keine neuen Gesichtspunkte, siehe unten.

34 Erwägung 5.3, es folgen die schon erwähnten sehr umfangreichen Nachweise.

35 Zur Verwendung in der Schweiz siehe *Wiegand/Wichtermann*, Der Einfluss des Privatrechts auf das öffentliche Bankrecht, in: Wiegand, Die Banken im Spannungsfeld zwischen öffentlichem Recht und Privatrecht, Berner Bankrechtstag, Bd. 6, 1999, S. 119, 146 ff.

Deutschland zur Kennzeichnung der §§ 31, 32 WpHG verwendet wird, ist jedoch in der Sache nichts gewonnen. Aus dem Begriff selbst lassen sich keine Rechtsfolgen ableiten. Es handelt sich um einen beschreibenden Begriff oder, abstrakter, um eine Erklärungstheorie. Doppelnorm besagt nur, dass die Norm in beiden Teilrechtsordnungen relevant ist. Entscheidend ist jedoch, in welcher Weise sich diese Relevanz äußert. Dieser für die Vermögensverwaltung zentrale Punkt wird vom Bundesgericht in eher apodiktischer Weise beantwortet: Art. 11 BEHG ist als solcher immer anwendbar und er wird auch ohne Bezugnahme der Parteien Vertragsinhalt. Letzteres folgt schon daraus, dass es sich um eine gesetzliche Regelung handelt. Diese ist nach Auffassung des Bundesgerichts zwingendes Recht und kann nicht abbedungen werden. Damit folgt das Bundesgericht der herrschenden Meinung, die ausführlich zitiert wird. Diese Auffassung ist zu undifferenziert; denn die damit verbundene notwendige Konsequenz, dass solche Art. 11 BEHG widersprechende Abreden nichtig sind, schießt weit über den legislatorischen Zweck hinaus, der primär im Schutz des Kapitalmarkts und im Funktionsschutz der Banken besteht.[36] Im Rahmen der hier zu erörternden Verhaltenspflichten des Vermögensverwalters spielt dies indessen keine Rolle. Entscheidend ist vielmehr, dass daneben bestehende und darüber hinausgehende vertragliche Pflichten unberührt bleiben. Das ergibt sich nicht aus dem zitierten Text, aber aus dem Umstand, dass anschließend ein Verstoß gegen die allgemeine Informationspflicht auf Grund des Auftragsrechts geprüft wird.

Damit wird jedenfalls klar, wie das Bundesgericht und die wohl überwiegende Auffassung in der Literatur den Doppelcharakter verstehen und praktizieren: Art. 11 BEHG enthält Mindeststandards, die vom Effektenhändler zu beachten sind und keinesfalls unterschritten werden dürfen. Diese werden im Urteil relativ milde und m.E. eher zu großzügig interpretiert. Das spielt indessen für die Vermögensverwaltung keine Rolle; denn mit deren Einhaltung ist die vertragliche Sorgfalts- und Aufklärungspflicht nicht erfüllt. Diese richtet sich für den Vermögensverwalter nach den oben aufgezeigten Standards. Eine Abweichung davon kann aus dem neuen Urteil, das sich auf die Anlageberatung bezieht, nicht abgeleitet werden. Im Gegenteil: Die Bemerkungen zur Suitability-Doktrin, die zwar für Art. 11 BEHG abgelehnt wird,

36 Dazu eingehend *Wiegand/Berger* (oben Fn. 30), 720 ff.

lassen eher darauf schließen, dass bei der Vermögensverwaltung derartige Pflichten durchaus anerkannt werden könnten. Was im übrigen zur allgemeinen, nicht aus Art. 11 BEHG abgeleiteten Aufklärungspflicht gesagt wird, gibt die vom Bundesgericht befolgte Praxis wieder, die indessen keineswegs so klar und schon gar nicht so konsequent ist, wie sie im Urteil dargestellt wird.[37]

Das kann hier jedoch dahinstehen, denn für die Pflichten des Vermögensverwalters ergibt sich folgender Befund: Art. 11 BEHG kann ihm durchaus zur Orientierung, nicht aber als Richtschnur dienen. Diese bilden weiterhin die vertraglichen Sorgfalts- und Informationspflichten mit der oben aufgezeigten Unsicherheit ihrer Interpretation im Einzelfall. Daraus ergibt sich ein schwer kalkulierbares Haftungsrisiko bei einer Pflichtverletzung, auf die sogleich näher einzugehen ist. Zuvor ist kurz ein Aspekt zu beleuchten, der häufig bei der Erbringung von Dienstleistungen bestimmter Art, etwa bei der medizinischen Behandlung oder eben auch bei den Bankgeschäften aller Art außer Acht gelassen wird: die Pflichten des Auftraggebers.

3. *Die Pflichten des Kunden*

a) Mitwirkung des Leistungsempfängers

Während im Rahmen der sich stets ausweitenden Haftung des Dienstleistungserbringers dessen Sorgfalts- und Informationspflichten zunehmend verschärft wurden, spielten die korrespondierenden Pflichten des Empfängers dieser Leistungen lange Zeit kaum eine Rolle. Das hat sich zunächst im Bereich medizinischer Behandlungen geändert, weil sich dort herausgestellt hat, dass zahlreiche Schadensfälle durch richtige und rechtzeitige Information seitens des Patienten hätten vermieden werden können. Infolgedessen kann es heute als gesicherte Erkenntnis gelten, dass der Patient vor und während der

37 Das Bundesgericht verweist auf die Unterscheidung zwischen einfacher Kontobeziehung, Anlageberatung und Vermögensverwaltung und deren unterschiedliche Behandlung in Bezug auf die Aufklärung. Dass eine solche Differenzierung mit dem modernen Verständnis des Schuldverhältnisses nicht in Einklang zu bringen ist, kann eigentlich nicht mehr ernsthaft bestritten werden.

Behandlung und selbst nach deren eigentlicher Beendigung verpflichtet ist, den Arzt über relevante Umstände zu informieren.[38]

Weniger klar ist, ob es sich nur um Obliegenheiten oder um echte Verpflichtungen handelt. Dabei wird wie folgt zu differenzieren sein: Sofern und soweit die Unterlassung nur zur Schädigung des Patienten führt, kann sie mit dem Konzept der Obliegenheit angemessen erfasst werden. Sie wird dann durch eine entsprechende Kürzung des Schadensersatzanspruchs gemäß Art. 44 OR sanktioniert. Sobald jedoch eine Schädigung des Vertragspartners (z.B. Ansteckung des Arztes) eintritt, muss von einer echten Pflichtverletzung ausgegangen werden, die Ansprüche des Dienstleisters gemäß Art. 97 OR auslöst.

b) Anwendung im Bankgeschäft

Im Bankgeschäft im Allgemeinen hat die Mitwirkung des Kunden durch eine Änderung der rechtlichen Rahmenbedingungen ganz erhebliche Bedeutung gewonnen. Durch die den Banken im Rahmen der Geldwäscherei- und Terrorismusgesetzgebung auferlegten Pflichten zur Abklärung der Herkunft von Vermögen und zur Erstellung eines Kundenprofils sind diese auf die Mitwirkung des Kunden angewiesen. Macht der Kunde falsche Angaben etwa über den wirtschaftlich Berechtigten, so hat das weit reichende Konsequenzen, die noch nicht hinreichend geklärt sind. Fraglich ist etwa, ob eine mit einer solchen Täuschung behaftete Kontoeröffnung anfechtbar oder wegen Verstoßes gegen das Geldwäschereigesetz sogar nichtig ist.[39] Während sich diese Frage vermutlich pragmatisch lösen lässt, kann ein solcher Verstoß für die Bank Sanktionsfolgen haben, für die der Kunde verantwortlich ist und, sofern sie finanzieller Art sind, auch haften muss.

In Bereich der Vermögensverwaltung akzentuiert sich diese Problematik. Die Bank kann die oben beschriebenen Pflichten zu einem erheblichen Teil nur dann richtig erfüllen, wenn der Kunde ihr zuvor die notwendigen Informationen verschafft. Das bedeutet zum einen, dass er der Bank, die der know your customer rule folgend oder beim suitability check nach Informationen

38 Dazu die Arbeit von *Conti*, Die Pflichten des Patienten im Behandlungsvertrag, Diss. Bern 2000.

39 Dazu und zu den problematischen Konsequenzen einer solchen Sanktion *Wiegand*, Die Eigenheiten des Bankrechts, FS Nobel, 2005, S. 713, 719 ff.

fragt, sachgerechte und richtige Auskünfte gibt. M.E. geht die Pflicht noch darüber hinaus: Er muss von sich aus die Bank auf solche Umstände aufmerksam machen, die für deren Vorgehen und Verhalten wesentlich sein können.

Unvollkommene oder unrichtige Auskunft stellt in jedem Falle eine Obliegenheitsverletzung dar und führt zur Herabsetzung oder zum Verlust von Schadensersatzansprüchen. Entsteht der Bank eine materieller Schaden, so kommt auch hier ein Schadensersatzanspruch gegen den Kunden in Betracht.

IV. Folgen der Pflichtverletzung durch den Vermögensverwalter[40]

1. Arten der Pflichtverletzung

Bei der Vermögensverwaltung können zwei Arten der Pflichtverletzung vorkommen, die den oben dargelegten Kategorien der Pflichten des Vermögensverwalters entsprechen. Dabei werden in der Praxis beide häufig vermischt oder zumindest verknüpft. Im Hinblick auf den Beweis und auf den eventuellen Schaden bestehen jedoch erhebliche Unterschiede.

Mangelnde Sorgfalt kommt nur während der Durchführung, also nach Abschluss des Vertrages in Betracht. Sie liegt einmal dann vor, wenn der Vermögensverwalter Anlageentscheide trifft, die nicht den Regeln fachgerechter Anlage entsprechen. Es sind „Kunstfehler" wie beim nicht lege artis handelnden Arzt oder dem gegen die Regeln der Baukunst verstoßenden Architekten. Sie kommen eher selten vor und der vom Kunden zu führende Beweis ist ähnlich schwierig wie der Nachweis eines ärztlichen Kunstfehlers. Gelegentlich sind die Verstöße allerdings so krass, dass der Nachweis keine Schwierigkeiten bereitet. Ein klassisches Beispiel findet sich in einem neue-

40 Zum Folgenden *Gross*, Fehlerhafte Vermögensverwaltung – Klage des Anlegers auf Schadenersatz, AJP 2006, 161 (mit zahlreichen Beispielen aus der Rechtsprechung); *Gutzwiller*, Der Beweis der Verletzung von Sorgfaltspflichten, insbesondere der Aufklärungspflichten, im Anlagengeschäft der Banken, AJP 2004, 411, 413 und *ders*. Schadensstiftung und Schadensberechnung bei pflichtwidriger Vermögensverwaltung und Anlageberatung, SJZ 2005, 357 ff.

ren Urteil des Bundesgerichts,[41] das dem Vermögensverwalter geradezu die Leviten liest:

> „Ein berufsmäßiger Vermögensverwalter muss beim Kauf von Optionen in der Lage sein, die zu Absicherungszwecken vertraglich erlaubte Menge korrekt zu ermitteln"
> – und weiter –
> „Die zur Berechnung des zulässigen Maßes erforderliche Formel hätte er kennen und anwenden müssen. Hinzu kommt, dass die vom Beklagten verletzten Vertragsbestimmungen Optionskäufe unmissverständlich nur zu Absicherungszwecken erlaubten (vgl. E.2). Ein dermassen offensichtlicher Verstoss gegen klar festgelegte Vertragspflichten beruht im Regelfall auf Grobfahrlässigkeit".

Häufiger sind allerdings diejenigen Fälle, in denen der Sorgfaltsverstoß in einer Abweichung von den Vorgaben des Kunden besteht. In beiden Fällen bereiten der Nachweis des konkreten Schadens und seine Berechnung gewisse Schwierigkeiten, die jedoch bei den Informationspflichtverletzungen noch vermehrt auftreten.

Mangelhafte Aufklärung kann vor Vertragsschluss und während der Erfüllung auftreten. Nach der heute auch in der Schweiz dominierenden Konzeption des Schuldverhältnisses[42] besteht zwischen der Verletzung vorvertraglicher und vertraglicher Informationspflichten kein struktureller Unterschied mehr. Das ist deshalb von Bedeutung, weil die eigentliche fehlerhafte Information beim Vermögensverwaltungsvertrag gerade vor dessen Abschluss erfolgt und zu dessen (den Interessen des Kunden widersprechenden) Abschluss führt. In der Rechtsprechung finden sich zahlreiche Beispiele für unterbliebene, ungenügende oder falsche Aufklärung, die hier nicht im Einzelnen diskutiert werde sollen. Die angewandten Kriterien sind diejenigen, die schon wesentlich früher im Arztrecht entwickelt wurden. Maßgeblich sind Art und Ausmaß des Wissensvorsprungs auf der einen und Informationsbedarf auf der anderen Seite, wobei gerade in diesem Punkt vollkommen auf die konkret betroffene Person und den Einzelfall abgestellt wird. Die Anforderungen sind hoch: So verlangt das Handelsgericht Zürich[43] den Hinweis, „dass die Ecuador Anleihe ein Kreditderivat darstellt, das auf

---

41 Urteil 4C.126/2004 vom 15. September 2004, Zitate E. 2.2-3.

42 Dazu BSK-OR I/*Wiegand*, 4. Aufl., 2007, Einl. zu Art. 97-109 N 11 ff.; Art. 97 N 35 f.

43 In dem oben Fn. 32 angeführten Urteil.

der Anleihe eines Schwellenlandes beruht, d.h. zwei Risiken vereint, über die je eine Aufklärung erforderlich ist. Das bedeutet, dass grundsätzlich sowohl auf das Länderrisiko als auch auf das mit einem Kreditderivat verbundene Risiko hinzuweisen ist“ und schließlich „dass auch ein Anleger, der riskante Anlagen tätigt, Anspruch auf Aufklärung über die damit verbundenen Risiken hat“.

2. *Durchsetzung*

Bei der Geltendmachung von Schäden lässt sich eine schon angedeutete Tendenz feststellen, die wiederum schon zuvor im Arztrecht zu beobachten war: die Kläger behaupten eine Sorgfaltspflichtverletzung, machen aber gewissermaßen zur Absicherung die Verletzung von Informationspflichten geltend. Eine ähnliche Tendenz zeichnet sich auch in den Urteilen ab. Vielfach ist am Ende nicht vollkommen klar, ob der Anspruch nun auf Grund einer Sorgfalts- oder Aufklärungspflichtverletzung zugesprochen wird.[44]

Bei beiden Ansprüchen bereitet die Berechnung und die Bestimmung des Schadens Probleme, auf die hier nicht näher einzugehen ist.[45] Für den Schadensersatzanspruch auf Grund einer Verletzung der Informationspflicht, der an sich der erfolgsversprechendere ist, kommt eine weitere Schwierigkeit hinzu: Er beruht auf einem Unterlassen, so dass neben der Bestimmung des Schadens die Kausalität Probleme bereitet. Das Bundesgericht[46] behandelt sie so:

> „Bei der Vertragsverletzung, welche sich die Beklagte hat zuschulde kommen lassen, handelt es sich um eine Unterlassung: die Beklagte hat den Kläger nicht in ausreichendem Masse über das Verlustrisiko und den Einfluss der Kommissionen auf die Gewinnchancen aufgeklärt. Im Fall einer Unterlassung bestimmt sich der Kausalzusammenhang danach, ob der Schaden auch bei Vornahme der unterlassenen Handlung eingetreten wäre. Es geht um einen hypothetischen Kausalverlauf, für den nach den Erfahrungen des Lebens und dem gewöhnlichen Lauf

---

44 Exemplarisch etwa der oben eingehend behandelte BGE 115 II 62 und BGE 124 III 155.

45 Die Rechtsprechung versucht das – wie in anderen Ländern auch – mit Vergleichsdepots und ähnlichen Hypothesen zu lösen. Siehe dazu die oben Fn. 40 zitierten Abhandlungen.

46 Zitate aus BGE 124 III 155 E. 3c, d.

> der Dinge eine überwiegende Wahrscheinlichkeit sprechen muss. Diese Voraussetzungen sind im vorliegenden Fall gegeben, da nach allgemeiner Lebenserfahrung anzunehmen ist, dass sich der Kläger nicht auf die Spekulationsgeschäfte mit der Beklagten eingelassen hätte, wenn er von ihr ausreichend aufgeklärt worden wäre. Auf eine entsprechende Überlegung hat das Bundesgericht in zwei neueren Entscheiden[47] abgestellt, in denen es einerseits um die Aufklärungspflicht des Arztes aus Vertrag und anderseits um jene der Konzern-Muttergesellschaft aus dem Vertrauen in das Konzernverhalten ging".

Daran anschließend hält das Gericht fest, dass es anders als die deutschen Gerichte von einer Umkehr der Beweislast absehen möchte und im vorliegenden Fall angesichts der Sachlage auch könne. Im Ergebnis läuft diese, in anderen Entscheiden bestätigte Haltung auf die „Vermutung des aufklärungsgemäßen Verhaltens"[48] hinaus. Mit dieser Konzeption können die Anleger die Kausalitätsproblematik überwinden, sie werden – so das Bundesgericht – so gestellt wie wenn sie sich auf das Geschäft nie eingelassen hätten. Gestützt darauf sprach das Bundesgericht dem Anleger einen Anspruch auf Rückerstattung des gesamten Anlagebetrages zu.

V. Zwischenbilanz

Das beschriebene juristische Konzept der Vermögensverwaltung weist einen hohen Grad von rechtlichen Unwägbarkeiten auf, die vor allem durch die starke Individualisierung der Maßstäbe verursacht wird. Das steht ganz im Gegensatz zu dem wirtschaftlichen Erfolg des Vermögensverwaltungsgeschäfts und lässt die Vermutung aufkommen, dass die Bedeutung der rechtlichen Rahmenbedingungen möglicherweise überschätzt wird. Dieser Eindruck wird noch bestärkt durch die nun anschließende Betrachtung der externen Vermögensverwaltung, bei der sich eine noch größere Zahl von rechtlichen Unwägbarkeiten zeigen wird.

---

47 Das Gericht bezieht sich auf BGE 119 II 456 [Aufklärungspflicht des Arztes über wirtschaftliche Belange] und BGE 120 II 331 [Swissair], dazu *Wiegand*, Obligationenrecht, ZBJV 1996, 319, 321 ff.

48 Dazu grundlegend *Canaris*, Die Vermutung „aufklärungsrichtigen Verhaltens" und ihre Grundlagen, FS Hadding, 2004, S. 3 ff. Vgl. dazu auch *Wiegand/Hurni*, Die Vermutung kehrt zurück!, recht 2005, 205 ff.

VI. Die Besonderheiten der bankexternen Vermögensverwaltung

1. Begriff, Bedeutung und rechtliche Situation

Die Gesamtzahl der in der Schweiz bankextern tätigen Vermögensverwalter wird auf 7.000 geschätzt, das von ihnen betreute Volumen soll bei etwa 10% des insgesamt in der Schweiz verwalteten Vermögens liegen. Die große Mehrheit der externen Vermögensverwalter hat sich in einem Verband[49] organisiert. Die nicht in der Organisation einer Bank tätigen Vermögensverwalter unterliegen keiner aufsichtsrechtlichen Kontrolle,[50] was zu einer sehr speziellen rechtlichen Konstellation führt, die näher zu erläutern ist.

Vermögensverwalter sind Finanzintermediäre im Sinne des Geldwäschereigesetzes.[51] Als solche haben sie einerseits hier nicht weiter interessierende Meldepflichten, andererseits müssen sie sich einer sog. Selbstregulierungsorganisation anschließen oder bei der Geldwäschereikontrollstelle eine Bewilligung einholen.[52] Die überwiegende Zahl der Vermögensverwalter unterstellt sich der Überwachung der vom Verband etablierten Selbstregulierung,[53] welche die Einhaltung der im GwG und den dazu erlassenen Verordnungen geregelten Pflichten überwacht.[54] Auf die Problematik der in der Schweiz derzeit im rechtspolitischen Trend liegenden Selbstregulierung ist hier nicht näher einzugehen.[55] Im Bereich der Vermögensverwaltung führt sie jeden-

49 Verband Schweizerischer Vermögensverwalter: <www.vsv-asg.ch/htm/htm_d/unabhaengig.htm> (besucht am 12.2.2007).

50 Das soll sich nach der angestrebten Neuordnung des Aufsichtsrechts, bei der eine einheitliche Aufsichtsbehörde eingeführt werden wird, ändern. Dazu die Botschaft des Bundesrats für ein Bundesgesetz über die Eidgenössische Finanzmarktaufsicht (FINMAG) vom 1. Februar 2006, in: Bundesblatt vom 21. März 2006, 2829 (wird derzeit vom eidgenössischen Parlament behandelt).

51 Art. 2 Abs. 3 GwG: „Finanzintermediäre sind auch Personen, die berufsmässig fremde Vermögenswerte annehmen oder aufbewahren oder helfen, sie anzulegen oder zu übertragen; insbesondere Personen, die: [...] Vermögen verwalten [...] als Anlageberater Anlagen tätigen."

52 Art. 14 GwG.

53 Details dazu unter dem oben in Fn. 49 angeführten Link.

54 Übersicht: <www.admin.ch/ch/d/sr/95.html#955>; GwG: <www.admin.ch/ch/d/sr/9/955.0.de.pdf> und GwV EBK: <www.admin.ch/ch/d/sr/9/955.022.de.pdf> (besucht am 15.2.2007).

55 Dazu *Wiegand/Wichtermann* (oben Fn. 35) mit umfangreichen Nachweisen.

falls zu einem „Kontrollgefälle“ zwischen den staatlich überwachten Banken und der eher wenig transparenten „Selbstkontrolle“. Da das auch außerhalb der Schweiz so wahrgenommen wird, haben sich größere externe Vermögensverwalter freiwillig der Überwachung ausländischer, in der EU akzeptierter Aufsichtsbehörden unterstellt. Diese besondere Rechtsstellung der unabhängigen Vermögensverwalter hat auch Auswirkungen auf die nun darzustellenden privatrechtlichen Beziehungen.

2. *Die Rechtsverhältnisse*

Der zwischen dem Vermögensverwalter und dem Kunden geschlossene Vertrag unterscheidet sich inhaltlich nicht von dem mit einer als Vermögensverwalterin tätigen Bank geschlossenen. Auch hier wird das Gesetzesrecht durch vorformulierte Verträge ergänzt und teilweise abbedungen. Der Verband hat zudem – wie die Schweizerische Bankiervereinigung – Standesregeln und Richtlinien erlassen, die hier die gleiche Funktion und Wirkung haben. Ein gravierender Unterschied besteht darin, dass eine von diesem Rechtsverhältnis unabhängige Kontobeziehung zu einer Bank hergestellt werden muss.

Diese Kontobeziehung beschränkt sich meist auf einen Kontoführungsvertrag, der zwischen der Bank und dem Kunden geschlossen wird. Im Rahmen dieser Kontobeziehung erteilt der Kunde dem Vermögensverwalter eine entsprechende Vollmacht. Die Banken verlangen in der Regel, dass in der Vollmacht selbst oder in einem gesonderten Dokument die Vorgaben für die Vermögensverwaltung festgehalten werden.

Zwischen dem Vermögensverwalter und der Bank besteht nach einer immer wieder geäußerten Auffassung[56] kein Vertragsverhältnis. Das entspricht nicht der gängigen Praxis und ist theoretisch nur schwer haltbar wie die im Folgenden behandelten Probleme zeigen.

3. *Kontoeröffnung*

Eine erste sowohl theoretisch wie praktisch schwierige Situation ergibt sich hinsichtlich der Kontoeröffnung. Der Vermögensverwalter muss als Finanz-

---

56 Vgl. dazu auch das unten (Fn. 68) behandelte Urteil des Bundesgerichts.

intermediär nach den Regeln des GwG die Kundenidentifizierung durchführen. Die anwendbaren Regeln[57] sind weitgehend mit denjenigen der VSB[58] abgestimmt. Eröffnet ein Kunde in der oben beschriebenen Weise zur Abwicklung von Vermögensverwaltungsaufträgen ein Konto, so stellt sich die Frage der „Anrechnung“ der durch den Vermögensverwalter erfolgten Abklärungen.

Die Frage der Delegation des Vorgangs ist sowohl in der Verordnung der Eidgenössischen Bankenkommission zum GwG[59] wie auch in der VSB[60] geregelt. Beide verlangen einen schriftlichen Vertrag, der zu Recht als Auftrag qualifiziert wird.[61] Rein faktisch handelt es sich nicht um eine echte Delegation, denn der Vermögensverwalter muss die Identifikation durchführen, bevor er überhaupt seine Tätigkeit aufnimmt. Ein nachträglicher, rückwirkender Vertragsschluss ist rechtlich wie faktisch problematisch. Zudem müssen die Banken gemäß Art. 19 Abs. 3 und 4 der GwV-EBK die Dokumentation der Identifizierung erhalten und auf Plausibilität überprüfen. Dazu gehört auch, dass die Bank sich vergewissert, dass der Vermögensverwalter sich der SRO angeschlossen hat und die Mitarbeiter die vorgeschriebene Schulung erhalten haben.

Im Ergebnis führt dies zu einer erheblichen Arbeitsbelastung der Bank, die letzten Endes gleich groß ist, wie wenn sie die Identifikation selbst durchführt.[62] Zudem begründet sie bei der Delegation ein Rechtsverhältnis, das neue Probleme schafft.

---

57 Art. 4-7 GwG, dazu und zum Folgenden die Erläuterungen von *Wyss*, in: Thelesklaf/Wyss/Zollinger, Kommentar zum GwG, 2006.

58 Die oben in Fn 27 bereits erwähnte Vereinbarung über die Standesregeln zur Sorgfaltspflicht (VSB 2003).

59 Art. 19 GwV-EBK.

60 Ziff. 21 VSB.

61 *Basse-Simonsohn,* Geldwäschereibekämpfung und organisiertes Verbrechen, (Berner Bankrechtliche Abhandlungen, hrsg. v. Wiegand, Bd. 11), Diss. Bern 2002, 229 ff.; außerdem *Strasser*, Die Delegation von Sorgfaltspflichten gemäss Geldwäschereigesetz durch eine Bank, FS Nobel, 2005, 651 ff.

62 Vgl. auch die Kritik bei *Wyss* (oben Fn. 57), Erläuterungen zu Art. 19 GwV-EBK.

4. *Haftung der Bank für den Vermögensverwalter*

Die Frage, ob und allenfalls inwieweit die Bank für das Verhalten externer Vermögensverwalter einzustehen habe, war lange Zeit heftig umstritten.[63] Dabei geht es in erster Linie um Ersatzansprüche wegen schadensauslösenden Verhaltens[64] des externen Vermögensverwalters. Dabei sind zwei Ansätze zu unterscheiden: Dogmatisch nicht haltbar ist die Auffassung, dass der Vermögensverwalter als Erfüllungsgehilfe der Bank handle. Er erfüllt eigene gegenüber Dritten (seinem Auftraggeber) bestehende Verpflichtungen und wird deshalb in eigenem Interesse tätig.[65]

Eine Haftung der Bank kann aber nicht völlig ausgeschlossen werden.[66] Da sie – wie oben erwähnt – in der Regel die Anlagevorgaben kennt, ist sie verpflichtet, deren Beachtung zu kontrollieren. Diese Verpflichtung ergibt sich aus dem Vertrag mit dem Bankkunden, was allerdings umstritten ist. Es ist jedoch einleitend darauf hingewiesen worden, dass selbst bei einfachen Bankbeziehungen zwischen Bank und Kunden ein auftragsrechtlich geprägtes Rechtsverhältnis besteht, aus dem sich Sorgfalts- und Treuepflichten ergeben. Im Rahmen der daraus resultierenden Loyalitäts- und Interessewahrnehmungspflicht muss die Bank Schädigungen des Kunden zu verhindern versuchen. Das soll auch dann gelten, wenn die Bank die Anlagerichtlinien nicht kennt, die vom Vermögensverwalter veranlassten Transaktionen aber jeden vernünftigen Rahmen sprengen. Dies kann durch eine Nichtausführung einer den Rahmen der Vorgaben sprengenden Verfügung des Vermögensverwalters geschehen. Das hat aber nach meiner Ansicht zur Folge, dass der Kunde darüber informiert werden muss. Dies ergibt sich ebenfalls aus der Interessenwahrnehmungspflicht; andernfalls wäre die Maßnahme

---

63 Dazu die zusammenfassende Darstellung bei *Wiegand/Zellweger-Gutknecht* (oben Fn. 9); sowie *Dietzi*, Die Verantwortlichkeit der Bank gegenüber dem Kunden für Handlungen eines von diesem eingesetzten Vermögensverwalters, SZW 1997, 193 ff.; *Bretton-Chevallier*, Haftung der Bank gegenüber ihrem Kunden und externe Vermögensverwaltung, SZW 2003, 254 ff.; *dies.*, Le gérant de fortune indépendant, rapports avec le client, la banque dépositaire, obligations et responsabilités, Diss. Genf 2001.

64 Hinsichtlich der soeben behandelten Identifikationspflicht sind Schadensersatzansprüche kaum denkbar; zur Haftung im übrigen *Strasser* (oben Fn. 61).

65 BSK-OR I/*Wiegand*, (oben Fn. 42), Art. 101 N 4 ff.

66 Zum Folgenden *Wiegand/Zellweger-Gutknecht* (oben Fn. 9), S. 47 f.

auch nicht besonders sinnvoll. Eine Warnpflicht der Bank hat jetzt das Landgericht Liechtenstein in einem Fall bejaht, in dem der (inzwischen in ein Strafverfahren verwickelte) Vermögensverwalter Gelder in Notes von auf den Virgin Islands domizilierten Gesellschaften investierte, über die keinerlei Informationen vorlagen. Die Bank hätte die Kunden, mit denen sie nur eine Depotbeziehung unterhielt, vor dem Kauf dieser „Black Boxes“ warnen müssen. Sie wurde zur Rückerstattung der Anlagebeträge verurteilt.[67]

Damit aber stellt sich die Frage, ob die Bank gegenüber dem Vermögensverwalter mit solchen Warnungen eine Rechtsverletzung begeht. Mit dieser Behauptung hat ein Genfer Vermögensverwalter gegen die Bank geklagt, die bestimmte Aufträge nicht ausgeführt hatte, sich dabei aber nur auf deliktische Rechtsgrundlagen berufen. Das Bundesgericht[68] wies die Klage ab, weil die Voraussetzungen für einen Anspruch aus unerlaubter Handlung[69] mangels Verletzung eines Schutzgesetzes nicht gegeben seien. Die Entscheidung ist kritisiert worden, weil das Bundesgericht wie schon erwähnt lapidar feststellt, dass zwischen dem Vermögensverwalter und der Bank kein Vertragsverhältnis bestehe. Das entspricht nicht den tatsächlichen Verhältnissen wie die sogleich zu behandelnden Fälle der Retrozession zeigen, ist aber auch theoretisch kaum zu vertreten, da zwischen dem Vermögensverwalter und der Bank andauernde rechtsgeschäftliche Beziehungen entstehen, die zumindest Verhaltenspflichten auslösen. Angesichts dieser Sachlage ist die Bank in der zuvor geschilderten Situation in einem Interessenkonflikt, der es erforderlich macht, dass sie zunächst den Vermögensverwalter „abmahnt“ und nur, sofern das keine Änderung bewirkt, den Kunden informiert. Einen weiteren Interessenkonflikt lösen die branchenüblichen Retrozessionen aus, auf die abschließend einzugehen ist.

5. *Retrozessionen*

In einem Urteil vom 22. März 2006[70] hat das Bundesgericht sich in grundsätzlicher Form zur Herausgabepflicht von Rückvergütungen geäußert, die

---

67 Bericht über das rechtskräftige Urteil in der Neuen Zürcher Zeitung, Nr. 251, 28./29. Oktober 2006, S. 23.

68 Urteil 4C.387/2000 vom 15. März 2001.

69 Art. 41 OR, der trotz anderen Wortlauts praktisch wie § 823 BGB ausgelegt wird.

70 BGE 132 III 460 = 4C.432/2005.

ein Vermögensverwalter von der kontoführenden Bank erhält. Es hat diese Herausgabepflicht grundsätzlich bejaht, aber die Zulässigkeit abweichender Vereinbarungen anerkannt. Das Urteil enthält eine Fülle von aufschlussreichen rechtstatsächlichen Hinweisen, wie etwa den, dass 81% der Vermögensverwalter solche Vergütungen nicht weiterleiten und dass diese 28% ihres Einkommens ausmachen. Darauf ist zurückzukommen, nachdem die Begründung des Bundesgerichts erläutert worden ist.

Im zentralen Abschnitt führt das Bundesgericht aus:

> „Auf den Vermögensverwaltungsvertrag finden die auftragsrechtlichen Regeln Anwendung. Nach Art. 400 Abs. 1 OR ist der Beauftragte schuldig, auf Verlangen jederzeit über seine Geschäftsführung Rechenschaft abzulegen und alles, was ihm infolge derselben aus irgendeinem Grund zugekommen ist, zu erstatten. Die Ablieferungspflicht betrifft nicht nur diejenigen Vermögenswerte, die der Beauftragte direkt vom Auftraggeber zur Erfüllung des Auftrags erhält, sondern auch indirekte Vorteile, die dem Beauftragten infolge der Auftragsausführung von Dritten zukommen. Der Beauftragte soll durch den Auftrag – abgesehen von einem allfälligen Honorar – weder gewinnen noch verlieren; er muss daher alle Vermögenswerte herausgeben, welche in einem inneren Zusammenhang zur Auftragsausführung stehen; behalten darf er nur, was er lediglich bei Gelegenheit der Auftragsausführung, ohne inneren Zusammenhang mit dem ihm erteilten Auftrag, von Dritten erhält. Zu den indirekten Vorteilen, die der Beauftragte herausgeben muss, zählen beispielsweise Rabatte, Provisionen, Schmiergelder usw. Dabei spielt es keine Rolle, ob die Zuwendung nach dem Willen des Dritten ausschliesslich dem Beauftragten zugute kommen soll oder nicht. Retrozessionen – und wohl regelmässig auch Finder's Fees, sofern der Beauftragte dem Auftraggeber im Rahmen des Vertrags geraten hat, die zur Verwaltung überlassenen Vermögenswerte bei einer bestimmten Bank (neu) zu deponieren – werden dem Beauftragten ausgerichtet, weil er im Rahmen des Auftrags bestimmte Verwaltungshandlungen vornimmt oder veranlasst; sie fallen im Zusammenhang mit der Verwaltung des Vermögens an und unterliegen der Herausgabepflicht nach Art. 400 Abs. 1 OR."

Das Urteil ist unter Weglassung der Nachweise bewusst ausführlich wiedergegeben, um zu zeigen, dass es an sich eine Selbstverständlichkeit feststellt und nicht etwa neues Recht schafft. Dies umso weniger als bereits in einem Urteil aus dem Jahre 2002[71] mit praktisch identischem Wortlaut dasselbe

71 4C.125/2002, dazu *Wiegand/Zellweger-Gutknecht* (oben Fn. 9), S. 43 ff.

gesagt und dabei betont wurde, dass dies der herrschenden Auffassung in der Literatur entspreche.

Deshalb ist es schwer nachzuvollziehen, warum dieses neue Urteil bei den Banken teilweise panische Reaktionen ausgelöst und selbst in der Tagespresse für Wirbel gesorgt hat. Richtig ist, dass die inhaltliche Aussage erhebliche ökonomische und rechtliche Konsequenzen hat. Entweder müssen die Banken und/oder die Vermögensverwalter langfristig ihre Gebühren erhöhen, oder die Kunden müssen Verzichtserklärungen unterschreiben. Deren Formulierung wird nicht einfach sein, wenn sie wirksam sein sollen. Dazu soll hier nicht näher Stellung genommen werden.[72] Es geht hier nur darum, die besondere Struktur der externen Vermögensverwaltung und die damit verbunden Rechtsfragen aufzuzeigen.

VII. Resumé

Die Darstellung hat die Grundzüge und die Rahmenbedingungen der Vermögensverwaltung in der Schweiz aufgezeigt. Infolge der im Auftragsrecht verankerten und stark auf den Einzelfall zugeschnittenen Sorgfalts- und Informationspflichten lässt sich nur schwer ein allgemeines Bild zeichnen. Die Praxis zeigt dementsprechend eine große Variationsbreite von Beurteilungen durch die Gerichte. Trotz dieser, um ein Modewort des Kapitalmarktes zu verwenden, hohen „Volatilität" erweisen sich die rechtlichen Rahmenbedingungen im Wesentlichen als zuverlässig. Das gilt in geringerem Maße für die externe Vermögensverwaltung, die einerseits keiner aufsichtrechtlichen Kontrolle unterliegt, dafür aber andererseits in besonderem Ausmaß verrechtlicht ist. Die Anwendung der dafür maßgeblichen Regelungen des „soft law" führt gelegentlich zu einer Komplikation der Prozesse und garantiert nicht immer Rechtsklarheit und -sicherheit. Die Unterstellung dieses Sektors unter eine Aufsichtsbehörde erscheint deshalb wünschenswert.

72 Das Urteil hat bereits eine Literaturflut ausgelöst, umfassend jetzt *Hsu*, Retrozessionen, Provisionen und Finder's Fees, ZSR, Beiheft 45, 2006.

2. Abteilung:
Übernahmerecht im Gefolge der EU-Übernahmerichtlinie

Leitung: *Dr. Urs Zulauf*
Vizedirektor/Leiter Rechtsdienst
Eidgenössische Bankenkommission, Bern

Die EU-Übernahmerichtlinie aus Sicht der Schweiz

Prof. Dr. *Karl Hofstetter* Hergiswil/Zürich

I. Einleitung

Das moderne Kapitalmarktrecht ist ein Kind des angelsächsischen Wirtschaftsdenkens. Seine Aufnahme ins kontinentaleuropäische Recht erfolgte zwar schnell und ist vergleichbar mit der bereits früher erfolgten Rezeption des Kartellrechts. Die konzeptionell hinter dem Kapitalmarktrecht stehende Marktphilosophie stößt im sozialstaatlich dominierten Europa aber nach wie vor auf weit verbreitete Skepsis. Es ist deshalb nicht erstaunlich, dass sich die EU mit dem Erlass einer Übernahmerichtlinie schwer tat. Die am 21. April

EU mit dem Erlass einer Übernahmerichtlinie schwer tat. Die am 21. April 2004 verabschiedete „Richtlinie des Europäischen Parlamentes und Rates betreffend Übernahmeangebote" (ÜRL) reflektiert auch inhaltlich dieses Spannungsverhältnis der Europäer zwischen Markt- und kollektivistischem Schutzdenken.

Die Schweiz steht gesellschaftspolitisch in der kontinentaleuropäischen Tradition. Sie hat zugleich stets ein liberales Element verkörpert, welches sie in besondere Nähe zum angelsächsischen Kulturkreis brachte. Das gilt nicht nur, aber auch für das schweizerische Wirtschaftsrecht. Dieses hat im kontinentaleuropäischen Vergleich auffallend starke freiheitliche Elemente, man denke beispielsweise an das Aktienrecht und die Corporate Governance[1], das Arbeitsrecht, das föderalistische Steuerrecht oder das Außenwirtschaftsrecht. In dieser liberalen Tradition steht auch die Entwicklung des schweizerischen Übernahmerechts, welche, ähnlich dem englischen City Code, 1982 mit einem selbstregulierenden Übernahmekodex begann und 1995 ins Börsengesetz (BEHG) ausmündete.

Wie ist vor diesem Hintergrund die ÜRL aus schweizerischer Sicht zu beurteilen? Welches sind die Auswirkungen der ÜRL auf die Schweiz und ihre Unternehmen? Lassen sich für die Schweiz inhaltliche Anregungen aus der ÜRL entnehmen? Enthält vielleicht umgekehrt auch das schweizerische Übernahmerecht Lehren für die ÜRL? Diesen Fragen soll im Folgenden nachgegangen werden. Dabei muss notgedrungen eine Beschränkung auf einige besonders interessante Institute und Problemstellungen erfolgen.

II. Extraterritoriale Auswirkungen der ÜRL

1. Anknüpfungsregeln der ÜRL

Bei der ÜRL handelt es sich, nomen est omen, um eine Richtlinie, die von den EU-Mitgliedstaaten bis zum 20. Mai 2006 in nationales Recht umzusetzen war. Der Spielraum der Mitgliedstaaten bei der Umsetzung ist zwar nicht unbeschränkt, aber auch nicht unbedeutend. Damit bleiben wesentliche

1 Vgl. z.B. *Hofstetter*, Corporate Governance in der Schweiz, Bericht im Zusammenhang mit den Arbeiten der Expertengruppe „Corporate Governance", Zürich (economiesuisse) 2002, passim.

nationale Unterschiede möglich. Die Anknüpfungsregeln der ÜRL sind zweigeteilt. Die erste Regel betrifft die grundsätzliche Unterstellung von Unternehmen unter die Richtlinie, die zweite die EU-interne Zuständigkeit der Mitgliedstaaten.

Die Unterstellung unter die ÜRL setzt sachgerecht bei den Zielgesellschaften an. Gemäß Art. 1 ÜRL gilt sie für die „Wertpapiere einer dem Recht eines Mitgliedstaats unterliegenden Gesellschaft, sofern alle oder ein Teil dieser Wertpapiere zum Handel auf einem geregelten Markt … in einem oder mehreren Mitgliedstaaten zugelassen sind". Diese kumulative Anknüpfung an das Gesellschaftsstatut und die Börsenkotierung (dt. „Börsennotierung") in der EU führt im Verhältnis zur Schweiz zu verschiedenen Fragen. Die erste betrifft die Definition des Gesellschaftsstatuts. Die herrschende Auffassung scheint davon auszugehen, dass aufgrund der Rechtsprechung des EuGH zumindest EU-intern die Inkorporationstheorie gilt.[2] Gegenüber Drittstaaten wie der Schweiz besteht dagegen mehr Flexibilität.[3] Wenn deshalb Art. 1 Ziff. 2 i.V. mit Ziff. 3 des deutschen Übernahmerichtlinie-Umsetzungsgesetzes (ÜRL-UG) eine Anwendbarkeit auf Zielgesellschaften „mit Sitz im Inland" vorsieht, so könnten hier im Verhältnis zu Drittstaaten die Grundsätze der Sitztheorie des deutschen internationalen Gesellschaftsrechts zur Anwendung gebracht werden.[4]

Bietergesellschaften unterstehen den Regeln der ÜRL unabhängig von ihrem eigenen Gesellschaftsstatut. Das ist nahe liegend, soweit es ihr Verhältnis zu den der ÜRL unterliegenden Zielgesellschaften und deren Anspruchsgruppen betrifft. Die ÜRL geht jedoch noch weiter, indem auch die

---

2 *Seibt/Heiser*, Analyse der EU-Übernahmerichtlinie und Hinweise für eine Reform des deutschen Übernahmerechts, ZGR 2005, S. 200, 208 ff.; *Nobel*, Die 13. Richtlinie der EU betreffend Übernahmeangebote im Vergleich zur schweizerischen Rechtsordnung, in: Tschäni (Hrsg.), Mergers & Acquisitions VII, Zürich 2006, S. 35.

3 Der Geltungsbereich der nationalen Übernahmerechte kann im Prinzip über denjenigen der ÜRL hinausgehen, vgl. *Seibt/Heiser*, ZGR 2005, S. 200, 203.

4 Vgl. die Hinweise zur deutschen Sitztheorie bei *Seibt/Heiser*, ZGR 2005, S. 200, 205.

Mitteilungspflichten der Bieterin gegenüber ihren eigenen Arbeitnehmern, welche die ÜRL vorsieht,[5] ans Übernahmestatut anknüpfen.[6]

Die EU-internen Kollisions- und Zuständigkeitsregeln stellen die zweite Ebene der Anknüpfungsnormen der ÜRL dar. Sie unterscheiden zwischen dem Marktrecht, welches insbesondere das Angebotsverfahren, den Angebotspreis und den Angebotsprospekt regelt, sowie dem Sitzrecht, welches beispielsweise auf die Verteidigungsmaßnahmen und die Angebotspflicht zur Anwendung kommt.[7] Das Marktrecht knüpft an die Börsenzulassung (Erstzulassung) an, das Sitzrecht dagegen an den gesellschaftsrechtlichen Sitz.

2. *Anknüpfungsregeln des BEHG*

Die Anknüpfungskonzeption des schweizerischen Übernahmerechts ist eine ähnliche wie diejenige der ÜRL. Art. 22 Abs. 1 BEHG sieht vor, dass die Übernahmeregeln des BEHG auf öffentliche Kaufangbote Anwendung finden, welche „Beteiligungen an schweizerischen Gesellschaften" betreffen, „deren Beteiligungspapiere mindestens teilweise an einer Börse in der Schweiz kotiert sind".

Als „schweizerische Gesellschaften" gelten Gesellschaften mit Sitz in der Schweiz. Dabei käme gemäß schweizerischem internationalem Privatrecht die Inkorporationstheorie zur Anwendung.[8] Diese wurde im Fall TAG Heuer aber in Richtung Sitztheorie ausgedehnt.[9] Bei TAG Heuer International SA handelte es sich um eine nach luxemburgischem Recht inkorporierte Gesellschaft, deren Aktien an der Schweizer Börse kotiert waren. Die Eidgenössische Bankenkommission (EBK) argumentierte, TAG Heuer sei als „schweizerische Gesellschaft" im Sinne des BEHG zu qualifizieren und unterstehe folglich dessen Übernahmeregeln. Die Geschichte der Gesellschaft

---

5 Zu diesem sozialschutzrechtlichen Element der ÜRL *Seibt/Heiser*, Analyse des Übernahmerichtlinie-Umsetzungsgesetzes (Regierungsentwurf), AG 2006, S. 301, 306.

6 Z.B. Art. 6 Abs. 1, 2 und Art. 8 Abs. 2 ÜRL.

7 Art. 4 ÜRL.

8 Art. 154 IPRG.

9 Verfügung der Übernahmekammer der Eidgenössischen Bankenkommission vom 30. September 1999 i.S. LVMH Moet Hennessy Louis Vuitton, Paris/TAG Heuer International SA, Luxemburg.

weise „auf die Entwicklung eines ausgeprägt schweizerischen Unternehmens hin", welches 1860 in der Schweiz gegründet worden sei und seinen Sitz erst vor wenigen Jahren ins Ausland verlegt habe. Zudem belegten eine Vielzahl von Tatsachen, dass TAG Heuer von der Schweiz aus geleitet werde und den größten Teil ihrer operativen Aktivitäten in der Schweiz oder von der Schweiz aus betreibe. Die wesentlichen Entscheide würden in der Schweiz gefällt. Im Übrigen trete TAG Heuer bewusst und werbewirksam als schweizerische Gesellschaft in Erscheinung. Auch das unternehmerische Risiko von TAG Heuer liege nicht in Luxemburg, sondern „vornehmlich in der Schweiz". Mit Verweis auf das schweizerische Bankenaufsichtsrecht kam die EBK zum Schluss, dass es vorliegend nicht um privatrechtliche Kollisionsregeln gehe, sondern um Börsenaufsichtsrecht mit dem „primären Zweck, den Anleger zu schützen und die Funktionsfähigkeit der Effektenmärkte zu gewährleisten". Die Unterstellung von TAG Heuer unter die Übernahmeregeln des BEHG stelle eine „angemessene Maßnahme dar, um den vorgegebenen Zweck zu erreichen". Dabei sei auch zu berücksichtigen, dass es darum gehe, „für die Zukunft allfälligen Missbräuchen mittels Sitzverlegung ins Ausland zuvorzukommen".

3. Positive und negative Regelungskonflikte zwischen der ÜRL und dem BEHG

Positive Regelungskonflikte zwischen der ÜRL und dem BEHG sind aufgrund der beidseitigen kumulativen Doppelanknüpfung an den Sitz und die Kotierung im betreffenden Hoheitsgebiet eher unwahrscheinlich. Ein Konflikt wäre immerhin theoretisch denkbar, wenn eine Gesellschaft wie TAG Heuer sowohl in der EU wie in der Schweiz kotiert wäre. Formell käme dann die ÜRL zur Anwendung und gemäß Praxis der EBK grundsätzlich auch das BEHG. Es scheint aber nicht ausgeschlossen, dass der schweizerische Regelungsanspruch in einer solchen Konstellation von den zuständigen Behörden eingeschränkt würde. Zumindest das von der EBK angeführte Umgehungsargument müsste angesichts der Vergleichbarkeit der europäischen mit der schweizerischen Übernahmeregelung entfallen. Es wäre zudem sowohl mit dem Zweck der ÜRL wie mit demjenigen des BEHG vereinbar, wenn bei der Kompetenzausscheidung auf die Erstkotierung abgestellt würde.

Keinen positiven Kompetenzkonflikt löst der Handel mit schweizerischen SMI-Titeln an der Londoner Börse virt-x aus. Dieser die wichtigsten und liquidesten schweizerischen Titel betreffende Zweithandel in der EU unterliegt einem regulatorischen Sonderregime. Die betroffenen Gesellschaften können sich entscheiden, ob sie dem sogenannten „EU regulated segment“ oder dem „UK regulated segment“ angehören wollen. Die ÜRL kommt jedoch nach Auffassung der Schweizer Börse SWX in beiden Fällen nicht zur Anwendung.[10] Dies dürfte zumindest für diejenigen SMI-Gesellschaften unbestritten sein, welche (wie dies heute für alle der Fall ist) in der Schweiz inkorporiert sind.

Praktisch wahrscheinlicher und wohl auch ernsthafter präsentiert sich dagegen die Möglichkeit eines negativen Regelungskonfliktes zwischen ÜRL und BEHG. Er könnte sich einstellen, falls eine Gesellschaft kreuzweise entweder in der EU oder der Schweiz inkorporiert und (ausschließlich) im andern Hoheitsgebiet kotiert wäre. Der Fall TAG Heuer mit seiner an die Sitztheorie gemahnenden ratio decidendi kann zumindest bis zu einem gewissen Grad als Abschwächung dieses negativen Regelungskonfliktes in der einen Konstellation (Kotierung in der Schweiz, Inkorporation in der EU) angesehen werden. Dabei ist vor allem auch an das EBK-Diktum zu erinnern, wonach es unter anderem darum gehe, Umgehungen des BEHG zu verhindern.

Offen ist, wie es sich in der andern Konstellation verhält (Inkorporation in der Schweiz, Kotierung in der EU). Das EU-Recht schließt nicht aus, dass die nationalen Übernahmerechte auch auf diese Fälle zur Anwendung gelangen. Im deutschen ÜRL-UG scheint dafür insofern Raum zu bestehen, als zumindest im Verhältnis zu Drittstaaten wie der Schweiz die Anwendung der Sitztheorie möglich bleibt.[11] Dabei könnten eventuell ähnliche Leitgedanken wie im TAG Heuer-Entscheid der EBK zum Tragen kommen.

---

10 Vgl. Regulatorische Rahmenbedingungen für Emittenten: Handel von SWX-kotierten Firmen an virt-x, SWX/Swiss Exchange 08/05, S. 15.

11 Vgl. oben II.1.

III. Neutralitätspflichten der Unternehmensorgane

1. Verhinderungsverbot gemäß ÜRL

Die Einstellung zu den Verteidigungsmaßnahmen der Unternehmensorgane ist die Glaubensfrage eines jeden Übernahmerechts. Dabei ist sogar der angelsächsische Raum gespalten. Während der englische City Code einer strengen Neutralitätspflicht anhängt,[12] steht den amerikanischen „Boards of Directors" bei der Wahl von Verteidigungsmaßnahmen großes Ermessen zu.[13] Konzeptionell wird dies im Wesentlichen damit begründet, dass die Unternehmensorgane in Stand gesetzt werden sollen, mit einem Bieter aus einer Position der Stärke heraus zu verhandeln, um für die Aktionäre einen möglichst hohen Angebotspreis zu erzielen.[14] Empirische Daten lassen immerhin Zweifel aufkommen, ob diese Theorie im Durchschnitt trägt.[15]

Die kontinentaleuropäische Opposition gegen eine umfassende Neutralitätspflicht der Unternehmensverwaltungen in Übernahmesituationen kommt dagegen eher von national- und sozialstaatlicher Seite. Sie reflektiert die weit verbreitete Skepsis gegenüber der dem Übernahmerecht innewohnenden Hypothese effizienter Kapitalmärkte.[16] Es erstaunt deshalb nicht, dass Art. 9 einen Zankapfel ersten Ranges in der Geschichte der ÜRL darstellte.[17] Die differenzierte Lösung mit der Möglichkeit des opting-out durch die Mitgliedstaaten und des opting-in durch die Gesellschaften gemäß Art. 12 ÜRL stellte damit einen politisch unumgänglichen Kompromiss dar.

Inhaltlich fallen vor allem drei Besonderheiten der Neutralitätspflicht gemäß Art. 9 ÜRL auf: der Inhalt, der Zeitpunkt der Auslösung und das Verbot von Vorratsbeschlüssen. Inhaltlich enthält Art. 9 Abs. 2 ein umfassendes Verhinderungsverbot, indem er anordnet, dass das Leitungs- bzw.

12 The Takeover Code, Rule 21.

13 *Kraakman* et al., The Anatomy of Corporate Law, A Comparative and Functional Approach, Oxford 2004, S. 169.

14 *Kraakman* et al. (vorige Fn.), S. 170 ff.

15 *Bebchuk/Cohen/Ferrell*, What Matters in Corporate Governance?, Discussion Paper No. 491, Harvard Law School 03/2005, S. 6 ff.

16 Vgl. z.B. *Zobl/Kramer*, Schweizerisches Kapitalmarktrecht, Zürich/Genf, 2004, S. 8 ff.

17 Vgl. *Maul/Muffat-Jeandet*, Die EU-Übernahmerichtlinie-Inhalt und Umsetzung ins nationale Recht, AG 2004, Teil I und II, Teil I, S. 221, 222 ff.

Verwaltungsorgan der Zielgesellschaft die Ermächtigung der Hauptversammlung der Aktionäre einholen müsse, bevor es „mit Ausnahme der Suche nach konkurrierenden Angeboten“ Maßnahmen ergreife, „durch die das Angebot vereitelt werden könnte“. Diese Verpflichtung gilt ab dem Zeitpunkt, ab welchem das Leitungs- bzw. Verwaltungsorgan Informationen über das Angebot erhalten hat.[18] Gemäß Art. 9 Abs. 3 dürfen Maßnahmen, welche das Angebot vereiteln könnten, nach diesem Zeitpunkt auch dann nicht durchgeführt werden, wenn sie auf Hauptversammlungsbeschlüssen der Aktionäre beruhen, die früher gefasst wurden. Eine Ausnahme besteht für Maßnahmen des normalen Geschäftsverlaufs.

2. *Die Neutralitätspflicht gemäß BEHG im Vergleich*

Art. 29 Abs. 2 BEHG regelt die Neutralitätspflicht des Verwaltungsrates in allgemeiner Form. Danach darf dieser „von der Veröffentlichung des Angebots bis zur Veröffentlichung des Ergebnisses keine Rechtsgeschäfte beschließen, mit denen der Aktiv- oder Passivbestand der Gesellschaft in bedeutender Weise verändert würde“. Art. 35 der Verordnung der schweizerischen Übernahmekommission (UEV-UEK) spezifiziert auf der Basis von Art. 29 Abs. 3 BEHG zudem Beispiele von Maßnahmen, welche als gesetzeswidrig gelten sollen. Dazu gehören insbesondere der „Verkauf oder Erwerb von Betriebsteilen mit einem Wert oder zu einem Preis von mehr als 10 Prozent der Bilanzsumme“ oder die Vergabe von „golden parachutes“ an Mitglieder des Verwaltungsrates bzw. der obersten Geschäftsleitung. Auch die Ausgabe von Aktien aufgrund genehmigten Kapitals unter Ausschluss des Bezugsrechts der Aktionäre („poison pill“) fällt unter das Verbot. Inhaltlich ist damit die schweizerische Neutralitätspflicht dem Verhinderungsverbot der ÜRL grundsätzlich ähnlich.

Im Vergleich mit Art. 9 ÜRL bestehen immerhin zwei nennenswerte Unterschiede. Erstens kommt die Neutralitätspflicht des BEHG erst ab der Publikation des Angebots zum Tragen. Dabei ist jedoch zu berücksichtigen, dass der Anbieter im schweizerischen Recht die Möglichkeit zur Voran-

18 Die Mitgliedstaaten können diesen Zeitpunkt noch früher ansetzen, beispielsweise bei der Feststellung des Unternehmensorgans, dass ein Angebot unmittelbar bevorsteht.

meldung des Angebots gemäß Art. 7 UEV-UEK hat. Die Neutralitätspflicht beginnt diesfalls mit der Voranmeldung, welche bis zu sechs Wochen vor der Publikation des Angebots erfolgen kann. Die Übernahmekommission entschied zudem im Fall Saia-Burgess[19], dass die in der dortigen Konstellation erfolgte Einräumung von „golden parachutes" kurz vor der Voranmeldung des Angebots eine „offensichtliche Verletzung des Gesellschaftsrechts" darstellte und gemäß Art. 36 UEV-UEK unzulässig sei.

Der zweite Unterschied der schweizerischen Neutralitätspflicht zum Verhinderungsverbot in Art. 9 ÜRL besteht darin, dass Vorratsbeschlüsse gemäß Art. 29 Abs. 2 BEHG ausdrücklich zulässig sind. Art. 34 UEV-UEK statuiert immerhin eine Pflicht zur Anzeige an die Übernahmekommission, falls die Zielgesellschaft Abwehrmaßnahmen irgendwelcher Art einzusetzen gedenkt.

3. *Reziprozitätsregel gemäß ÜRL und Schweizer Bietergesellschaften*

Die dem europäischen Verhinderungsverbot eingebaute Flexibilität ist dreifach. Macht ein Mitgliedstaat von der Möglichkeit des opting-out gemäß Art. 12 Abs. 1 ÜRL Gebrauch, müssen die Unternehmen gemäß Abs. 2 das Verhinderungsverbot statutarisch einführen können. Abs. 3 gibt den Mitgliedstaaten sodann die Option, eine Reziprozitätsregel dergestalt vorzusehen, dass Unternehmen, welche dem Verhinderungsverbot unterstehen, dieses gegenüber Gesellschaften aussetzen können, welche ihrerseits das europäische Verhinderungsverbot nicht anwenden. Basis hiefür muss gemäß Abs. 5 eine Ermächtigung der Hauptversammlung der Aktionäre sein, welche nicht mehr als 18 Monate zurückliegen darf. Das deutsche ÜRL-UG hat die dreifache Flexibilität des ÜRL voll ausgenützt.[20]

Für Schweizer Bietergesellschaften stellt sich vor diesem Hintergrund die Frage, unter welchen Umständen ihnen gegenüber eine deutsche Zielgesellschaft berechtigt wäre, die Reziprozitätsregel anzurufen.[21] Aus der ÜRL

19 Empfehlung V der UEK i.S. Saia-Burgess Electronics Holding AG vom 23. August 2005.

20 Art. 1 Ziff. 16.

21 Gemäß *Meyer*, Änderungen im WpÜG durch die Umsetzung der EU-Übernahmerichtlinie, WM 2006, S. 1135, 1142, soll die Reziprozitätsregel erst recht gegenüber Bietergesellschaften aus Drittstaaten gelten.

selbst lassen sich kaum schlüssige Folgerungen ableiten. Art. 9 Abs. 3 spricht in der deutschen Fassung von der Anwendung „derselben Artikel", was strikte gesehen von einem außerhalb der EU liegenden Unternehmen nicht erfüllt werden könnte. Anderseits ist Sinn und Zweck der Reziprozitätsregel die Sicherstellung eines „level playing field"[22], welches beispielsweise auch die Möglichkeit der Lancierung eines Angebots der Zielgesellschaft für die Bietergesellschaft einschließen müsste („Pac Man Defense"). Diese Voraussetzung erfüllt aber die Neutralitätspflicht gemäß BEHG. Die Unterschiede zwischen ÜRL und BEHG in Bezug auf den zeitlichen Eintritt der Neutralitätspflicht oder die Möglichkeit von Vorratsbeschlüssen scheinen nicht derart gravierend, dass nicht von einer im Wesentlichen bestehenden Gleichwertigkeit gesprochen werden könnte.[23] Dies müsste zumindest dann gelten, falls eine Schweizer Bietergesellschaft nachweist, dass bei ihr in concreto keine Vorratsbeschlüsse in Kraft sind.

Der durch das ÜRL-UG neu eingefügte § 33c Abs. 2 WpÜG scheint sprachlich Raum zu lassen für eine Auslegung im Sinne der vorangehenden Überlegungen, indem von einer „dieser Bestimmung entsprechenden Regelung" die Rede ist. Im Übrigen wäre zu prüfen, ob nicht internationale Vereinbarungen der EU und ihrer Mitgliedländer mit der Schweiz die Verpflichtung beinhalten, die Reziprozitätsklausel diskriminierungsfrei anzuwenden. Zu denken ist dabei insbesondere an das GATS[24], andere für den Direktinvestitionsbereich geltende Instrumente[25] sowie die Diskriminierungsverbote in bilateralen Verträgen zwischen der EU bzw. ihren Mitgliedstaaten und der Schweiz.[26]

---

22 Vgl. z.B. *Maul/Muffat-Jeandet*, AG 2004, S. 221, 224.

23 Anderer Meinung *Nobel/Drenckhan*, Ein deutscher und europäischer Blick auf Unternehmensübernahmen in der Schweiz, WM 2006, S. 1129, 1134.

24 So auch *Seibt/Heiser*, ZGR 2005, S. 200, 235; und *dies.*, AG 2006, S. 301, 312 f., sowie *Maul/Muffat-Jeandet*, AG 2004, S. 306, 313.

25 Vgl. z.B. OECD, National Treatment for Foreign-Controlled Enterprises, Paris 2005.

26 Vgl. *Thürer/Weber/Zäch* (Hrsg.), Bilaterale Verträge Schweiz-EG, Zürich 2002, S. 31 f.; das Diskriminierungsverbot gilt im Verhältnis Schweiz-EU jedoch nicht generell, vgl. z.B. das Urteil des EUGH i.S. Fidium Finanz AG vom 3.10.2006 (Rs C-452/04).

IV. Durchbruchsregel

1. Allgemeines

Die Durchbruchsregel gemäß Art. 11 ÜRL ist die vielleicht interessanteste und innovativste Regel des neuen europäischen Übernahmerechts. Sie kann als Pendant des Verhinderungsverbots auf der Ebene der Aktionäre gesehen werden. In ihrem Eingriff in die Aktionärsautonomie zum Schutz der Aktionärsinteressen liegt aber zugleich ihre besondere Problematik. Ihr Verdienst liegt anderseits in der Tatsache, dass sie das Dogma des „one share one vote" in differenzierter Weise umzusetzen versucht. Zu diesen Differenzierungen gehört die unterschiedliche Durchbrechung verschiedenster Stimmrechts- und Übertragungsbeschränkungen in den einzelnen Phasen des Übernahmeprozesses. Auch die bereits im Zusammenhang mit dem Verhinderungsverbot genannten opting-out, opting-in und Reziprozitätsregeln zählen dazu.

2. Einzelheiten zum Inhalt

Die Durchbruchsregel greift, nachdem ein Angebot bekannt gemacht worden ist. Übertragungsbeschränkungen, welche in der Satzung (schweiz. „Statuten") vorgesehen sind oder welche nach dem 30.3.2004, d.h. nach der Verabschiedung der ÜRL, in Aktionärbindungsverträgen vereinbart wurden, kommen während der gesamten Angebotsfrist nicht mehr zur Anwendung.[27]

Eine entsprechende Regelung gilt für satzungsmäßig vorgesehene oder nach dem 30.3.2004 vertraglich vereinbarte Stimmrechtsbeschränkungen. Sie entfalten in der Hauptversammlung (schweiz. „Generalversammlung"), welche während der Angebotsfrist über Abwehrmaßnahmen beschließt, keine Wirkung. Wertpapiere mit Mehrfachstimmrechten berechtigen lediglich zu einer Stimme.[28] Nicht als Stimmrechtsbeschränkungen gelten allerdings stimmrechtslose Beteiligungspapiere (schweiz. „Partizipations- und Genussscheine"), da sie gemäß Art. 2 Abs. 1 lit. e) ÜRL keine Wertpapiere sind.

27 Art. 11 Abs. 2 ÜRL.
28 Art. 11 Abs. 3 ÜRL.

Ebenso ausgenommen sind Vorzugsaktien[29] sowie „golden shares"[30], soweit solche EU-rechtlich überhaupt als zulässig betrachtet werden können.[31]

Analoge Regeln gelten in der ersten Hauptversammlung der Aktionäre, welche vom Bieter nach Angebotsschluss einberufen wurde, um die Satzung zu ändern oder um Mitglieder der Leitungs- bzw. Verwaltungsorgane zu ernennen oder abzuberufen. Voraussetzung für den Durchbruch ist diesfalls aber, dass der Bieter 75% oder mehr des stimmberechtigten Kapitals an der Zielgesellschaft hält.[32]

Art. 11 Abs. 5 ÜRL legt fest, dass der Entzug von Rechten aufgrund der Durchbruchsregel zu entschädigen sei. Die Mitgliedstaaten bestimmen die Entschädigungskriterien. § 33 b Abs. 5 WpÜG verpflichtet den Bieter zu einer angemessenen Entschädigung, soweit die durchbrochenen Rechte vor der Publikation des Angebots begründet wurden und der Zielgesellschaft bekannt waren.

3. Opting-out, opting-in, Reziprozität

Die Möglichkeiten des opting-out, opting-in und der Reziprozität im Rahmen der Durchbruchsregel sind dieselben wie im Zusammenhang mit dem Verhinderungsverbot.[33] Das deutsche Recht hat sich auch hier für das opting-out entschieden, verbunden mit der Möglichkeit der Unternehmen zu einem satzungsmäßigen opting-in sowie der Anwendung von Reziprozität.[34]

Die Liberalisierungen des Verhinderungsverbots und der Durchbruchsregel in Art. 12 ÜRL hängen entstehungsgeschichtlich eng zusammen. Diejenigen Staaten, welchen es vor allem um die Möglichkeit von Schutzmaßnahmen auf Aktionärsebene ging, machten ihre Zustimmung zur Flexibilisierung von Schutzmaßnahmen auf der Ebene der Unternehmensverwaltung offenbar von solchen bei der Durchbruchsregel abhängig und umgekehrt.[35] Das regulatorische Ergebnis ist ein rechtliches „Glasperlenspiel"[36],

---

29 Art. 11 Abs. 6 ÜRL
30 A.a.O.
31 Vgl. *Nobel* (oben Fn. 2), S. 51 f.
32 Art. 11 Abs. 4 ÜRL.
33 Art. 12 ÜRL.
34 § 33 b Abs. 1, 33 c Abs. 2 WpÜG.
35 Vgl. *Maul/Muffat-Jeandet*, AG 2004, S. 221, 223 ff.

welches auf den ersten Blick vor allem verwirrend wirkt. Auch die juristische Ästhetik harmonisierter europäischer Regeln blieb auf der Strecke. Und doch gibt es sachliche Gründe froh zu sein, dass der „Brüsseler Leviathan" es nicht schaffte, die Durchbruchsregel zwingend zu erklären.[37]

Erstens setzt die Durchbruchsregel auf der Ebene der Aktionäre an. Sie schränkt dabei nicht nur deren Privatautonomie im Rahmen von Satzungsbeschlüssen und Aktionärbindungsverträgen ein, sondern mutet sich auch zu, in wohlerworbene Rechtspositionen, d.h. bestehende Satzungen einzugreifen. Sie nimmt damit letztlich in Anspruch, die Aktionäre vor sich selber schützen zu müssen. Das lässt sich allenfalls rechtfertigen, falls Indizien für vertragliche Übervorteilungen von Minderheitsaktionären vorliegen oder diese durch nachträgliche Satzungsänderungen opportunistisch diskriminiert wurden.[38] Es ist aber fragwürdig in Situationen, wo beispielsweise bereits die Gründungsstatuten Stimmrechtsbeschränkungen vorsahen und die stimmrechtsmäßig zurückversetzten Aktionäre ihre Titel „sehenden Auges" erwarben, möglicherweise gar mit einem Abschlag. Sachlich adäquater wäre deshalb, Stimmrechtsbeschränkungen generell nur beschränkt zuzulassen und insbesondere ihre nachträgliche Einführung an enge Voraussetzungen zu knüpfen.[39]

Zweitens ermöglicht das opting-out und das damit verbundene Recht zum satzungsmäßigen opting-in flexible Marktlösungen, indem Gesellschaften, bei denen die Durchbruchsregel aus Sicht der Aktionäre Wertsteigerungspotential besitzt, diese zu einem Teil ihrer Corporate Governance machen

---

36 *Weber-Rey*, Modernes Glasperlenspiel-Opt-in/opt-out beim Übernahmerecht, AG 2006, S. R328, passim.

37 In ähnlichem Sinne, aber mit unterschiedlichen Begründungen, *Mülbert*, Make It or Break It: Break-Through Rule as a Break-Through for the European Takeover Directive?, European Corporate Governance Institute, Law Working Paper No. 13/2003, August 2003, passim; *Coates*, Ownership, Takeovers and EU Law: How Contestable Should EU Corporations Be?, Harvard Law School, European Corporate Governance Institute, Law Working Paper No. 11/2003, July 2003, passim.

38 Vgl. *Hofstetter* (oben Fn. 1), S. 24 ff.

39 A.a.O.

können. Andere, beispielsweise börsenkotierte Familiengesellschaften, bei denen dies nicht der Fall ist, können ihre Strukturen dagegen erhalten.[40]

4. *Reziprozität und Schweizer Bietergesellschaften*

Wie beim Verhinderungsverbot stellt sich auch bei der Durchbruchsregel die Frage der Anwendbarkeit des Reziprozitätsvorbehalts auf Schweizer Bietergesellschaften. Die Ausgangslage ist insofern anders, als das schweizerische Recht eine der Durchbruchsregel analoge Bestimmung nicht kennt. Art. 693 Abs. 3 OR sieht zwar Beschlüsse vor, für welche stimmrechtsmäßige Vorrechte außer Kraft gesetzt werden. Diese Situationen sind aber mit denen der Durchbruchsregel nicht kongruent. Letztere ist insofern viel umfassender als sie auch statutarische und sogar vertragliche Übertragungsbeschränkungen abdeckt. Auch die im Rahmen von öffentlichen Übernahmeangeboten zulässigen Bedingungen, wonach die vom Übernehmer erworbenen Aktien im Aktienregister einzutragen seien oder wonach eine bestehende Vinkulierungsregelung der Zielgesellschaft aufzuheben sei,[41] bilden kein vollwertiges Äquivalent der Durchbruchsregel.

Damit bleibt die Frage, ob es möglich sei, dass eine Schweizer Bietergesellschaft die Durchbruchsregel auf andere Art gleichwertig erfüllen könne, beispielsweise über ihre Statuten. Das scheint nicht einfach.[42] Es ist zwar denkbar, dass eine schweizerische Unternehmung in ihren Statuten das Postulat des „one share one vote" konsequent umsetzt. Verschiedene Publikumsgesellschaften haben dies aufgrund marktlicher Gegebenheiten denn auch getan. Vertragliche Übertragungsbeschränkungen lassen sich mittels der Statuten schweizerischer Gesellschaften aber nicht ausschließen. Denkbar wäre allenfalls, dass eine Schweizer Bietergesellschaft nachweisen würde, dass sie eine breit gestreute Aktionärsstruktur aufweist und allfällige Übertragungsbeschränkungen in Aktionärbindungsverträgen deshalb vernachlässigbar seien. Würde der Nachweis der gleichwertigen Erfüllung der

---

40 Vgl. dazu *Hofstetter*, One Size Does Not Fit All, North Carolina Journal of International Law and Regulation, Vol. 31/Spring 2006, S. 597, 648 ff.

41 Vgl. UEK-Empfehlung IV vom 11.4.2001, Sulzer/InCentive; UEK-Empfehlungen vom 16.7. und 27.7.2001, Multipapiers/Baumgartner.

42 Verneinend *Nobel/Drenckhan*, WM 2006, S. 1129, 1134.

Durchbruchsregel durch eine schweizerische Bietergesellschaft hingegen a priori verweigert, stellte sich auch hier die Frage der Verletzung internationaler Verpflichtungen der EU sowie der betroffenen Mitgliedländer.[43]

V. Angebotspflicht

1. Regelung gemäß ÜRL

Art. 5 ÜRL schreibt den Mitgliedstaaten die Statuierung einer Angebotspflicht vor, falls eine Person sich infolge des alleinigen oder gemeinsamen Erwerbs von Aktien „einen bestimmten, die Kontrolle begründenden Anteil an den Stimmrechten" einer Gesellschaft verschafft. Dabei gilt das Erwerbsprinzip, d.h. Auslöser des Pflichtangebots ist ein Erwerbsvorgang.[44] Es obliegt den Mitgliedstaaten, die Prozentschwelle festzulegen, welche als kontrollbegründend anzusehen ist.[45] Gemäß deutschem Recht liegt diese bei 30%.[46] Auch bei den übrigen Modalitäten der Angebotspflicht besteht Gestaltungsspielraum der Mitgliedstaaten, so insbesondere bei den Kriterien für den Angebotspreis.[47] Dieser darf aber grundsätzlich nicht tiefer sein als der höchste Preis, welchen der Erwerber für die Aktien der Zielgesellschaft in den letzten 6 bis 12 Monaten bezahlte. Es wird damit im Prinzip ausgeschlossen, dass der Erwerber einem Mehrheitsaktionär eine Kontrollprämie bezahlt.

2. Regelung gemäß BEHG

Die in Art. 32 BEHG geregelte Angebotspflicht sieht eine Kontrollschwelle bei 33 1/3% vor. Sie kann mittels Erwerbs oder eines vertraglichen bzw. konzernmäßigen Zusammenschlusses von Aktionären überschritten werden. Art. 32 Abs. 2 BEHG und die dazugehörige Verordnung der EBK (BEHV-EBK) statuieren verschiedene Ausnahmen von der Angebotspflicht. Eine

43 Vgl. oben III.3.
44 *Seibt/Heiser*, ZGR 2005, S. 200, 214 f.
45 Art. 5 Abs. 3 ÜRL.
46 § 29 Abs. 2 WpÜG.
47 Art. 5 Abs. 4 ÜRL.

gewisse Flexibilität des Anbieters besteht auch beim Angebotspreis, indem dieser zwar mindestens dem Börsenkurs entsprechen muss, aber bis zu 25% unter dem Höchstpreis liegen kann, welchen der Anbieter während der letzten 12 Monate für Beteiligungspapiere der Zielgesellschaft bezahlte. Vom Pflichtangebot erfasst sind im Gegensatz zur Regelung in der ÜRL aber auch stimmrechtslose Beteiligungsrechte, d.h. Partizipations- und Genussscheine.

Den Hauptunterschied zur ÜRL bilden jedoch die statutarischen Möglichkeiten des opting-up und des opting-out.[48] Das opting-up erlaubt den Aktionären einer Gesellschaft, die Kontrollschwelle mittels Mehrheitsbeschluss bis auf 49% zu erhöhen. Das opting-out ermöglicht ihnen, die Angebotspflicht gänzlich auszuschließen. Von 388 an der Schweizer Börse kotierten Gesellschaften machten bislang 59 vom opting-out Gebrauch, 16 entschieden sich für ein opting-up.[49] Das opting-out lässt sich vor allem bei Gesellschaften mit Mehrheitsaktionären begründen. Es ermöglicht den Hauptaktionären eine Übertragung ihres Aktienpakets unter Sicherung einer Kontrollprämie. Diese wiederum lässt sich als Kompensation rechtfertigen für die ansonsten uneinbringlichen Kontrollkosten und unternehmerischen Beiträge von Mehrheitsaktionären.[50] Die Möglichkeit des opting-out setzt damit Anreize für IPOs durch Gründeraktionäre und liegt folglich im Interesse aller Anspruchsgruppen, einschließlich der Minderheitsaktionäre.[51]

VI. Andienungsrecht

Art. 16 ÜRL sieht ein Andienungsrecht für Minderheitsaktionäre im Anschluss an ein an alle Wertpapierinhaber der Zielgesellschaft gerichtetes Angebot vor.[52] Voraussetzung ist, dass der Anbieter im Anschluss an das Angebot einen Großteil der Stimmrechte hält, welchen die Mitgliedstaaten zwischen 90 und 95% festlegen können. Deutschland hat sich für die 95%-Schwelle entschieden. Das Besondere dieses neuartigen Andienungsrechts als

48 Art. 32 Abs. 1 bzw. 22 Abs. 2 BEHG.

49 Vgl. *Nobel/Drenckhan*, WM 2006, S. 1129, 1131.

50 Dazu eingehend *Hofstetter*, North Carolina Journal of International Law and Regulation, Vol. 31/Spring 2006, S. 597, 639 ff.

51 A.a.O. sowie *Hofstetter* (oben Fn. 1), S. 36 f.

52 Dazu detailliert *Hasselbach*, Das Andienungsrecht von Minderheitsaktionären nach der EU-Übernahmerichtlinie, ZGR 2005, S. 387, passim.

Pendant zum Squeeze-out des Mehrheitsaktionärs ist die Verpflichtung zur Bezahlung eines angemessenen Preises. Ein im Rahmen eines Pflichtangebots offerierter Preis gilt immer als angemessen, ein im Rahmen eines freiwilligen Angebots bezahlter Preis dagegen nur, wenn dieses eine 90%-ige Erfolgsrate aufwies.

Sinn und Zweck eines Andienungsrechts, wie es die ÜRL vorschreibt, liegen wohl darin, dass Minderheitsaktionäre, welche sich nach einem Angebot überraschend in einer marginalen und illiquiden Position sehen,[53] die Möglichkeit erhalten sollen, doch noch auszusteigen.[54] Dies insbesondere dann, wenn der Preis des vorangehenden (freiwilligen) Angebots unangemessen war.

Das Andienungsrecht der ÜRL ist dem BEHG fremd. Dieses kennt aber zwei Vorschriften, welche der in der ÜRL anvisierten Interessenlage der Minderheitsaktionäre zumindest zum Teil in ähnlicher Weise gerecht werden. Freiwillige Angebote, welche zu einer Überschreitung der Kontrollschwelle von Art. 32 BEHG führen, haben gemäß Art. 10 Abs. 5 UEV-UEK die Preisvorschriften für Pflichtangebote zu beachten. Damit ist auch bei freiwilligen Angeboten üblicherweise ein Mindestpreis garantiert. Zudem besteht gemäß Art. 27 Abs. 2 i.V. mit Art. 45 UEV-UEK bei jedem öffentlichen Angebot eine Pflicht, nach Ablauf der Angebotsfrist das Zwischenergebnis zu publizieren und eine Nachfrist von 10 Tagen anzusetzen. Damit erhalten Aktionäre die Möglichkeit, erst dann auszusteigen, wenn sich die Gefahr einer extremen Minorisierung konkretisiert.

VII. Fazit

Die ÜRL enthält aus Sicht der außerhalb der EU liegenden Schweiz einige interessante Anregungen. Prima facie üben vor allem die dem BEHG bisher nicht bekannten Institute der Durchbruchsregel und des Andienungsrechts eine gewisse Faszination aus. Als zwingende Norm vermag die Durchbruchsregel einer konzeptionellen Überprüfung jedoch nicht stand zu halten. Es

---

53 *Seibt/Heiser*, AG 2006, S. 301, 320, sprechen deshalb von einer „Zaunkönigregelung".

54 Es handelt sich letztlich um ein „Gefangenendilemma"-Problem; zu stark schutzrechtlich argumentierend dagegen *Hasselbach*, ZGR 2005, S. 387, 390 f.

erscheint deshalb sachgerecht, dass das deutsche Recht sich für ein opting-out entschieden hat. Das Andienungsrecht wäre evtl. auch für das schweizerische Recht überprüfenswert, jedoch nicht dringend.

Die ÜRL enthält aus Sicht der Schweiz überdies direkte Berührungspunkte. Diese liegen einerseits in der Ausscheidung der Regelungsansprüche der ÜRL und des BEHG. Positive Regelungskonflikte scheinen dabei eher unwahrscheinlich, negative dagegen sind möglich. Teleologische Rechtsauslegungen der jeweiligen Übernahmerechte im Stile der TAG Heuer-Entscheidung der EBK könnten diese Lücken aber schließen.

Berührungspunkte ergeben sich auch auf Grund der Anwendbarkeit der ÜRL auf schweizerische Bietergesellschaften in der EU. Dabei sollten aus heutiger Sicht eigentlich kaum Probleme entstehen. Potentiellen Zündstoff enthält immerhin die Reziprozitätsregel in Art. 12 ÜRL, welche im Zusammenhang mit dem Verhinderungsverbot und der Durchbruchsregel auch ins deutsche Recht Eingang gefunden hat. Die Praxis wird zeigen, ob diese möglicherweise diskriminierend gegen schweizerische Bietergesellschaften eingesetzt werden. Die Frage könnte dann auch eine staatsvertragliche Dimension annehmen.

Im Übrigen fällt auf, dass die innovative und inzwischen bewährte opting-out Lösung des BEHG im Zusammenhang mit der Angebotspflicht keinen Eingang in die ÜRL gefunden hat. Das ist aus sachlicher Sicht zu bedauern. Ihrerseits innovativ und sachlich überzeugend ist dafür die opting-out bzw. opting-in Lösung zur Durchbruchsregel der ÜRL. So wie seinerzeit die opting-out Lösung zur schweizerischen Angebotspflicht war auch sie kein Ergebnis konzeptioneller Expertenarbeit, sondern Resultat politischer Dialektik. Hegels „List der Vernunft“ scheint sich zweimal durchgesetzt zu haben.

Übernahmerecht im Gefolge der EU-Übernahmerichtlinie: Österreich

Professor Dr. *Peter Doralt* Vorsitzender der Übernahmekommission, Wien, Wirtschaftsuniversität Wien

I. Übernahmerecht – eine „politische“ Gesetzgebungsmaterie

Nur selten ist eine Gesetzgebungsmaterie, die dem klassischen Zivil-, Unternehmens- oder Gesellschaftsrecht zuzuordnen ist, in der Politik besonders umstritten. Das Übernahmerecht ist eine Ausnahme. Das Zustandekommen der Übernahmerichtlinie[1] (ÜbRL) ist dafür ebenso ein beredtes Beispiel wie die Entstehung des Übernahmegesetzes (ÜbG) und die Umsetzung der Richtlinie in Österreich.[2] Der vorliegende Beitrag soll zwar vorrangig die Implementierung der Übernahmerichtlinie darstellen; diese versteht man aber nur vor dem Hintergrund der wirtschaftlich wichtigen Ereignisse und der politisch geprägten Entwicklung der öffentlichen Diskussion.

Wie in ganz Europa stand auch in Österreich die Umsetzung der Übernahmerichtlinie ab 2005 auf der Agenda.[3] Der österreichische Gesetzgeber hat sich jedoch nicht darauf beschränkt, die durch die ÜbRL notwendigen Anpassungen der Gesetzeslage vorzunehmen; die wesentlichen Änderungen des ÜbG sind vielmehr das Resultat zweier politischer Diskussionen: Die erste in Folge der Übernahme der Creditanstalt, die zweite als Reaktion auf die umstrittene „Böhler-Entscheidung" der Übernahmekommission.[4]

II. Grundzüge und Besonderheiten der bisherigen österreichischen Rechtslage

1. Entstehungsgeschichte

Anlass für das bis zur Richtlinie geltende österreichische Gesetz war die feindliche Übernahme der Creditanstalt (CA) durch die Bank Austria AG (BA), die am 23. Dezember 1996 publik wurde, den politischen Weihnachtsfrieden in der rot-schwarzen Koalition kräftig störte und beinahe zu Neuwahlen geführt hätte.[5] Der politische Streit rührte daher, dass die BA, die ihre

---

1 Richtlinie 2004/25/EG des Europäischen Parlaments und des Rates vom 21. April 2004 betreffend Übernahmeangebote, Amtsblatt Nr. L 142 vom 30. April 2004, S 12.

2 Dazu im Einzelnen II.1. und III. Bei der Implementierungsnovelle stand politisch das EU-rechtlich fragwürdige Argument der Förderung österreichischer Kernaktionäre im Vordergrund. Beim ersten Anlauf ist die Übernahmerichtlinie im Europäischen Parlament gescheitert, da es bei der Abstimmung zur Stimmengleichheit kam.

3 Die Frist hierfür endete am 20. Mai 2006.

4 Und eine „Zwischen"-Entscheidung des österreichischen VfGH.

5 Vgl. hierzu z.B. *Doralt/Winner*, ecolex 1997, 936; *Hausmaninger/Herbst*, ÖBA 1997, 911; *Dorda*, ecolex 1998, 843.

historischen Wurzeln in der Zentralsparkasse, einer Gemeindesparkasse der Stadt Wien, und der Österreichischen Länderbank AG hatte, traditionell der sozialdemokratischen Einflusssphäre zugerechnet wurde; hingegen wurde die Creditanstalt, ehemals eine Rothschild Bank, die erstmals durch die große Aktien- und Bankenkrise 1929-31 in Staatsbesitz geraten war, seit 1946 dem „bürgerlichen Lager“ zugerechnet. In der Bank Austria dominierte (über eine Sparkassenstiftung) die seit Kriegsende sozialdemokratisch regierte Stadt Wien, in der Creditanstalt die Republik Österreich.

Der Streubesitz hatte nur unbedeutenden Einfluss. Es war verständlich, dass es der konservative Juniorpartner in der Regierung den sozialdemokratischen Entscheidungsträgern[6] übel nahm, dass sie die Staatsbeteiligung an der bis dahin „schwarzen“ CA überfallsartig an den „roten“ Konkurrenten verkauft hatten. Zunächst konnte man leicht kritisieren, dass der Verkauf des Aktienpakets von einer öffentlichen Hand an die ebenfalls durch die öffentliche Hand beherrschte Bank Austria keine echte Privatisierung war. Vor allem wurde aber von der bürgerlichen österreichischen Volkspartei (ÖVP) kritisiert, dass die Gleichbehandlung der Streubesitzaktionäre auf der Strecke geblieben war, weil die Bank Austria diesen zunächst überhaupt kein Kaufangebot, später ein weniger gutes und nur für sehr „kleine“ Streubesitzer machen wollte.

In einer zur Bereinigung der Koalitionskrise zwischen den beiden Regierungsparteien getroffenen Koalitionsvereinbarung wurde bestimmt, dass zum Schutz der Minderheitsaktionäre ein Übernahmegesetz zu schaffen sei, das vor allem die Gleichbehandlung der Aktionäre gewährleisten sollte. Zwar war die Notwendigkeit der Regulierung von Übernahmeangeboten in Österreich auch bereits zuvor diskutiert worden, doch waren es erst die Vorgänge um die CA-Übernahme, die einen dahingehenden politischen Grundkonsens bewirkten. Diesen politischen Konsens über die Eckpfeiler der zu erlassenden Übernahmeregelung konnte auch der sich im Zuge der Gesetzgebungsarbeiten aufbauende Widerstand der politisch einflussreichen Kernaktionäre bzw. ihrer Interessenvertretungen nicht mehr aus den Angeln heben. Immer-

6 Das waren Bundeskanzler Dr. Franz Vranitzky, der selbst vor seiner Politikerkarriere im Vorstand der Creditanstalt und Generaldirektor der Länderbank gewesen war, und Finanzminister Dkfm. Ferdinand Lacina, später Generaldirektor der Girokredit.

hin gelang es ihnen aber, den Gleichbehandlungsgrundsatz wesentlich zu verwässern.

Der Kompromiss führte schließlich zu einem umfassend vorbereiteten Gesetz, das im Grundgedanken ganz dem englischen Vorbild[7] des City Codes folgte, aber auch die Schweizerischen Regeln,[8] den damals in Deutschland angewendeten freiwilligen Kodex und die Erfahrungen anderer europäischer Länder berücksichtigte. Das amerikanische Recht wurde zwar ebenfalls analysiert, erlangte aber nur für Einzelfragen Bedeutung.[9] Neben einzelstaatlichen Vorbildern fanden auch die Bestimmungen des damals aktuellen Richtlinienvorschlags (RLV)[10] Eingang in die österreichische Regelung. Insbesondere wurden der Verwaltung nach Bekanntwerden der Übernahmeabsicht keine Verteidigungsmaßnahmen gestattet. Das österreichische Übernahmegesetz wurde 1998 verabschiedet und trat am 1.1.1999 in Kraft.

Zusammenfassend: Das ursprüngliche ÜbG 1999 folgte im Wesentlichen dem englischen Vorbild und bezweckte vor allem den Schutz der Minderheitsaktionäre.

2. *Anwendungsbereich*

In seinem *sachlichen* Anwendungsbereich ging das Gesetz bewusst über den Anwendungsbereich des Richtlinienvorschlags hinaus: Zum einen wurden auch einfache öffentliche Erwerbsangebote (ohne Kontrollwechsel) dem ÜbG (§ 1 Abs. 1) unterworfen,[11] um auch hier die Gleichbehandlung der Aktionäre zu gewährleisten. Die Sonderregeln des Pflichtangebots nach österreichischem Recht sind daher immer vor dem Hintergrund der allgemeinen Regeln

---

7 City Code on Takeovers and Mergers.

8 Art. 22-33 des schweizerischen Bundesgesetzes über die Börsen und den Effektenhandel (BEHG), AS 1997, 68.

9 Vgl. z.B. die Materialien zu § 2 ÜbG, ErlRV 1276 BlgNR XX. GP, abgedruckt in: *Huber/Löber*, Übernahmegesetz-Kommentar (1999).

10 Vorschlag 1997, der nach zahlreichen Umarbeitungen 2002 im europäischen Parlament bei Stimmengleichheit scheitern sollte.

11 Das verursachte eine unglückliche Terminologie, weil der Begriff „Übernahmeangebote" (Angebote) nach § 1 Abs. 1 *alle* öffentlichen Kauf- und Tauschangebot für Aktien erfasste und der Begriff „Freiwillige öffentliche Übernahmeangebote" (Überschrift von Teil 2) ebenfalls nicht die Absicht einen Kontrollwechsel herbeizuführen erfordert.

über öffentliche Angebote zu verstehen. Dies war schon deshalb geboten, weil andernfalls die Umgehung der Pflichtangebotsregeln durch Vorschalten des privaten Verkaufs des Kernaktionärspakets noch leichter gewesen wäre.

Zum andern wurden von vornherein alle Wertpapiere mit Substanz- oder Gewinnbeteiligung in den übernahmerechtlichen Schutz einbezogen. Neben Stammaktien waren daher auch Vorzugsaktien ohne Stimmrecht, Genussscheine, Partizipationskapital und sogar Wandelschuldverschreibungen und zum Teil auch Optionen zwingend Gegenstand des Pflichtangebots. Diese Besonderheiten wurden auch bei der jüngsten Novellierung beibehalten.

Der *persönliche* Anwendungsbereich des ÜbG beschränkte sich ursprünglich auf Aktiengesellschaften, die zum Handel an der Wiener Börse zugelassen waren und ihren Sitz in Österreich hatten. Ohne entsprechende europäische Rechtsgrundlagen hielt man es für sinnlos, auch Gesellschaften mit Sitz im Ausland den österreichischen Vorschriften zu unterwerfen. Das hing nicht zuletzt mit der Frage der Durchsetzung des Übernahmerechtsschutzes in Österreich zusammen. Die Strafvorschriften des ÜbG gelten zwar auch gegenüber ausländischen Bietern, sind aber selbst bei Angeboten für österreichische Gesellschaften nur schwer durchsetzbar. Hingegen lassen sich die zivilrechtlichen Sanktionen, insbesondere die Sanktion des Stimmrechtsverbots bei einer Gesellschaft mit tatsächlichem und satzungsmäßigem Sitz in Österreich leicht durchsetzen. Daher übte sich der Gesetzgeber in vernünftiger Selbstbeschränkung und erfasste nur Gesellschaften, bei denen die österreichischen Entscheidungen auch einigermaßen zuverlässig durchsetzbar waren. Zusätzlich war noch die Notierung an einer österreichischen Börse erforderlich (§ 2). Eine Zielgesellschaft mit ausländischem Sitz, aber Notierung in Wien wurde also im ursprünglichen Gesetz nicht erfasst, selbst wenn sie ihren Sitz in der EU hatte. Das musste nach der Richtlinie geändert werden.

3. Die Übernahmekommission

Als zuständige Behörde wurde die Übernahmekommission (ÜbK) eingerichtet. Sie besteht aus zwölf nebenberuflichen Mitgliedern, und entscheidet in drei Senaten zu je vier Mitgliedern, sowie in einigen wenigen Angelegenheiten auch als Vollversammlung, der alle Mitglieder angehören. Die Mitglieder, welche die erforderlichen Kenntnisse auf dem Gebiet des Kapitalmarkt- und Wertpapierwesens, des Gesellschaftsrechts oder der Unternehmensbewertung haben müssen, werden für eine Funktionsperiode von fünf Jahren vom Bundesminister für Justiz in Verbindung mit dem Bundesminister für Finanzen bestellt.

Aus verfassungsrechtlichen Gründen muss jedem Senat ein Richter angehören, weil eine Behörde nur unter dieser Voraussetzung durch ein einfaches Gesetz weisungsfrei eingerichtet werden darf. Für jeden der drei Senate sind weiters zwei Vertreter der großen Sozialpartner vorgesehen, und zwar ein Mitglied, das auf Vorschlag der Wirtschaftskammer und ein Mitglied, das auf Vorschlag der Arbeiterkammer bestellt wird. Bei den drei Senatsvorsitzenden sind die Minister an keine Vorschläge oder Zusatzqualifikationen gebunden. In der Praxis waren die Vorsitzenden bisher Universitätsprofessoren oder (aktive oder pensionierte) Spitzenmanager; auch die Spitzenmanager haben aber einschlägige Universitätskarrieren hinter sich.

Die von den Verbänden vorgeschlagenen Mitglieder sind teils Rechtsanwälte (2) und Wirtschaftsprüfer, pensionierte Spitzenmanager (2) oder lange Zeit als einschlägige Fachreferenten tätige Interessenvertreter (2), einer davon Universitätsdozent.

Der Vorsitzende des 1. Senats ist gleichzeitig Vorsitzender der Behörde selbst sowie der Vollversammlung und hat neben der Tätigkeit in den Senaten auch die laufende Überwachung des Marktgeschehens zu koordinieren, Parteien rechtlich zu beraten und die einzuleitenden Verfahren an die jeweils zuständigen Senate zuzuweisen.

Die Arbeit der ÜbK wird von der Geschäftsstelle, einem kleinen Team von durchschnittlich vier bis fünf Mitarbeitern, unterstützt. Ein nicht unerheblicher Teil der Tagesarbeit liegt in der Erteilung unverbindlicher Rechtsauskünfte durch die Geschäftsstelle. Auch vorbereitende Gespräche zwischen Parteienvertretern und dem Vorsitzenden der ÜbK sind häufig. Auf Wunsch der Parteien werden meistens binnen kurzer Frist vom zuständigen Senat Stellungnahmen abgegeben, die praktisch doch größte Bedeutung haben. In diesem Verfahren wird von den Parteien meist ein konkreter Sachverhalt vorgelegt, der vom Senat beurteilt wird; der Sachverhalt wird ungeprüft zugrunde gelegt, auch die rechtliche Beurteilung ist nicht verbindlich.

4. Prüfung durch Sachverständige

Um der als Aufsichtsbehörde eingesetzten Übernahmekommission ihre Prüfungsaufgabe in der kurzen zur Verfügung stehenden Zeit zu erleichtern, schreibt das ÜbG für Bieter und Zielgesellschaft zwingend die Bestellung eines Sachverständigen vor. Diese Funktion kann in Österreich nicht nur von Investmentbanken, sondern insbesondere auch von Wirtschaftsprüfern wahrgenommen werden, was mittlerweile auch der Regelfall geworden ist.

In der Praxis bringt die Institution des Sachverständigen auf Bieterseite wenig. Die Beratung des Bieters durch den unabhängigen Sachverständigen[12] wird – pointiert gesprochen – so gehandhabt, dass der Sachverständige die Preisüberlegungen des Bieters argumentativ untermauert. Besonders bei freiwilligen Angeboten des Kernaktionärs oder im Einvernehmen mit dem Kernaktionär kam es in der bisherigen Praxis nur einmal zu einem vom Angebot abweichenden Gutachten des Sachverständigen (einer Investmentbank). Die Aufgabe, das Angebot – insbesondere den gebotenen Preis – einer kritischen und unabhängigen Überprüfung zu unterziehen, wird in der Praxis verfehlt. Demgegenüber hat sich die Überprüfung des Angebots des Bieters und der Stellungnahme der Zielgesellschaft durch einen von ihr bestellten Sachverständigen einigermaßen bewährt. In der Sache handelt es sich um eine *fairness opinion*. Zumindest bei feindlichen oder feindlich startenden Übernahmeangeboten trägt der Sachverständige des Bieters zur sachbezogenen Substantiierung bei. Er hat eher als das Management, das nicht selten Sanktionen des Bieters zu fürchten scheint, ausreichende Unabhängigkeit vom Bieter, um diesem zu widersprechen. Sein Rückgrat wird allerdings nach h.L. auch durch Haftung gegenüber den Zielgesellschaftsaktionären gestärkt.

Leider kann auch nicht wahrgenommen werden, dass die beratenden Investmentbanken etwa aus Sorge vor einem Reputationsverlust objektiv zuverlässig argumentieren. Eine ganz advokatorische Haltung ist üblich. Zu beachten ist hierbei auch, dass die Preisvorschriften des ÜbG nur in Ausnahmefällen die Angemessenheit der Gegenleistung im rechtlichen Sinn vorschreiben, sodass es auch nach der Gesetzessystematik eher der Zielgesellschaft und deren Sachverständigen vorbehalten bleibt, ein unangemessen

12 § 9 Abs. 1 1. Satz ÜbG.

niedriges Angebot „abzulehnen“ (siehe dazu gleich unten 6.); die Annahmeentscheidung selbst bleibt auch bei einer negativen Stellungnahme der Zielgesellschaft immer ihren Aktionären vorbehalten.

5. *Materielle Kontrollschwelle und Pflichtangebot*

Eine Kernfrage im Zuge des ursprünglichen und des letzten Gesetzgebungsverfahrens war die Bestimmung der maßgeblichen Kontrollschwelle, ab der allen Mitaktionären verpflichtend ein Übernahmeangebot (Pflichtangebot) zu legen ist. Interessanterweise hatte im ursprünglichen Gesetzgebungsverfahren gerade die Wirtschaft eine Kontrollschwelle von 30% (also einen rein quantitativen Kontrollbegriff) als zu starr abgelehnt. Schließlich entschied man sich im Jahr 1998, im Gesetz lediglich eine Generalklausel festzulegen, nach der eine kontrollierende Beteiligung dann vorliegt, wenn sie die Möglichkeit vermittelt, auf die Zielgesellschaft einen beherrschenden Einfluss auszuüben.

Dieser materielle Kontrollbegriff basierte auf der gefestigten Auffassung im österreichischen und deutschen Gesellschafts- und Konzernrecht, nach der es auf die realen Hauptversammlungsmehrheiten und die allenfalls maßgeblichen Satzungsbestimmungen ankommt. Ergänzend dazu beauftragte das Gesetz die ÜbK damit, eine konkretisierende Verordnung zu erlassen, in der durch Festlegung von Vermutungstatbeständen auch dem Erfordernis der Rechtssicherheit genüge getan werden sollte. Als Kriterien für die in der Verordnung vorgesehenen Kontrollvermutungen legte der Gesetzgeber neben der Höhe des Beteiligungsbesitzes die sonstige Streuung des stimmberechtigten Kapitals, die in der konkreten AG üblichen Hauptversammlungspräsenzen sowie allfällige Sonderbestimmungen in der Satzung, insbesondere Höchststimmrechte[13], fest.

Die schließlich im Verordnungsweg bestimmten Schwellen, ab der die Kontrolle vermutet wurde, betrugen 20% für den Fall, dass das Kapital weitgehend gestreut war[14] und die Beteiligung nach den beobachteten Hauptversammlungspräsenzen üblicherweise eine Mehrheit vermitteln würden. Ansonsten wurde ab 30% vermutet, dass die Beteiligung die Kontrolle zu ver-

---

13 Mehrstimmrechte sind in Österreich schon seit 1965 verboten, stimmrechtslose Vorzugsaktion jedoch zulässig.

14 Vgl. § 3 Abs. 2 1. ÜbV.

mitteln vermochte. Da es sich bei beiden Schwellen bloß um Vermutungen handelte, war eine Widerlegung grundsätzlich möglich, wobei eine demonstrative Aufzählung die typischen Fälle umschrieb, in denen trotz tatbestandsmäßiger Beteiligung im Einzelfall doch keine Beherrschungsmöglichkeit gegeben war.

In aller Regel war sehr verlässlich feststellbar, ob der Erwerb einer bestimmten Beteiligungshöhe auch mit der Möglichkeit der Beherrschung verbunden war. Dies lässt sich durch die wirtschaftlichen Mechanismen hinter dem *market for corporate control* einfach erklären: Der Wechsel der Kontrolle über ein Unternehmen ist in der Praxis nicht etwa das Resultat eines glücklichen Zufalls. Meist hat der Aktionär einen angemessenen Preis für die Beherrschungsmöglichkeit oder deren Verfestigung bezahlt, meistens ist das Verhalten eines Großaktionärs, der Beherrschung ausüben kann, darauf gerichtet, von der Beherrschungsmöglichkeit auch Gebrauch zu machen. Die noch darzustellende Neuerung eines fixen Schwellenwertes von 26% bzw. 30% ermöglicht in Österreich jetzt, eine konzernmäßige Kontrolle real auszuüben, ohne ein Pflichtangebot machen zu müssen. Der Kernaktionär muss nur unter der neuen 26% bzw. 30% Schwelle bleiben. Diese Beteiligung genügt in aller Regel, die reale Beherrschung auszuüben, ohne sich der Konzerneingangkontrolle des ÜbG zu unterwerfen. Im Hinblick darauf hat die Übernahmekommission im Gesetzgebungsverfahren europarechtliche Bedenken geäußert.

6. Gegenleistung

Bei Bestimmung der beim Pflichtangebot zu bietenden Gegenleistung bestimmt das ÜbG zwei kumulativ einzuhaltende Untergrenzen. Der Pflichtangebotspreis muss zumindest dem höchsten vom Bieter innerhalb der letzten zwölf Monate gebotenen Preis entsprechen und darf gleichzeitig nicht unter dem durchschnittlichen Börsekurs während der letzten sechs Monate vor dem Kontrollwechsel liegen. Dadurch wird gewährleistet, dass der Bieter den Minderheitsaktionären immer den höchsten von ihm im letzten Jahr vor Kontrollerwerb gezahlten Preis bezahlen muss; bei Aufbau des Pakets durch Börsegeschäfte zahlt er den höchsten Einzelpreis, bei Erwerb der Beherrschung durch Paketkauf zumindest denselben Preis wie dem Paketaktionär.

Dieses Prinzip wurde bis 2006 jedoch durch eine Besonderheit des österreichischen Übernahmerechts durchbrochen, und zwar dem aus der Schweiz übernommenen Abschlag zum Nachteil der Streubesitzaktionäre. Der so genannte Paketabschlag betrug in Österreich 15%. In diesem Rahmen konnte der veräußernde Kernaktionär die Kontrollprämie für sich alleine einstreifen, die Streubesitzaktionäre konnte der Bieter mit 85% der pro Aktie bezahlten höchsten Gegenleistung abspeisen. Diese systemische Ungleichbehandlung war Ergebnis eines Kompromisses im Gesetzgebungsverfahren und lässt sich dogmatisch kaum mit den Grundsätzen des ÜbG in Einklang bringen.[15] Bemerkenswerterweise hatte diese Regel über den 15%igen Abschlag die Wirkung, dass Kontrollaktionäre mit kleineren Beteiligungen vergleichsweise stärker bevorzugt wurden als solche mit einer großen Kapitalbeteiligung.

Allerdings sah das Gesetz bisher auch die Möglichkeit vor, die Begünstigung der Paketaktionäre durch den 15%igen Paketabschlag mittels Satzungsänderung auszuschließen (*opting-up*). Eine ganze Reihe großer Gesellschaften haben von dieser auch im Corporate Governance Code empfohlenen[16] Möglichkeit Gebrauch gemacht. Darunter waren vor allem ehemals staatliche Unternehmen sowie AGs mit hohem Streubesitz, die durch diese Satzungsbestimmung ihre Attraktivität am Kapitalmarkt steigern wollten. Für diese Gesellschaften galt also schon bisher der Grundsatz absoluter Gleichbehandlung.

Einen etwas anderen Weg ging das ÜbG, um auch bei freiwilligen Angeboten einen angemessenen Preis zu gewährleisten. Zwar waren auch hier von Anfang an der durchschnittliche Börsekurs und die *best price rule* zu beachten, doch fehlt es bei solchen Übernahmeangeboten typischerweise an einer aussagekräftigen Referenztransaktion; der durchschnittliche Börsekurs des letzten Halbjahres ist ohnehin nur im Ausnahmefall ein Indikator für einen angemessenen Übernahmepreis, da er die realisierbaren Synergien und sonstige Erwartungen auf Seiten des Bieters erst berücksichtigt,[17] wenn der Markt

15 Vgl. z.B. *Huber,* ecolex 1997, 763; *Doralt/Winner,* ecolex 1997, 936. Ein sachlicher Grund bestand in der Überlegung, dass das ÜbG 1998 in die bis dahin rechtlich abgesicherte Erwartung des Kernaktionärs eingriff, bei Verkauf einen Paketzuschlag lukrieren zu können.

16 Regel 3 R des ÖCGK.

17 Ausschlaggebend ist der durchschnittliche Börsekurs vor Bekanntgabe der Angebotsabsicht.

den Erfolg eines Übernahmeangebots schon einige Zeit erwartete und „einpreist".

Um auch bei solchen freiwilligen Übernahmeangeboten eine echte Marktbewertung zu erzielen, die in etwa einer Preisverhandlung zwischen einem Verkäufer eines Unternehmens und einem Käufer entspricht, unterliegen – ähnlich wie im UK, aber anders als in Deutschland – freiwillige Angebote von Gesetzes wegen einer Mindestannahmequote von 50%. Dadurch wollte der Gesetzgeber gewährleisten, dass nur ein Bieter, der wenigstens die Mehrheit der Aktionäre von der „Fairness" seines Angebots überzeugt hat, erfolgreich Kontrolle erlangen kann.[18] Erreicht er die 50%-Schwelle nicht, scheitert das Angebot. Ähnlich wie bei einer Auktion zwingt ihn die Regel daher, sein Angebot so lange zu verbessern, bis es die Aktionärsmehrheit für ausreichend attraktiv hält und annimmt.

Da bei dieser Berechnung bisher allerdings auch bereits vor der Angebotsstellung erworbene Aktien in die 50%-Schwelle einberechnet wurden, war dieser „Markttest" in seiner Funktion jedoch nur abgeschwächt wirksam (zur Neuerung siehe unten IV.3).

7. *Acting in Concert*

Im Einklang mit dem Vorbild des City Code enthielt das ÜbG strenge Vorschriften, um auch gemeinsam vorgehende Gruppen bzw. mit dem Bieter gemeinsam vorgehende Rechtträger (*concert parties*) zu erfassen. So führt vor allem auch das bloß abgestimmte Verhalten bereits dazu, dass sich Aktionäre ihre Beteiligungen (und Handlungen) gegenseitig zurechnen lassen müssen. Dies wurde auch im Zuge der Richtlinien-Umsetzung beibehalten; Unterschiede beschränken sich im Wesentlichen auf die Anpassung der Terminologie an den Wortlaut der Richtlinie.

Die Feststellung des gemeinsamen Vorgehens stellt in Österreich, wie wohl überall auf der Welt, nicht nur eine Rechtsfrage dar, sondern vor allem ein Problem der Sachverhaltsermittlung. Für die Wahrheitsfindung sind die Ressourcen der Behörde, die Rechtskultur der Beteiligten, insbesondere der Berater, und die internationale Zusammenarbeit entscheidend.

---

18 Vgl. Bescheid der ÜbK, GZ 2004/3/11-241 (12.11.2004, *VA Tech*), abrufbar unter <www.takeover.at>.

So sind z.B. bei Hinterlegung der Aktien im Ausland, bei Parken von Aktien in Stiftungen, bei Treuhandkonstruktionen, Wertpapieranleihen, Optionen und dergleichen die wahren wirtschaftlichen Verhältnisse häufig nur schwer zu ermitteln und jedenfalls die für ein Strafverfahren notwendigen Beweise oft kaum zu erlangen. Erschwerend kommt hinzu, dass der österreichische Gesetzgeber den Banken gegenüber der Übernahmekommission bis heute die Berufung auf das Bankgeheimnis gestattet. Auskünfte müssen auf dem Umweg über die Finanzmarktaufsicht (FMA) eingeholt werden. Auch bei rein österreichischen Sachverhalten stellt sich die Situation derzeit kaum besser dar, weil die Offenlegung der (wirtschaftlichen) Depoteigentümer nach geltender Rechtslage praktisch nur bei Verdacht auf Insider-Handel[19] zu erreichen ist.

Ohne Verbesserung der Gesetzeslage, ohne europarechtliche Grundlagen und ohne rechtlich verankerte Institutionalisierung der internationalen Zusammenarbeit werden in diesem Bereich erhebliche Durchsetzungsdefizite bleiben. Um diese zu beseitigen, müsste nach meiner Einschätzung die Ermittlung des wirtschaftlichen Eigentümers von Paketen, die z.B. über ein Prozent hinausgehen, einfach durchsetzbar gemacht werden.

Eine in Österreich besonders oft anzutreffende Konstruktion ist die gemeinsame Beherrschung von börsenotierten Unternehmen durch die Parteien eines Stimmbindungsvertrags. Hier war in einer Vielzahl von Fällen zu entscheiden, ob beabsichtigte oder durchgeführte Veränderungen in einem Stimmbindungspool (in Österreich auch Syndikat genannt) auch zu einer Änderung der Beherrschung führen. Dabei zeigte sich am deutlichsten, dass mit dem Abstellen auf eine prozentmäßig festgelegte Schwelle nicht das Auslangen gefunden werden konnte. Oftmals war bei gleich bleibender Beteiligungsstruktur der Ein- oder Austritt eines Syndikatsmitglieds oder auch eine bloße Änderung des Stimmbindungsvertrags zu beurteilen. Auch die schlichte Auflösung eines Poolvertrages spielt eine praktisch bedeutende Rolle, wenn der überbleibende größte Aktionär nunmehr alleine die Beherrschung ausüben

19 Geregelt in §§ 48a ff. BörseG. Die Implementierung der Transparenzrichtlinie (Richtlinie 2004/109/EG des Europäischen Parlaments und des Rates vom 15. Dezember 2004) wird voraussichtlich wenigstens der FMA entsprechende Untersuchungsrechte einräumen und der Übernahmenkommission Nachforschungen durch Amtshilfe der FMA ermöglichen.

kann oder trotz Auflösung des Poolvertrages auch in der Zukunft ein abgestimmtes Verhalten zu vermuten ist.

Wie auch schon bei Beurteilung der Kontrollerlangung durch einen Aktionär, ergab sich in diesen Fällen oftmals schon aus den wirtschaftlichen Interessen der beteiligten Investoren, ob die Änderung des Pools auch die „freien Aktionäre" vor eine neue Beherrschungssituation stellt.

8. *Ausnahmen von der Angebotspflicht*

Nach dem Vorbild des englischen Rechts gab es von dem Erfordernis eines Pflichtangebotes schon bisher Legalausnahmen sowie sogenannte Anzeigetatbestände, die durch Einzelfallentscheidung der Kommission zu einer Befreiung von der Angebotspflicht führen konnten. Die Praxis der Kommission war bei diesen Entscheidungen immer bemüht festzustellen, ob eine Ausnahme ohne Gefährdung von Vermögensinteressen der Streubesitzaktionäre möglich ist und ob allenfalls eine solche Gefahr durch Auflagen erfolgsversprechend entschärft werden kann. Diese Entscheidungsmaxime war auch bereits im Gesetz festgeschrieben, was naturgemäß nichts daran änderte, dass hier erhebliche Ermessensspielräume für die Kommission verblieben.

In der Praxis waren neben der Umstrukturierung von Stimmbindungsverträgen häufig auch Ausnahmen von der Angebotspflicht aufgrund der notwendigen Sanierung der Zielgesellschaft zu erteilen.

III. Der Fall Böhler und das Erkenntnis des österreichischen Verfassungsgerichtshofs; die strukturell niedrige Streubesitzpräsenz in Österreich

Die erwähnte rechtspolitische Debatte betreffend die jüngste Novellierung des Übernahmerechts fand ihren Ausgang in einer umstrittenen Verfahrenseinleitung durch die ÜbK, dem „Fall Böhler".[20] Dieses Verfahren soll daher zum besseren Verständnis kurz dargestellt werden.

---

20 Einleitung eines Verfahrens gem. § 33 ÜbG betreffend die Böhler-Uddeholm AG.

Nach der Teilprivatisierung der Böhler-Uddeholm AG stand das Unternehmen noch zu 25% im Eigentum der Staatsholding ÖIAG. Neben der ÖIAG etablierte sich mit einer Beteiligung von etwas über 25% eine Gruppe („Gruppe Fries")[21] von gemeinsam vorgehenden Investoren, die später zur BU Industrieholding GmbH zusammengefasst wurden; die restlichen Aktien befanden sich im Streubesitz. Im November 2003 veräußerte die ÖIAG ihr 25%-Paket breit gestreut über die Börse, sodass ohne weiteres Zutun die „Gruppe Fries" zum alleinigen Kernaktionär wurde.

Der zuständige Senat untersuchte von Amts wegen, ob durch diesen Vorgang ein Kontrollwechsel eingetreten war, und stellte fest, dass auch die so genannte „passive Kontrollerlangung", also das Erlangen einer beherrschenden Stellung „ohne eigenes Zutun", grundsätzlich von § 22 Abs. 1 ÜbG umfasst ist und daher die Angebotspflicht auslösen kann.

Weiters sah es der Senat als erwiesen an, dass die „Gruppe Fries" die Böhler-Uddeholm AG beherrschte. Dies wurde – ausgehend von dem oben geschilderten materiellen Kontrollbegriff – anhand der real in den vorangegangenen Hauptversammlungen beobachteten Streubesitzpräsenzen von deutlich unter 20% festgestellt.

Diese niedrige Streubesitzpräsenz ist in Österreich keineswegs die Ausnahme, sondern die Regel. Internationale Vergleiche und viele Gespräche zeigen, dass vermutlich die unterschiedlichen Streubesitzpräsenzen in den einzelnen Ländern stark vom Volumen des Auslandsanteils am gestreuten Aktienkapital beeinflusst werden. Da ausländische Aktionäre, insbesondere ausländische institutionelle Investoren, noch weniger als inländische Aktionäre dazu neigen, die Hauptversammlung zu besuchen, sinkt die Präsenz des Streubesitzes mit dem Ansteigen der Quote ausländischer Streubesitzanleger. Der Grund dafür liegt u.a. darin, dass ausländische Investoren auf den regelmäßig stattfindenden Roadshows durch das Spitzenmanagement intensiv informiert werden, sodass die Teilnahme an der Hauptversammlung in Anbetracht der damit verbundenen Kosten in aller Regel nicht zweckmäßig ist.

---

21 An der BU Industrieholding GmbH ist zu fast 50% die Familie Fries beteiligt; s. im Detail hierzu den mittlerweile vom VfGH aufgehobenen Bescheid, GZ 2004/1/9-112, abrufbar unter <www.takeover.at>. Da der Aufbau des Pakets in etwas mehr als einem Jahr ohne größeren Kursanstieg gelang, ist zu vermuten, dass dies durch gezieltes Ansprechen von institutionellen Anlegern (vermutlich mit Unterstützung des Managements) und nicht über die Börse geschah.

Grundsätzlich hätte die Feststellung einer kontrollierenden Beteiligung gleichzeitig auch zur Angebotspflicht führen müssen. Im konkreten Fall wurde jedoch vor allem aufgrund der Art der Kontrollerlangung (passiv!) von Amts wegen von der Angebotspflicht befreit. Diese Befreiung wurde an zwei Auflagen geknüpft:

- Der „Gruppe Fries" wurde ein weiterer Ausbau ihrer Beteiligung für einen bestimmten Zeitraum untersagt.
- Bei Wahlen in den Aufsichtsrat wurde die „Gruppe Fries" verpflichtet, mindestens die Hälfte der Aufsichtsratsmitglieder einschließlich des Vorsitzenden mit von ihr unabhängigen Personen zu bestellen.[22]

Die Qualifikation des Investments als kontrollierende Beteiligung im Sinne des ÜbG führte gleichzeitig auch dazu, dass bei einem möglichen Verkauf der Beteiligung durch die „Gruppe Fries" wiederum ein Kontrollwechsel vorliegen würde und der Käufer daher ein Pflichtangebot abzugeben hätte. Die Entscheidung bewirkte also, dass die neue Kernaktionärsgruppe die beherrschende Stellung zwar fast ohne Belastung erlangt hatte, aber im Fall eines Verkaufs einen allfällig erzielbaren Paketzuschlag zwingend mit dem Streubesitz zu teilen gehabt hätte.

Das Verbot des Hinzuerwerbes und die Verpflichtung zur Bestellung unabhängiger Aktionärsvertreter in den Aufsichtsrat sind insgesamt wohl nicht als strenge Konsequenz zu beurteilen, wenn man die Argumentationslinie des ohne eigenes Zutun zum Kontrollaktionär gewordenen Beteiligungsbesitzers berücksichtigt. Die Auflagen des Senates zwangen die „Gruppe Fries" lediglich dazu, die ihr angeblich unbeabsichtigt und ungewollt „in den Schoß gefallene" Beherrschungsmöglichkeit bei Wahlen in den Aufsichtsrat nicht völlig frei auszuüben. Die Auflage, zur Hälfte unabhängige Aufsichtsratsmitglieder zu bestellen, änderte nichts am beherrschenden Stimmrecht der kontrollierenden Gruppe bei der Wahl dieser Aufsichtsratsmitglieder. Nach der Entscheidung der Übernahmekommission konnte also die Kernaktionärsgruppe ungehindert unabhängige Aufsichtsrats-Mitglieder ihres Vertrauens bestellen.

22 Hierbei sollte vor allem die Empfehlung der Kommission vom 15. Februar 2005 zu den Aufgaben von nicht geschäftsführenden Direktoren/Aufsichtsratsmitgliedern/börsennotierter Gesellschaften sowie zu den Ausschüssen des Verwaltungs-/Aufsichtsrats, Amtsblatt Nr. L 52 vom 25. Februar 2005, S. 51 beachtet werden.

Dennoch löste das Erkenntnis heftige Kritik seitens der betroffenen Investorengruppe und bald darauf auch von Seiten der Bundesregierung sowie der Vereinigung österreichischer Industrieller aus. Es wurde gefordert, das ÜbG unverzüglich zu novellieren und den materiellen Kontrollbegriff durch eine rein quantitativ bestimmte starre Kontrollschwelle von 30% zu ersetzen. In der öffentlichen Diskussion spielte es eine große Rolle, dass Böhler-Uddeholm bis dahin als Musterfall einer gelungenen Privatisierung galt, in welcher ein österreichischer Kernaktionär die Beherrschung erlangt hatte. Die Bundesregierung und die Industriellenvereinigung sahen in der Rechtsauffassung der Übernahmekommission eine Fehlinterpretation des Gesetzes, die zugunsten österreichischer Kernaktionäre korrigiert werden müsse.

In der Folge wurden die Anliegen in die ohnehin angelaufene Vorbereitung der Implementierung der 13. Richtlinie eingebracht. Es ist nicht verwunderlich, dass der Gesetzgebungsprozess von dem Verfahren überschattet war. Die Entscheidung der Übernahmekommission wurde zudem von der „Gruppe Fries“ und von Kleinaktionären vor dem Verfassungsgerichtshof (VfGH) angefochten, der aus diesem Anlass eine amtswegige Prüfung der Verfassungsmäßigkeit der übernahmerechtlichen Bestimmungen einleitete. In seinem Einleitungsbeschluss äußerte der VfGH vor allem Bedenken hinsichtlich der ausreichenden Bestimmtheit des übernahmerechtlichen Kontrollbegriffs, wobei diese Bedenken im endgültigen Erkenntnis nicht mehr weiterverfolgt wurden, sowie an der Verordnungskompetenz der ÜbK.

Das Übernahmerechts-Änderungsgesetz (ÜbRÄG) trat am 9. Juni 2006 rückwirkend zum 20. Mai 2006 in Kraft. Obwohl eine endgültige Entscheidung des Verfassungsgerichtshofs in der Sache selbst noch nicht vorlag, wurde den vom Gerichtshof erhobenen Bedenken weitgehend Rechnung getragen. Politisch wirkte sich also der Einleitungsbeschluss des VfGH genau so wie ein Erkenntnis des VfGH über den materiellen Kontrollbegriff aus, obwohl das Erkenntnis selbst später nur die Verordnungskompetenz der Übernahmekommission aufhob.

IV. Die Änderungen des ÜbG zwecks Anpassung an die 13. Richtlinie

1. Kontrollschwelle und Ausnahmen vom Pflichtangebot

Die bedeutendste Änderung des ÜbG betraf also die Kontrollschwelle und steht in keinem unmittelbaren Zusammenhang mit der Umsetzung der Übernahmerichtlinie. Das bisherige flexible System wurde von einer starren Kontrollschwelle abgelöst, die bei 30% festgelegt wurde. Eine kontrollierende Beteiligung, deren Erwerb zur Angebotspflicht führt, liegt nach der Gesetzesdefinition daher erst ab Überschreiten dieser Schwelle vor; darunter befindet sich ein Kernaktionär im „*safe harbour*", selbst dann, wenn er im konkreten Fall mit seinem Paket die AG eindeutig beherrscht.

Unberührt blieb die Regel, dass das „Erlangen" der kontrollierenden Beteiligung bereits ausreicht, um die Angebotspflicht auszulösen. Somit ist es nicht erforderlich, dass Aktien hinzuerworben werden; die Angebotspflicht kann daher z.B. auch durch Abschluss oder Auflösung eines Stimmbindungsvertrags, durch Umgründungsmaßnahmen oder auch durch eine Kapitalherabsetzung ausgelöst werden.

Trotz der nun klar ziffernmäßig festgelegten Kontrollschwelle ist die Prüfung des materiellen Kontrollwechsels weiterhin häufig erforderlich. Das gilt schon bei jedem Überschreiten der 30%-Schwelle. Denn nach dem Sinn des Gesetzes brauchen natürlich Aktionäre, die trotz eines Beteiligungsbesitzes von über 30% im konkreten Fall über keine Beherrschungsmöglichkeit verfügen, kein Pflichtangebot zu legen. Die Übertragung eines Pakets von über 30% führt auch dann nicht zur Angebotspflicht, wenn die Beherrschungssituation – wie etwa bei Übertragungen innerhalb eines Konzerns – letztlich unverändert bleibt. Um das zu vermeiden, wird auf Ebene der Rechtsfolgen eine entsprechende Korrektur vorgenommen, die letztlich auf dem materiellen Kontrollbegriff basiert.

Gemäß § 24 Abs. 1 ÜbG ist demnach kein Pflichtangebot zu stellen, wenn die erlangte „kontrollierenden Beteiligung" (= von über 30%) im zu beurteilenden Fall keinen beherrschenden Einfluss vermittelt. § 24 Abs. 2 ÜbG enthält eine demonstrative Aufzählung von Fällen, in denen diese Voraussetzung erfüllt ist. Die naheliegendste Situation ist in Z 1 geregelt, nämlich das Bestehen einer höheren Beteiligung eines anderen Aktionärs.

Gemäß Z 2 muss weiters kein Pflichtangebot gelegt werden, wenn die Beteiligung „aufgrund der *üblichen Anwesenheit* der anderen Aktionäre in der Hauptversammlung [...] *nicht die Mehrheit der Stimmrechte* vermittel[t]". Mit dieser Ausnahme macht der Gesetzgeber seine Absicht deutlich, mit der „Anhebung" der Kontrollschwelle lediglich einen „*safe harbour*" zu schaffen, ansonsten jedoch am bisherigen System festzuhalten. Vereinfacht gesagt bestand die Angebotspflicht nach alter Rechtslage *immer* dann, wenn Beherrschung vorlag; nach neuer Lage besteht die Pflicht bei Überschreiten von 30%, es sei denn es liegt keine Beherrschung vor.

§ 24 Abs. 2 Z 3 ÜbG enthält schließlich eine problematische Ausnahme für den Fall, dass bei der Gesellschaft ein *satzungsmäßiges Höchststimmrecht* besteht, das die Ausübung des Stimmrechts auf höchstens 30 von Hundert beschränkt. In der Tat wird z.B. ein auf 5% begrenztes Höchststimmrecht verhindern, dass jemand mit 30% die AG beherrscht. Das gilt aber nicht, wenn das Höchststimmrecht z.B. eine Begrenzung auf 30% vorsieht und der Aktionär 30% plus eine Aktie erwirbt. Dann überschreitet er die *safe-harbour*-Schwelle und wird trotz des Höchststimmrechts bei entsprechender Streuung der restlichen Aktien herrschen können.[23] Sogar eine rechtlich abgesicherte Beherrschung ist möglich, z.B. bei Erwerb von mehr als 70% des stimmberechtigten Grundkapitals.

Entgegen dem Wortlaut von § 24 Abs. 2 Z 3 muss nach dem Zweck der Bestimmung die Angebotspflicht daher auch dann eintreten, wenn schon aufgrund der Verteilung des stimmberechtigten Kapitals die Hauptversammlungsmehrheit des dem Höchststimmrecht unterworfenen Aktionärs feststeht.[24] Die Ausnahme ist als Konkretisierung der Generalklausel in § 24 Abs. 1 Satz 1 zu sehen und soll daher lediglich bei Nichtvorliegen der Be-

---

23 Besteht ein Höchststimmrecht bei 30%, kann ein „30% +1"-Aktionär zwar nur 30% ausüben; da aber die vom Höchststimmrecht betroffenen Aktien auch von keinem anderen Aktionär ausgeübt werden können, müssen diese Aktien bei Berechnung der *effektiven* Stimmkraft vom gesamten Grundkapital in Abzug gebracht werden. Es genügen daher die 30% stimmberechtigten Aktien trotz des Höchststimmrechts zur Beherrschung. Auf die dargestellte Problematik hat mich der Leiter der Geschäftsstelle der Übernahmekommission, Herr Mag. E. Schuster, hingewiesen, der dazu demnächst eine umfassendere Arbeit vorlegen wird.

24 Vgl. *Winner*, ÖJZ 2006, 42.

herrschungsmöglichkeit von der Angebotspflicht befreien; in anderen Fällen ist die Bestimmung daher teleologisch zu reduzieren.[25]

Eine verfassungskonforme Auslegung der Bestimmung nach dem Gleichheitssatz könnte noch weiter führen: Das Bestehen eines Höchststimmrechts darf nach dem Sinn der Regel nur dann zu einer Befreiung von der Angebotspflicht führen, wenn der betroffene Aktionär insgesamt nicht mehr als 30% der *ausübbaren Stimmrechte* hält, da der Gesetzgeber diese Schwelle[26] auch sonst für das Vorliegen einer kontrollierenden Beteiligung gewählt hat. Demnach dürften bei Bestehen eines z.B. 25%igen Höchststimmrechts bis zu 41,67% des stimmberechtigten Grundkapitals erworben werden, ohne die Angebotspflicht auszulösen.[27] Denn erst bei diesem Gesamtpaket verfügt der Aktionär über 30% der ausübbaren Stimmrechte. Dieses Verständnis kann sich auch auf die Bestimmung in § 22 Abs. 6 stützen: Nach dieser Vorschrift werden eigene Aktien bei Berechnung der relevanten Prozentsätze *herausgerechnet*.[28] Dadurch bringt der Gesetzgeber die Wertung zum Ausdruck, dass ausschließlich ausübbare Stimmrechte bei Berechnung der 30%-Schwelle berücksichtigt werden sollen. Meines Erachtens ist § 24 Abs. 2 Z 3 ÜbG daher wohl so zu verstehen, dass die Höchststimmrechtsbeschränkung die effektive Stimmkraft des Aktionärs auf 30% reduzieren muss, um von der Angebotspflicht zu befreien.

Die zweite Generalklausel sieht die Befreiung von der Angebotspflicht vor, wenn zwar auch bei materieller Betrachtung eine Beherrschungsmöglichkeit vorliegt, dieser Einfluss jedoch „bei wirtschaftlicher Betrachtungsweise" weiterhin von demselben Rechtsträger ausgeübt werden kann. Auch hier zählt das ÜbG Fälle auf, in denen diesem Erfordernis typischerweise Genüge getan wird. So besteht die Angebotspflicht nicht, wenn die Kontrollbeteiligung von einer beherrschten Holding auf deren Muttergesellschaft

---

25 Fraglich kann sein, ob die verwaltungsstrafrechtlichen Sanktionen dann anwendbar sind.

26 Freilich nur bei Vorliegen der Beherrschungsmöglichkeit. Vgl. auch *Diregger/Kalss/Winner*, Das österreichische Übernahmerecht, 2. Aufl. 2007, Rz. 237 ff.

27 Von insgesamt 41,67% ruhen aufgrund des Höchststimmrechts 16,67% (41,67-25); zieht man dies vom Grundkapital ab, so erhält man die insgesamt ausübbaren Stimmrechte: 100%-16,67%=83,33%. Mit einer Beteiligung von 41,67% hat man daher 25/83,33=30% der ausübbaren Stimmen auf sich vereint.

28 Hält die Gesellschaft daher z.B. 10% eigene Aktien, so beträgt die Kontrollschwelle nicht 30% sondern 27% (27%/90%=30%).

übertragen wird oder umgekehrt von der Muttergesellschaft in eine kontrollierte Holding eingebracht wird. Eine Ausnahme besteht auch bei Übertragung auf eine sogenannte kontrollierte Privatstiftung.[29]

Keine Angebotspflicht besteht weiters für den Abschluss von Stimmbindungsverträgen, wenn die Beherrschung dadurch nicht auf einen anderen Rechtsträger oder eine andere Gruppe von Rechtsträgern wechselt. Befreit ist daher insbesondere der Abschluss eines Unterordnungssyndikats, in dem sich der bisher allein kontrollierende Aktionär in allen wesentlichen Fragen durchsetzen kann. Braucht der bisherige Kernaktionär hingegen die Zustimmung seines Vertragspartners, um sein Stimmrecht in seinem Sinn auszuüben[30] und verliert er somit mittelbar die Hauptversammlungsmehrheit, liegt eine neue Beherrschungssituation vor, die grundsätzlich auch die Angebotspflicht auslöst.

2. *„Überschreiten der gesicherten Sperrminorität"*

Zur Frage der Höhe der Kontrollschwelle enthielt der im Dezember 2005 zur Begutachtung versandte Ministerialentwurf[31] noch zwei verschiedene Varianten: Variante A sah einen Schwellenwert von 25%, Variante B die letztlich gewählte 30% Schwelle vor. Statt sich auf eine Variante festzulegen, wurde ein eigenartiger Kompromiss gewählt. Dem Gesetzgeber war durch das viel diskutierte Anschauungsmaterial bewusst, dass börsenotierte AGs häufig schon mit einer weit unter 30% liegenden Beteiligung beherrscht werden können.[32] Trotzdem blieb man für das Pflichtangebot bei der 30% Schwelle. Um der Kritik ein wenig entgegenzukommen, wurde aber auch unterhalb der Kontrollschwelle ein – wenn auch schwacher – Schutzmechanismus eingeführt. Als zweiter Schwellenwert wurden deshalb 26% des stimmberechtigten Grundkapitals gewählt. Wird diese 26%-Schwelle durch einen Aktionär

---

29 Zur kontrollierten Privatstiftung siehe *Zollner*, GesRZ 2003, 278.

30 Z.B. auch durch Vereinbarung einer einstimmigen Beschlussfassung.

31 363/ME XXII. GP.

32 Vgl. die Materialien zu § 26a (ErlRV 1334 BlgNR, XXII. GP, 18 f): „Statistische Auswertungen der Hauptversammlungspräsenzen österreichischer börsenotierter Aktiengesellschaften haben allerdings gezeigt, dass die Teilnahmequote des Streubesitzes im internationalen Vergleich niedrig ist. Es erscheint daher erforderlich, auch unter dem Schwellenwert für das Pflichtangebot Schutzmechanismen für die Aktionäre vorzusehen."

überschritten, tritt gemäß § 26a als Rechtsfolge ein Ruhen der 26% übersteigenden Stimmrechte ein. Das Überschreiten der Schwelle ist der ÜbK zudem unverzüglich zu melden.

Ausweislich der Materialien erklärt sich die 26%-Schwelle aus dem Anliegen, „Kernaktionäre, die zur gesellschaftsrechtlich vollkommenen Absicherung ihrer Sperrminorität etwas mehr als 25% der Stimmrechte halten wollen, von der Anwendung des Übernahmerechts auszuklammern".[33]

Selbst die ruhenden Stimmrechte können aber ausgeübt werden, wenn dies von der Übernahmekommission im Einzelfall gestattet wird und gegebenenfalls durch entsprechende Bedingungen und Auflagen ein gleichwertiger Schutz der anderen Aktionäre gewährleistet ist. Die Stimmrechtsbeschränkung entfällt weiters bei Stellung eines freiwilligen Angebots.[34]

Insgesamt kann die Bestimmung als „Fremdkörper" im System des ÜbG angesehen werden: Das primäre Anliegen des ÜbG ist es, den Beteiligungspapierinhabern bei Wechsel der Beherrschung ein adäquates Austrittsrecht zu gewähren, nicht jedoch die Beherrschungsmöglichkeit eines Aktionärs zu beseitigen. Zudem wird die Bestimmung nur in Ausnahmefällen seine Schutzfunktion entfalten können. Oftmals wird bereits mit einer 26%-Beteiligung kontrolliert werden können;[35] allenfalls kann die Stimmrechtsbeschränkung – in einem engen Korridor – die qualifizierte Mehrheit des Kernaktionärs verhindern.

Zusammenfassend kann festgehalten werden:

- Bis zu 26% ist der Erwerb unbeschränkt ohne übernahmerechtliche Folgen möglich.
- Bei Erwerb eines größeren Paketes ruhen in der Bandbreite von 26% bis 30% die über 26% hinausgehenden Stimmrechte; von dem Ruhen dieser maximal 4% Stimmrechte kann die ÜbK aber – allenfalls unter Bestimmung von Bedingungen und Auflagen – befreien.
- Bei Überschreiten der 30 %-Schwelle muss ein Pflichtangebot gelegt werden. Dies gilt jedoch nur dann, wenn mit der Beteiligung auch ein

33 ErlRV (vorige Fn.), 3.

34 A.A. *Huber/Alscher*, ecolex 2006, 574, die davon ausgehen, es handle sich um ein Pflichtangebot.

35 So müssten bei einer 29%-Beteiligung 36,6% der Streubesitzaktien vertreten sein, um die Hauptversammlungsmehrheit des Kernaktionärs zu verhindern. Dies liegt wie dargestellt deutlich über den beobachteten Präsenzzahlen.

beherrschender Einfluss einhergeht. Wird die formelle Kontrollschwelle überschritten, gilt also im Wesentlichen weiterhin der bisherige materielle Kontrollbegriff.

3. *Gegenleistung*

Der Preis eines Pflichtangebots (und auch eines freiwilligen Angebots zur Kontrollerlangung) muss weiterhin zumindest dem Höchstpreis, welchen der Bieter während der letzten 12 Monate in Geld oder Geldwert geleistet hat, entsprechen, und darf weiters den durchschnittlichen Börsekurs der letzten sechs Monate nicht unterschreiten.

Die *best price rule* gilt nunmehr unbeschränkt, da die Regel über den 15%igen Paketabschlag abgeschafft wurde. Diese Änderung war europarechtlich vorgegeben[36] und ist sicherlich zu begrüßen.

Wie dargestellt ist auch das Mindestannahmeerfordernis beim *public tender offer* in der Sache eine Preisbildungsregel. Sie hat sich in Österreich bewährt und wird nunmehr noch verschärft: Der Bieter muss in Hinkunft mehr als 50% der ständig stimmberechtigten Aktien erreichen, „die Gegenstand des Angebotes sind". Damit bleibt also die Ausgangsbeteiligung des Bieters (das sogenannte *launching pad*, der „Brückenkopf"), außer Ansatz; besitzt er also bisher 20%, so muss er den Preis so hoch ansetzen, dass von den verbleibenden 80%, mindestens 40% das Angebot annehmen. Der englische Grundgedanke wird also weiterentwickelt, der Bieter muss daher tatsächlich mehr als die Hälfte der Angebotsadressaten von seinem Angebot überzeugen, um erfolgreich zu sein. Zweifelhaft mag sein, ob in das 50%-Annahmeerfordernis ein vorangegangener Paketverkauf von unter 30% (der ja keine Angebotspflicht auslöst) einzurechnen ist, hier also eine andere Beurteilung als beim *launching pad* gerechtfertigt ist.

Der ursprüngliche Plan, auch reine Aktientauschangebote zuzulassen, wurde aufgegeben. Stattdessen wurde an der bisherigen österreichischen Regel festgehalten, die zwingend ein Barangebot vorschreibt. Hierbei stand wohl die Überlegung im Vordergrund, dass nur ein Barangebot tatsächlich ein Austrittsrecht für die Minderheitsaktionäre bedeutet; dies gilt vor allem dann, wenn Aktien einer kontrollierten Gesellschaft zum Tausch angeboten

36 Art. 5 Abs. 4 ÜbRL.

werden. Freilich hindert die Vorschrift den Bieter aber nicht daran, neben dem verpflichtenden Barangebot eine freiwillige Tauschalternative anzubieten; wird diese entsprechend attraktiv ausgestaltet, kann der mit einem Barangebot verbundene Liquiditätsverlust in der Regel verhindert werden.

4. *Acting in Concert (§ 1 Z 6 ÜbG i.d.F. der Novelle 2006)*

In nahezu wörtlicher Übereinstimmung mit dem Text der Richtlinie[37] ist es für das Vorliegen einer Gruppe gemeinsam vorgehender Rechtsträger erforderlich, dass die Beteiligten „auf der Grundlage einer Absprache zusammenarbeiten, um die Kontrolle über die Zielgesellschaft zu erlangen oder auszuüben, insbesondere durch Koordination der Stimmrechte". Der österreichische Gesetzgeber erweitert diese Definition jedoch durch Vermutungstatbestände. Eine Absprache hinsichtlich der Wahl von Aufsichtsratsmitgliedern begründet die Vermutung einer *Concert Party*; ebenso wird bei kontrollierten Rechtsträgern vermutet, sie gehen gemeinsam mit dem beherrschenden Rechtsträger vor, was insbesondere eine Zusammenrechnung innerhalb des Konzerns bedeutet. Die Widerlegung der Vermutungen kann dadurch erreicht werden, dass die Stimmrechtskoordination nicht auf die Ausübung bzw. das Erlangen der Kontrolle abzielt.

5. *Internationaler Anwendungsbereich*

Die Zuständigkeit der Kommission erfasst aufgrund der europarechtlichen Vorgaben nunmehr auch in Österreich registrierte und nur im EWR-Ausland notierte Gesellschaften (§ 27b ÜbG i.d.F. der Novelle 2006). In diesen Fällen besteht eine geteilte Zuständigkeit: Die Beurteilung der *gesellschaftsrechtlichen* Voraussetzungen für ein übernahmerechtliches Verfahren, insbesondere für das Pflichtangebot, fällt in die Zuständigkeit der österreichischen ÜbK, während das Verfahrensrecht in die Zuständigkeit der Aufsichtsbehörde des Notierungsstaates fällt.

Spiegelbildlich ist die ÜbK auch für Gesellschaften mit Sitz im EWR-Ausland und Notierung im Inland zuständig (§ 27c ÜbG i.d.F. der Novelle

37 Art. 2 Abs. 1 lit. a ÜbRL.

2006). Voraussetzung hierfür ist es jedoch, dass die Gesellschaft nicht auch in ihrem Sitzstaat notiert und Österreich das Land der Erstnotiz ist.

In diesem Zusammenhang wurde auch die Verpflichtung zur internationalen Zusammenarbeit der österreichischen Aufsichtsbehörden im Gesetz verankert (§ 27d). Schon die EU-rechtliche Grundlage dieser österreichischen Bestimmung (Art. 4 Abs. 4 der ÜbRL) verpflichtet im Einzelnen zur Amtshilfe bei internationalen Zustellungen und zur „angemessenen Unterstützung in anderer Form“. Eine gravierende Lücke besteht jedoch darin, dass es keine klare Rechtsgrundlage für die Verpflichtung zur Anerkennung ausländischer Entscheidungen im Übernahmerecht gibt, ebenso wenig wie eine international wirksame Rechtskraft.

6. *Anzeigepflicht bei Vorliegen kontrollierender Beteiligungen*

Die sogenannten Anzeigetatbestände gemäß § 25 ÜbG regeln Fälle, in denen typischerweise trotz Wechsel der Beherrschung die Abgabe eines Pflichtangebots nicht erforderlich erscheint. Im Gegensatz zu den oben dargestellten Legalausnahmen von der Angebotspflicht kommt es in diesen Fällen nicht bloß formal zu einer Änderung des kontrollierenden Aktionärs; vielmehr tritt in den in § 25 geregelten Fällen auch bei materieller Betrachtung ein Kontrollwechsel ein.

Statt der Angebotspflicht schreibt das Gesetz hier eine bloße Anzeigepflicht vor, wobei die ÜbK zum Schutz der übrigen Aktionäre Bedingungen und Auflagen vorsehen kann; in einigen Fällen kommt auch die Anordnung eines Pflichtangebots durch die ÜbK in Betracht.

Im Einzelnen bestehen Befreiungen

- für die mittelbare Kontrollerlangung, wenn die Beteiligung keinen signifikanten Anteil[38] des Nettoaktivvermögens des unmittelbar beherrschenden Aktionärs darstellt (Z 1);
- für Fälle, in denen die Kontrollerlangung zum Zweck der Sanierung der Zielgesellschaft stattfindet[39] (Z 2);

---

38 25% des Nettoaktivvermögens.

39 In diesen beiden in § 25 Abs. 1 Z 1 und 2 ÜbG i.d.F. der Novelle 2006 geregelten Fällen kann die ÜbK trotz Vorliegens der entsprechenden Voraussetzungen

- bei bloß vorübergehender oder unbeabsichtigter Überschreitung der Kontrollschwelle, sofern die Überschreitung unverzüglich rückgängig gemacht wird (Z 3);
- bei Kontrollerlangung durch Schenkung zwischen Angehörigen, durch Erbgang oder durch Übertragung der Beteiligung auf einen Rechtsträger, an dem neben den bisherigen Gesellschaftern ausschließlich deren Angehörige beteiligt sind bzw. bei Übertragung auf eine Privatstiftung, sofern diese nur von bisherigen Aktionären und deren Angehörigen kontrolliert wird (Z 4 und 5);
- bei Erlangen einer Beteiligung, die die Durchführung eines Squeeze-out nach dem Gesellschafter-Ausschlussgesetz ermöglicht, wenn der Ausschluss innerhalb von fünf Monaten nach Kontrollerlangung unter Beachtung der übernahmerechtlichen Preisregeln durchgeführt wird (Z 6).

Modifikationen gegenüber der bisherigen Rechtslage finden sich zunächst in Z 3 (bei vorübergehenden bzw. unbeabsichtigten Überschreitungen der Schwelle), da nunmehr auch bei nicht geringfügigen Überschreitungen der Kontrollschwelle von der Angebotspflicht befreit werden kann, wenn die Überschreitung unverzüglich rückgängig gemacht wird.

Die privilegierten Transaktionen im Familienkreis (Z 4 und 5) waren bisher Legalausnahmen von der Angebotspflicht; die nunmehrige Anzeigepflicht und die damit verbundene Möglichkeit, auch in diesen Fällen Bedingungen und Auflagen vorzusehen, trägt dem Umstand Rechnung, dass auch bei Übertragung innerhalb der Familie eine Neuausrichtung des Unternehmens geplant sein kann, die für den Streubesitz unter Umständen ein ähnlich hohes Gefahrenpotential in sich birgt wie ein sonstiger Kontrollwechsel.

Die Ausnahme in Z 6 nimmt einen Tatbestand in das Gesetz auf, der nach der Rechtsprechung der ÜbK schon bisher zur Befreiung von der Angebotspflicht führen konnte. Erwirbt jemand eine Beteiligung von über 90% und ist die Durchführung eines Squeeze-out geplant, kann die Stellung eines Pflichtangebots oft einen unnötigen Aufwand bedeuten: Diejenigen Aktionäre, die das Pflichtangebot nicht annehmen, werden in einem zweiten Schritt ohnehin aus der Gesellschaft gedrängt. In diesen Fällen verliert das Pflichtangebot daher seine Funktion, den Aktionären einen Austritt aus der Gesellschaft zu

---

ein Pflichtangebot anordnen, um die Vermögensinteressen der Minderheitsaktionäre zu schützen.

ermöglichen; das Interesse der Minderheitsaktionäre wird hier vielmehr auf die Gleichbehandlungspflicht reduziert. Dieser Situation wird dadurch Rechnung getragen, dass der neue Kontrollaktionär im Rahmen des Squeeze-out zumindest den Preis zahlt, den er auch nach den übernahmerechtlichen Regeln zu bieten verpflichtet gewesen wäre.

Bei der Entscheidung über die Zulässigkeit von Befreiungen von der Angebotspflicht in den sogenannten Anzeigetatbeständen kommt es nach wie vor auf die Gefährdung der Vermögensinteressen der Streubesitzaktionäre an; die zu deren Schutz notwendigen Bedingungen und Auflagen werden nun im Gesetz detailreicher definiert: Ausdrücklich ist vorgesehen, dass die Wahl einer Mehrheit unabhängiger Aufsichtsratsmitglieder oder Berichtspflichten gegenüber der Hauptversammlung bzw. der ÜbK in Betracht kommen (§ 5 Abs. 2 ÜbG i.d.F. der Novelle 2006). Auf diesem Weg könnte die ÜbK auch einen Abhängigkeitsbericht im Sinne des deutschen Konzernrechts (§ 312 dAktG) zum Schutz der Streubesitzaktionäre anordnen. Darauf wird in den Erläuterungen zu § 25 Abs. 2 ausdrücklich hingewiesen.[40]

Die Anordnung eines Pflichtangebots kommt ohnehin nur mehr in den Fällen des Sanierungsprivilegs und beim mittelbaren Kontrollwechsel in Betracht; die ÜbK wird von dieser Möglichkeit freilich nur dann Gebrauch machen, wenn im Einzelfall durch Bedingungen und Auflagen kein ausreichender Schutz des Streubesitzes gewährleistet werden kann.

7. *Verhinderungsverbot*

Der österreichische Gesetzgeber hat darauf verzichtet, vom Optionsrecht[41] beim Verhinderungsverbot und Objektivitätsgebot Gebrauch zu machen. Die bisherige sogenannte Neutralitätspflicht des Vorstandes und des Aufsichtsrates wird also in Österreich generell weiter gelten. Das mag überraschen, wenn man die öffentliche Diskussion um die Förderung des österreichischen Kernaktionärs verfolgt hat.

Entgegen in Österreich gelegentlich geäußerter Befürchtungen sind aber die Organe der Zielgesellschaft nicht nur berechtigt, sondern sogar *ver-*

---

40 Abgedruckt bei *Bydlinski/Potyka*, Übernahmegesetz, 2006, S. 78.

41 Art. 9 Abs. 2 und 3 i.V.m. Art. 12 ÜbRL.

pflichtet, das Angebot in objektiver Weise zu beurteilen und – falls dies sachlich gerechtfertigt ist – auch als *unzureichend zurückzuweisen*.

Die schuldhafte Verletzung dieser Verhaltenspflicht macht nach überwiegender Auffassung[42] auch das einzelne Vorstandsmitglied gegenüber den Aktionären schadenersatzpflichtig, was dem Vorstand der Zielgesellschaft und seinen Beratern den Rücken stärken soll. Gegen allzu leichte Übernahmen österreichischer Zielgesellschaften sollte sich auch die oben erwähnte Mindestannahmeschwelle von 50 % der Aktien auswirken, an deren Inhaber das Angebot gerichtet ist. Die grundsätzlich preissteigernde Wirkung solcher Schwellen hat in Österreich das *VA-Tech/Siemens*-Verfahren gezeigt.[43]

Eine weitere, gemeinschaftsrechtlich völlig unbedenkliche Erschwerung der Übernahmen österreichischer Unternehmen (vgl. Art. 5 Abs. 5 ÜbRL) stellt die erwähnte zwingende *Bargeldalternative* dar.

Warum der österreichische Gesetzgeber auf die Möglichkeit verzichtet hat, im Wege einer Satzungsänderung, wie in Deutschland, die Organe zur Verteidigung zu ermächtigen, ist nicht ganz klar. Ein Grund hierfür liegt wohl darin, dass es nur eine einzige echte Streubesitzgesellschaft in Österreich gibt und dass der Generaldirektor dieser Gesellschaft das Neutralitätsgebot befürwortet und fürchtet, dass eine Ermächtigung zu Verteidigungsmaßnahmen den Börsekurs drücken würde und sein Unternehmen dadurch erst recht zum lohnenden Target würde. Soweit hingegen die Gesellschaften durch Kernaktionäre beherrscht werden, deren Beteiligung unter oder auch über der 30% Schwelle liegt, würde eine wirkungsvolle Verteidigungswaffe in der Hand des Vorstands den Spielraum des Kernaktionärs einschränken; deshalb ist es verständlich, dass sich zumindest starke Kernaktionäre mit politischem Einfluss für eine durch die Satzung eingeführte Verteidigungsmöglichkeit nicht allzu sehr erwärmt haben.[44]

Schließlich: Insbesondere die heute so gefürchteten Private Equity Fonds sind in der Praxis häufig auf die Mitwirkung des ganzen oder eines großen

---

42 *Größ*, Anlegerschutz im Übernahmerecht, 2003, S. 90 ff; hinsichtlich der Haftung des Sachverständigen der Zielgesellschaft siehe S. 94 ff.

43 Abgedruckt bei *Diregger/Kalss/Winner* (oben Fn. 26), S. 598 ff, 603 ff.

44 Der bei Abschluss des Manuskripts in Gang gekommene Verkauf des Böhler-Aktienpakets der „Gruppe Fries“ zeigt eindrucksvoll, wie der verkaufswillige Kernaktionär durch das Erfordernis der Zustimmung des Vorstands unter Druck gerät.

Teils des Vorstands angewiesen, weshalb ohne Einigung mit dem Vorstand die Übernahme zuletzt also mehr Schaden als Nutzen anrichten könnte.

In der Diskussion unter Fachleuten wurde auch herausgearbeitet, dass die Einführung von *Poison Pills* nach amerikanischen Vorbild nur dann vertretbar wäre, wenn parallel dazu die Möglichkeit für die einzelnen Aktionäre geschaffen wird, den Vorstand und den Aufsichtsrat mit einer Art *class action* zur schadenersatzrechtlichen Haftung heranzuziehen. Diese drohende Haftung gegenüber den Aktionären ist in den USA zwar durch die business judgment rule stark gemildert, diszipliniert aber sicherlich die Organe der Zielgesellschaft, was die Verfechter der Rezeption der amerikanischen Grundsätze gerne übersehen. Ich wage nicht zu beurteilen, ob in Deutschland die Rechtsprechung ähnlich wie bei der Haftung für falsche Kapitalmarktinformationen einen solchen direkten Aktionärsanspruch gegen Organmitglieder wegen aktionärsfeindlicher Verteidigung entwickeln wird. Die vielfach in Deutschland verbreitete Vorstellung, dass der Vorstand auch in der Übernahmesituation sein Verhalten nicht primär am Wohl der Aktionäre sondern am Wohl des Unternehmens auszurichten hat, wird jedenfalls einen weiteren Schutzwall für den Vorstand bieten. Der gegenüber Rechtsfortbildung viel zurückhaltendere österreichische OGH würde hierbei wohl zögern, wenn ihm die Lehre nicht vorher sehr überzeugend den Weg dazu ebnen kann. Jedenfalls: In Österreich kann man das Neutralitätsgebot auch in Zukunft weder durch die Satzung noch durch einen sonstigen Organbeschluss aufweichen.

8. Durchbrechung

Anders verhält es sich mit der Durchbrechungsregel: Hier hat der österreichische Gesetzgeber vom Optionsrechts des Art. 12 ÜbRL Gebrauch gemacht. Wegen der großen Zahl von Stimmbindungsverträgen in Österreich war das zu erwarten. Ähnlich wie in Deutschland wird also Art. 11 ÜbRL dahingehend umgesetzt, dass die Hauptversammlung durch Satzungsänderung für den Übernahmefall die „Durchbrechung" bestimmter struktureller Übernahmehindernisse vorsehen kann. Von einer rechtsverpflichtenden Umsetzung der Durchbrechungsregeln wurde also abgesehen. Auch Österreich macht daher von der Option des Art. 12 Abs. 2 ÜbRL Gebrauch und stellt es ins Ermessen der potentiellen Zielgesellschaft, die Durchbrechungsregeln vorzusehen (*opting in*). Ob sich also eine österreichische Gesellschaft durch die Anwendbarkeit von Durchbrechungsregeln als besonders kapitalmarktfreundlich präsentieren will, bleibt ihrer Satzung, damit ihrer Hauptversammlung bzw. ihrem Kernaktionär überlassen. Wegen der Reziprozitätsregel von Art. 12 Abs. 3 ÜbRL muss sich die Gesellschaft gut überlegen, darauf zu verzichten. Denn wenn sie selbst die Durchbrechung nicht einführt, erschwert sie sich u.U. ein feindliches Übernahmeangebot im Ausland, da das ausländische Ziel dann die fehlende Reziprozität einwenden kann.

Die Satzung kann in Österreich nur alle gesetzlich vorgesehenen Durchbrechungen gewissermaßen „im Paket" anordnen. Das sind die Durchbrechung von Vinkulierungsregeln (von der Veröffentlichung des Angebots bis zu seiner Abwicklung) und – inhaltlich gleich – von Übertragungsbeschränkungen durch Stimmbindungsverträge (letztere nur soweit sie nach dem 30.4.2004 abgeschlossen wurden).[45] Dasselbe gilt für Stimmrechtsbindungen in Hauptversammlungen, welche in der Angebotsfrist über eine die Annahme verhindernde Maßnahme beschließen sollen.

Schließlich kann bei entsprechendem *opting in* durch die Satzung in Hauptversammlungen während der ersten sechs Monate nach Abwicklung des Angebots der Aufsichtsrat unabhängig von bestehenden Restriktionen der Satzung oder von Stimmbindungsverträgen umgestaltet werden. Weiters können in einer solchen Hauptversammlung gegebenenfalls auch ein Entsendungsrecht in den Aufsichtsrat abgeschafft werden und ohne Bedachtnahme auf Restriktionen des Stimmrechts durch die Satzung oder durch Stimmbindungsverträge auch die Satzung geändert werden. Diese Regeln betreffend die Hauptversammlung gelten allerdings nur, wenn der Bieter über mehr als 75% des stimmberechtigten Grundkapitals verfügt.

9. Squeeze-out Regel

Der österreichische Gesetzgeber hat den Squeeze-out und Sell-out zum Anlass genommen, eine umfassende Neuregelung des Gesellschafterausschlusses einzuführen.[46] Details würden den Rahmen dieses Berichts wohl sprengen.

---

45 Die Durchbrechung von Pyramidenstrukturen (also Stimmbindungen als Folge von Holdingstrukturen) ist nicht vorgesehen.

46 Eingehend in *Gall/Potyka/Winner*, Squeeze out, Der Gesellschafterausschluss bei AG und GmbH, 2006.

V. Zusammenfassung

Versucht man einen zusammenfassenden Überblick, so ergibt sich folgendes Bild:

1. Die ursprünglich nach Vorbild des City Codes bestehende Kompetenz der Aufsichtsbehörde zur Schaffung von generell abstrakten Normen (Durchführungsverordnungen) wurde aus verfassungsrechtlichen Bedenken beseitigt. Die damit zusammenhängenden Spielräume der Übernahmekommission, insbesondere bei Festlegung des Tatbestandes eines Kontrollerwerbs, wurden weitgehend eingeschränkt. Der Natur der Sache nach kommt man aber ohne materiellen Kontrollbegriff beim indirekten Kontrollerwerb, bei den Stimmbindungsverträgen und bei *Concert Parties* sowie bei allen Ausnahmebestimmungen nicht aus.

2. Mit Unterstützung des Verfassungsgerichtshofs haben die österreichischen Kernaktionäre einen wesentlichen Sieg zu Lasten des Streubesitzes errungen: Ein faktischer Kontrollwechsel durch Beteiligungserwerb von unter 30% ist möglich, ohne dass dadurch eine Angebotspflicht ausgelöst wird. Ebenso ist der passive Kontrollerwerb weitgehend von der Angebotspflicht freigestellt. Das öffnet Umgehungen des durch die Übernahmerichtlinie angestrebten Gleichbehandlungsgrundsatzes ein breites Tor, weil die österreichischen Hauptversammlungspräsenzen in aller Regel die Beherrschung der Hauptversammlung auch mit weit weniger als mit 30% der Stimmrechte möglich machen. Das hat seinen Grund wohl in der typischen Aktionärsstruktur in Kleinstaaten ohne eine lange Tradition starken inländischen Streubesitzes. Wenn bei Privatisierungen von Staatsunternehmungen und größeren IPOs die Aktien ganz überwiegend im Ausland, insbesondere bei ausländischen institutionellen Anlegern, untergebracht werden, ist es nur natürlich, dass diese ausländischen Anleger bei der österreichischen Hauptversammlung nicht auftreten. Sie haben üblicherweise nur einen sehr kleinen Teil ihres Vermögens in Österreich veranlagt (meist wenige Prozente insgesamt) und werden überdies von den Managern ein- bis zweimal jährlich im Zuge von Roadshows (in sogenannten one to one Gesprächen) informiert. Hier hat der institutionelle Anleger auch Gelegenheit, Bedenken und Kritik wirkungsvoller als in einer Hauptversammlung zu äußern. Ich erwarte, dass aber bald auch gerade auf Seiten der Wirtschaft kritische Stimmen laut werden, weil dadurch nicht nur österreichische Kernaktionäre, sondern auch ausländische Kernaktionäre begünstigt werden können. Weiters ist zu erwar-

ten, dass durch die neuen Regeln nicht nur inländische und ausländische Streubesitzer, sondern auch durchaus beachtliche Minderheitspaketsbesitzer geschädigt werden können. Schließlich wird die Zukunft zeigen, dass die Maßnahme nicht geeignet ist, österreichische Unternehmen gegen Übernahmen durch ausländische Aktionäre zu schützen. Denn irgendwann verkauft auch der österreichische Kernaktionär und entscheidet dann nicht auf Grund seiner patriotischen Gesinnung, sondern nach der Höhe des Angebots. Dieses wird dann nicht selten von einem ausländischen Käufer kommen.

3. Von der europarechtlich möglichen Einschränkung des Neutralitätsgebotes hat Österreich keinen Gebrauch gemacht. Die österreichischen Aktiengesellschaften in echtem Streubesitz können also ohne Verteidigungsmöglichkeiten übernommen werden. Insoweit ist Österreich beim englischen Vorbild geblieben.

4. Die „Durchbrechung“ kann in einem recht umfassenden Sinn durch Satzungsänderung eingeführt werden. Eine große Verbreitung derartiger Satzungsbestimmungen wird aber nicht erwartet.

Übernahmerecht im Gefolge der EU-Übernahmerichtlinie: Deutschland

Professor Dr. *Peter O. Mülbert*
Direktor des Instituts für deutsches und internationales Recht des Spar-Giro- und Krediwesens, Mainz

I. Genese

Deutschland kennt seit dem 1. Januar 2002 eine gesetzliche Regelung des Übernahmerechts. Zu diesem Datum traten das Wertpapiererwerbs- und Übernahmegesetz (WpÜG) und, zu dessen Konkretisierung, die WpÜG-AngebotsVO[1] in Kraft. Die Beschäftigung mit diesen Vorschriften durch Praxis und auch Wissenschaft erfolgte von Beginn an mit selbst für deutsche Verhältnisse außergewöhnlicher Intensität. Bislang liegen nicht weniger als neun Erläuterungswerke vor, die ersten bereits in zweiter Auflage.[2]

---

1 In der Langfassung „Verordnung über den Inhalt der Angebotsunterlage, die Gegenleistung bei Übernahmeangeboten und Pflichtangeboten und die Befreiung von der Verpflichtung zur Veröffentlichung und zur Abgabe eines Angebots".

2 *Haarmann/Schüppen* (Hrsg.), Frankfurter Kommentar zum WpÜG, 2. Aufl. 2005; *Assmann/Pötzsch/Schneider* (Hrsg.), Wertpapiererwerbs- und Übernahmegesetz, 2005; *Baums/Thoma* (Hrsg.), WpÜG, Loseblatt; *Wackerbarth/Bauer/Schlitt/Schaal* in: Münchener Kommentar zum AktG, Bd. 9/1, 2. Aufl. 2004; *Noack* in: Schwark (Hrsg.); Kapitalmarktrechts-Kommentar, 2004; *Hirte/Bülow* (Hrsg.), Kölner Kommentar zum WpÜG, 2003; *Ehricke/Ekkenga/Oechsler* WpÜG, 2003; *Geibel/Süßmann* Wertpapiererwerbs- und Übernahmegesetz, 2002; *Steinmeyer/Häger*, WpÜG, 2002; ferner etwa *Drinkuth* in: Marsch-Barner/Schäfer (Hrsg.), Handbuch börsennotierte AG, 2005, §§ 57-60; *Zschocke/Schuster* (Hrsg.), Bad Homburger Handbuch zum Übernahmerecht, 2003; *Semler/Volhard* (Hrsg.), Arbeitshandbuch für Unternehmensübernahmen, Bd. 2, 2003, §§ 51-55; *Apfelbacher/Barthelmess/Buhl/v. Dryander* (Hrsg.),

Die Vereinbarkeit des Übernahmerechts mit europäischem Gemeinschaftsrecht findet bis heute besondere Aufmerksamkeit. Nachdem der Vorschlag einer Übernahmerichtlinie (im Folgenden: Ü-RL) im Jahre 2001 vom Europäischen Parlament in einer Patt-Abstimmung vorläufig zu Fall gebracht worden war, bewendete es zunächst zwar bei der Frage, ob die Mindestpreisregelung des § 31 WpÜG mit den Grundfreiheitenverbürgungen des EGV vereinbar ist.[3] Seit Inkrafttreten der Übernahmerichtlinie[4] am 20. Mai 2006 müssen sich weite Teile des deutschen Übernahmerechts aber auch an sekundärrechtlichen Vorgaben messen lassen. Über die geforderten Gesetzesänderungen entspann sich alsbald nach Annahme der Richtlinie durch Rat und Parlament im Dezember 2003 eine intensive, von der Bundesanstalt für Finanzdienstleistungsaufsicht (BaFin) mit einer Anhörung im Dezember 2004[5] noch beförderte Diskussion.[6]

Das derart vorbereitete Übernahmerichtlinie-Umsetzungsgesetz durchlief nach Vorlage eines Referentenentwurfs[7] durch das Bundesministerium der Finanzen einigermaßen zügig das Gesetzgebungsverfahren: Regierungsentwurf,[8/9] Stellungnahme des Bundesrates zum Regierungsentwurf sowie Gegen-

German Takeover Law, 2002; *Adolff/Meister/Randell/Stephan*, Public Company Takeovers in Germany, 2002; *Fleischer/Kalss*, Das neue Wertpapiererwerbs- und Übernahmerecht, 2002; kürzer *Emmerich/Habersack*, Aktien- und GmbH-Konzernrecht, 4. Aufl. 2005, Vor § 311 Rz. 10 ff.

3 Dazu *Mülbert*, ZIP 2001, 1221, 1225.

4 Richtlinie 2004/25/EG des Europäischen Parlaments und des Rates vom 21. April 2004 betreffend Übernahmeangebote.

5 Dazu die Stellungnahme von *Hopt/Mülbert/Kumpan*, AG 2005, 109 ff.

6 S. zunächst etwa *Krause*, BB 2004, 113 ff.; *Mülbert*, NZG 2004, 633 ff.; *Maul/ Muffat-Jeandet*, AG 2004, 221 ff., 306 ff.; *Glade/Haak/Hellich*, Der Konzern 2004, 455 ff., 515 ff.; *Austmann/Mennicke*, NZG 2004, 846 ff.; *Kindler/ Horstmann*, DStR 2004, 866, 871 ff.; *Seibt/Heiser*, ZGR 2005, 200 ff.; *Hasselbach*, ZGR 2005, 387 ff.; *Meister*, GS für Ulrich Bosch, 2005, S. 115 ff.; *Fuchs* in: Baums/Cahn (Hrsg.), Die Umsetzung der Übernahmerichtlinie in Europa, 2006, S. 110 ff.; *Zschocke* in: Baums/Cahn a.a.O., S. 149 ff.; *Veil* in: Veil/Drinkuth (Hrsg.), Reformbedarf im Übernahmerecht, 2005, S. 95 ff.

7 Dazu etwa Stellungnahme des Handelsrechtsausschuss des DAV, NZG 2006, 217 ff.; *Simon*, Der Konzern 2006, 12 ff.; *Schüppen*, BB 2006, 165 ff.; *Fuchs* in: Baums/Cahn (oben Fn. 6), S. 110 ff.

8 RegE eines Gesetzes zur Umsetzung der Richtlinie 2004/25/EG des Europäischen Parlaments und des Rates vom 21. April 2004 betreffend Übernahmeangebote (Übernahmerichtlinie-Umsetzungsgesetz), BT-Drucks. 16/1003.

äußerung der Bundesregierung hierzu,[10] Beschlussempfehlung und Bericht des Finanzausschusses des Bundestags,[11] Beschluss des Bundestags vom 19. Mai 2006 über die Annahme des Regierungsentwurfs in der Fassung durch den Finanzausschuss und schließlich Inkrafttreten des Gesetzes zum 8. Juli 2006.

Inhaltlich beschränkt sich das Übernahmerichtlinie-Umsetzungsgesetz im Einklang mit seiner Benennung weithin darauf, WpÜG nebst WpÜG-AngebotsVO den Vorgaben der Übernahmerichtlinie anzupassen und meist geringfügige Veränderungen im AktG und HGB vorzunehmen (sog. Umsetzung „Eins zu Eins").[12] Für eine Abänderung bestehender Vorschriften sah der Gesetzgeber dabei nur geringen Anlass,[13] nachdem er schon bei Schaffung des WpÜG eng dem Gemeinsamen Standpunkt des Rates aus dem Jahre 2000[14] und den hiernach zu erwartenden EG-rechtlichen Vorgaben gefolgt war. Im Wesentlichen betreffen diese Änderungen den Anwendungsbereich des WpÜG sowie die Reichweite der Zuständigkeiten der BaFin.[15] Ergänzungen des gesetzlichen Regelungsrahmens waren hingegen umfänglicher veranlasst, da der im Jahre 2001 vorläufig gescheiterte Vorschlag einer Übernahmerichtlinie unter dem Eindruck des Abschlussberichts der High Level Group of Company Law Experts[16] in mehrfacher Hinsicht substantielle Ergänzungen erfahren hatte. Hierzu gehören vor allem die besondere Herrschaftsrechte der (Alt-)Aktionäre in der Nachangebotsphase vorübergehend neutralisierende sogenannte Durchbruchsregel – funktional eine komplementäre Ergänzung zur Neutralitätspflicht des Vorstands der Zielgesellschaft

---

9 Dazu etwa *Seibt/Heiser*, AG 2006, 301 ff.; *Meyer*, WM 2006, 1135 ff.; *von Kann/Just*, DStR 2006, 328 ff.; *Rühland*, NZG 2006, 401 ff.; ferner *Nobel/Drenckhan*, WM 2006, 1129 ff.

10 BT-Drucks. 16/1342.

11 Beschlussempfehlung und Bericht des Finanzausschusses, BT-Drucks. 16/1541.

12 Begr. RegE (oben Fn. 8), S. 12.

13 S. Begr. RegE (oben Fn. 8), S. 12.

14 Gemeinsamer Standpunkt (EG) Nr. 1/2001 vom Rat festgelegt am 19.6.2000, ABlEG v. 24.1.2001, Nr. C 23, S. 1.

15 S. schon *Pötzsch/Möller*, WM 2000, Sonderbeil. 2, S. 4 ff.

16 Bericht der hochrangigen Gruppe von Experten auf dem Gebiet des Gesellschaftsrechts über die Abwicklung von Übernahmeangeboten, v. 10.1.2002 (abrufbar unter <http://ec.europa.eu/internal_market/company/docs/takeoverbids/2002-01-hlg-report_de.pdf>).

in der Angebotsphase –, das zweistufige sogenannte Opt-In/Opt-Out-Regime bezüglich Neutralitätspflicht und Durchbruchsregel, das Ausschlussrecht eines qualifiziert erfolgreichen Bieters (Squeeze-Out) und, als sein Gegenstück, das Andienungsrecht der verbleibenden Minderheitsaktionäre (Sell-Out), die Offenlegung übernahmerelevanter Informationen, ferner auch erweiterte Informationspflichten gegenüber den Arbeitnehmern. Als nicht von der Übernahmerichtlinie veranlasste Gesetzesänderung sticht neben einer Umstellung des Veröffentlichungsmediums – der elektronische Bundesanzeiger tritt an die Stelle der überregionalen Börsenpflichtblätter – vor allem die Erweiterung der Auskunfts- und Zutrittsrechte der BaFin in § 40 WpÜG hervor, eine nicht zuletzt durch die Erfahrung der eigenen Ohnmacht in der Auseinandersetzung zwischen der Deutsche Börse AG und mehreren Hedgefonds (u.a. TCI, Atticus) inspirierte Ergänzung. Hingegen hat der Gesetzgeber entgegen mancher Hoffnungen durchgängig davon abgesehen, bestehende Streitfragen einer gesetzlichen Klärung zuzuführen.

II. Untersuchungsziel

Nachdem das übernahmerechtliche Regelungsregime seine endgültige Gestalt gefunden hat, stellt sich nochmals die Frage, inwieweit es nunmehr nach Gesamtanlage und Einzelausformungen den gemeinschaftsrechtlichen Vorgaben sowie, in den richtlinienunabhängigen Bereichen, den verfassungsrechtlichen Anforderungen genügt. Nach einem Überblick über die Charakteristika des jetzigen Regelungsregimes (III.) ist dem für eine Reihe seiner Kernfragen nachzugehen; eine umfassende Aufarbeitung für das neue Übernahmerecht in seiner Gesamtheit ist demgegenüber schon aus Komplexitätsgründen im vorliegenden Rahmen nicht zu leisten.

Auszuklammern sind vor allem die Neutralitätspflicht des Vorstands der Zielgesellschaft (§ 33 WpÜG) und die Durchbruchsregel sowie das für die beiden Bereiche geltende Opt-In/Opt-Out-Regime (§§ 33a – 33c WpÜG). Mit Blick auf die EU-Übernahmerichtlinie konzentrierte sich die deutsche Diskussion insoweit, und das gilt in Sonderheit für die Neutralitätspflicht des Vorstandes,[17] aber auch für die Durchbruchsregel,[18] auf die grundsätzliche

17 Dazu z.B. aus jüngerer Zeit *Kuhner/Schilling*, BFuP 2002, 445 ff.; *Mülbert/Birke*, WM 2001, 705 ff.

rechtspolitische Weichenstellung. Das Ergebnis ist ein zweifaches gesetzgeberisches Opt-Out sowohl hinsichtlich der Neutralitätspflicht des Vorstands als auch der Durchbruchsregel, ergänzt um die Möglichkeit eines diesbezüglichen Opt-In der einzelnen Gesellschaft mittels einer entsprechenden Satzungsklausel; der Satzungsgeber kann hierbei nach Wahl entweder nur das Europäische Verhinderungsverbot (§ 33a WpÜG) oder die Europäische Durchbrechungsregel (§ 33b WpÜG) oder beide kumulativ zur Anwendung berufen. Die sich aufdrängende grundsätzliche Richtlinienkonformität der §§ 33a – 33c WpÜG ebenso wie die voraussichtliche praktische Irrelevanz des individuellen Opt-In durch einzelne Gesellschaften lassen eine Konzentration auf die übrigen Charakteristika des WpÜG angezeigt erscheinen.

III. Charakteristika des deutschen Übernahmerechts

Für das deutsche Übernahmerecht mit seiner primären Regelung im WpÜG und der begleitenden WpÜG-AngebotsVO sowie seinen Flankierungen im Aktienrecht und im HGB lassen sich sechs charakteristische Elemente ausmachen:

Erstens regelt das WpÜG drei Typen von Angeboten mit zunehmender Intensität: (i) einfache Erwerbs- und Aufstockungsangebote, die keinen Kontrollerwerb intendieren (§§ 10 ff. WpÜG), (ii) Übernahmeangebote als auf den Erwerb der Kontrolle gerichtete Angebote (§§ 29 ff. i.V.m. §§ 10 ff. WpÜG), und (iii) Pflichtangebote als Folge des vorgängigen Erwerbs der Kontrolle (§§ 35 ff. i.V.m. §§ 29 ff. i.V.m. §§ 10 ff. WpÜG).

Zweitens ist die für Übernahmeangebote und Pflichtangebote zentrale Kontrolle als das Halten von mindestens 30 % der Stimmrechte an der Zielgesellschaft definiert (s. § 29 Abs. 2 WpÜG). Effektuiert wird diese Kontrollschwelle durch die umfangreichen Zurechnungsregeln des § 30 WpÜG.

Drittens sind die Regeln für Übernahmeangebote und für Pflichtangebote auf das Engste miteinander verzahnt. Insbesondere sind auch Übernahmeangebote nur in Form eines Vollangebots und nicht als bloßes Teilangebot

---

18 Dazu z.B. *Mülbert* in: Ferrarini/Hopt/Winter/Wymeersch (Hrsg.), Reforming Company and Takeover Law in Europe, 2004, S. 711 ff.; *Rühland*, NZG 2003, 1150 ff.

zulässig (§ 32 WpÜG), und gelten auch für Übernahmeangebote die von der Übernahmerichtlinie nur für Pflichtangebote statuierten Mindestpreisregeln (§§ 31, 39 WpÜG). Im Gegenzug sind Bieter von der Vorlage eines Pflichtangebots befreit, wenn sie die Kontrolle durch ein ordnungsgemäßes Übernahmeangebot erworben haben (§ 35 Abs. 3 WpÜG), weil eben Übernahmeangebote denselben inhaltlichen Anforderungen wie Pflichtangebote unterliegen.

Viertens sind deutsche Zielgesellschaften lediglich „bedingt wehrhaft“. Mustert man das ihnen zu Gebote stehende Arsenal rechtmäßiger Verteidigungsmittel durch, verbleiben nämlich nur ganz wenige erfolgversprechende Maßnahmen. Diese weitgehende Übernahmeoffenheit deutscher Gesellschaften wird zwar im angelsächsischen Ausland teilweise noch immer negiert,[19] von der Europäischen Kommission jedoch nunmehr durchaus erkannt. In ihrem Bericht über die Umsetzung der Übernahmerichtlinie[20] anerkennt sie nämlich, dass deutsche Gesellschaften trotz fehlender Umsetzung von Neutralitätspflicht und Durchbruchsregel aufgrund des sonstigen Rechtsrahmens strukturell übernahmeoffener seien.[21]

Fünftens ist das Ausschlussrecht des Bieters als gerichtliches Verfahren ausgestaltet, in dessen Rahmen auch über die Angemessenheit der vom Bieter zu erbringenden Gegenleistung entschieden wird und die nicht angedienten Aktien erst mit Rechtskraft der gerichtlichen Entscheidung auf den Bieter übergehen (§ 39a WpÜG).

Sechstens ist der BaFin die Stellung einer kraftvollen Aufsichtsbehörde zugewiesen. Dies resultiert zunächst aus ihrer umfassenden Zuständigkeit zur

---

19 Das britische Department of Trade and Industry (DTI) etwa ordnete im Frühjahr 2006 anlässlich seiner eigenen Umsetzungsüberlegungen die bereits geltenden oder geplanten Regelungen in den übrigen EU-Mitgliedstaaten wie folgt: 16 Staaten optieren für die Neutralitätspflicht als Grundregel, 3 Staaten sind sich noch unschlüssig und 2 Staaten optieren für die Zulässigkeit von Verteidigungsmaßnahmen als Grundregel – einer davon die Bundesrepublik.

20 Für Länderberichte zur geplanten Umsetzung in Frankreich, Österreich, Schweden, Großbritannien und Italien s. die Beiträge von *Urbain-Parleani*, *Kalss*, *Skog*, *Rickford* und *Ferrarini* in: Baums/Cahn (oben Fn. 6), S. 3 ff., 21. ff., 53 ff., 60 ff., 101 ff.

21 Commission of the European Communities (Commission Staff Working Document), Report on the implementation of the Directive on Takeover Bids, SEC(2007)268, S. 7.

Billigung (§ 14 Abs. 2 WpÜG) bzw. folgenreichen Untersagung (§§ 15, 26 WpÜG) von Erwerbsangeboten aller Art, zur Erteilung verschiedener ermessensgebundener Befreiungen (§§ 24, 26 Abs. 1, 37 WpÜG) und zum Einschreiten gegen Missstände verschiedenster Art (§§ 4 Abs. 2, 29 WpÜG). Hinzu kommt als ein für die Praxis zentraler Punkt, dass die nach § 4 Abs. 2 WpÜG allein im öffentlichen Interesse tätige BaFin einem auf Antrag eines Bieters ergehenden Verwaltungsakt eine drittbelastende Wirkung abspricht, und hierin von dem für alle verwaltungsprozessualen Rechtsbehelfe ausschließlich zuständigen OLG Frankfurt (§ 48 Abs. 4 WpÜG) unterstützt wird.[22] Diese Gesetzesinterpretation verwehrt es den Aktionären einer Zielgesellschaft, aber auch konkurrierenden Bietern, die Billigung eines gesetzeswidrigen Angebots durch die BaFin mit Widerspruch und Anfechtungsklage anzugreifen, und entsprechendes gilt im Falle der gesetzeswidrigen Befreiung eines Bieters, etwa von der Verpflichtung zur Abgabe eines Pflichtangebots (§ 37 WpÜG i.V.m. § 9 WpÜG-AngebotsVO).[23] Als Konsequenz kommt der BaFin eine entscheidende, weithin geradezu monopolartige Position bei Auslegung und Anwendung des WpÜG zu.[24] Entscheidet sie gemäß dem Antrag eines Bieters, ist ihre Entscheidung unanfechtbar; gibt sie dem Antrag nicht statt, scheinen Bieter als „repeat player" oftmals davon abzusehen, hiergegen mit Widerspruch und Anfechtungsklage vorzugehen.

IV. Kontrolle

Kontrolle ist im System des deutschen Übernahmerechts von zweifacher Bedeutung. Zum einen qualifiziert das Gesetz solche freiwilligen Angebote, die auf den Erwerb der Kontrolle gerichtet sind, als Übernahmeangebote (§ 29 Abs. 2 WpÜG), und unterwirft diese strengeren Anforderungen in Form von Mindestpreisregeln (§ 31 WpÜG) und dem Verbot von Teilangeboten (§ 32 WpÜG). Zum anderen knüpft sich das Pflichtangebotsregime der §§ 35 ff. WpÜG an die Erlangung der Kontrolle über die Zielgesellschaft.

---

22 OLG Frankfurt, Der Betrieb 2003, 1371, 1372 f.; 1373, 1374 f.; 1782, 1783 ff.

23 Für eine erhellende Darstellung im Sinne der h.M. s. etwa *Pohlmann*, ZGR 2007, 1, 19 ff.

24 Näher zum Ganzen *Mülbert/Schneider*, WM 2003, 2301, 2302 f.

1. Kontrolle kraft Stimmrechtszurechnung gemäß § 30 WpÜG

Kontrolle ist mit dem Halten von mindestens 30 % der Stimmrechte an der Zielgesellschaft erlangt (§ 29 Abs. 2 WpÜG). Hierbei genügt auch ein mittelbares Halten kraft Zurechnung der Stimmrechte. Für diese Zurechnung an eine vom Aktionär verschiedene Person enthält § 30 WpÜG zahlreiche Zurechnungstatbestände, die je nachdem die einseitige Zurechnung an eine weitere Person (Abs. 1) oder die wechselseitige Zurechnung zwischen mehreren Personen (Abs. 2) gebieten.

Eine sogenannte Kettenzurechnung in Form der Hintereinanderschaltung mehrerer Zurechnungstatbestände, also die (nochmalige) Zurechnung von Stimmrechten, die eine Person ihrerseits lediglich kraft Zurechnung hält, sieht das Gesetz in zweierlei Hinsicht ausdrücklich vor. Zum einen stellt § 30 Abs. 1 S. 2 WpÜG eine Tochtergesellschaft für die Zwecke der Zurechnung nach § 30 Abs. 1 S. 1 Nr. 2 – 6 WpÜG dem Bieter selbst gleich; die Kettenzurechnung erfolgt also über die Tochtergesellschaft (§ 30 Abs. 1 S. 2 i.V.m. S. 1 Nr. 2 – 6 WpÜG). Zum anderen ordnet § 30 Abs. 2 S. 2 WpÜG im Rahmen der wechselseitigen Stimmrechtszurechnung gemeinschaftlich handelnden Personen an, dass die dem Bieter zuzurechnenden Stimmrechtsanteile eines gemeinschaftlich mit ihm handelnden Dritten sich nach Maßgabe der Zurechnungsregeln des Abs. 1 – nicht aber des Abs. 2 S. 1[25] – bestimmen; die Kettenzurechnung erfolgt also über diesen Dritten (§ 30 Abs. 2 S. 2 i.V.m. Abs. 1 WpÜG). Kettenzurechnungen über diese gesetzlichen Vorgaben hinaus sind weder gemeinschaftsrechtlich geboten noch erscheinen sie vom Normzweck des § 30 WpÜG veranlasst.[26]

2. Stimmrechtszurechnung nach § 30 WpÜG und § 22 WpHG: Zweckdifferenzierung statt Gleichlauf

§ 30 WpÜG ist in Parallele zu § 22 WpHG konzipiert. Letztere Vorschrift regelt die Stimmrechtszurechnung im Kontext der Publizitätspflicht bedeu-

---

25 Auch nicht in analoger Anwendung des Abs. 2 S. 1; dazu etwa *Diekmann* in: Baums/Thoma (oben Fn. 2), § 30 Rz. 77 f.; KölnKommWpÜG/*von Bülow* (oben Fn. 2), § 30 Rz. 144.

26 A.A. für Treuhandketten *Schneider* in: Assmann/Pötzsch/Schneider (oben Fn. 2), § 30 Rz. 15.

tender Beteiligungen (§§ 21 – 29 WpHG) und setzt damit die durch die Transparenz-RL II[27] nochmals verschärften gemeinschaftsrechtlichen Vorgaben für die Stimmrechtszurechnung bei der Beteiligungstransparenz um.

Nach der Vorstellung des Gesetzgebers sind die Zurechnungsregeln des § 30 WpÜG und des § 22 WpHG inhaltlich deckungsgleich, wie auch die Begründung zum Transparenzrichtlinie-Umsetzungsgesetz neuerlich bekräftigt.[28] Nach dieser Konzeption wären die gemeinschaftsrechtlichen Vorgaben für § 22 WpHG im Wege des autonomen Nachvollzugs vollumfänglich auch auf § 30 WpÜG zu übertragen.

Vom jeweiligen Normzweck her gesehen, kann das im Schrifttum bislang wohl vor allem auch aus Praktikabilitätserwägungen weithin akzeptierte Gleichlaufpostulat jedoch keinesfalls überzeugen.[29] § 30 WpÜG steht im Dienste des Regelungsregimes für Übernahme- und Pflichtangebote. Dessen Normzweck – die Ermöglichung des Ausscheidens aus der Gesellschaft im Hinblick auf einen bevorstehenden oder bereits erfolgten Kontrollerwerb[30] – ist unabhängig davon, ob eine Person die Kontrolle direkt aufgrund der formellen Inhaberschaft an den Aktien oder aber indirekt aufgrund der tatsächlichen Stimmrechtsherrschaft, also der Möglichkeit zur Steuerung der Ausübung des Stimmrechts durch den formellen Rechtsinhaber, erlangt. Dementsprechend stellt der Mechanismus der Stimmrechtszurechnung rechtstechnisch sicher, dass auch eine lediglich indirekte Kontrolle ausübende Person dem Regelungsregime für Übernahme- und Pflichtangebote unterfällt.

---

27 Richtlinie 2004/109/EG des Europäischen Parlaments und des Rates vom 15. Dezember 2004 zur Harmonisierung der Transparenzanforderungen im Bezug auf Informationen über Emittenten, deren Wertpapiere zum Handel auf einem geregelten Markt zugelassen sind, und zur Änderung der Richtlinie 2001/34/EG.

28 RegE eines Gesetzes zur Umsetzung der Richtlinie 2004/109/EG des Europäischen Parlaments und des Rates vom 15. Dezember 2004 zur Harmonisierung der Transparenzanforderungen im Bezug auf Informationen über Emittenten, deren Wertpapiere zum Handel auf einem geregelten Markt zugelassen sind, und zur Änderung der Richtlinie 2001/34/EG (Transparenzrichtlinie-Umsetzungsgesetz – TUG), BT-Drucks. 16/2498, S. 29.

29 Schon KölnKommWpÜG/*von Bülow* (oben Fn. 2), § 30 Rz. 5, 8; *Casper*, ZIP 2003, 1469, 1472 f: betont jetzt *Schneider*, WM 2006, 1321, 1322 f., 1325 f.; a.A. *Schockenhoff/Schumann*, ZGR 2005, 568, 608 f.

30 S. nur OLG Frankfurt, WM 2004, 1638, 1641 f.; KölnKommWpÜG/*von Bülow* (oben Fn. 2), § 30 Rz. 7; *Diekmann* in: Baums/Thoma (oben Fn. 2), § 30 Rz. 2.

Normzweck des § 30 WpHG ist folglich die Zurechnung solcher Stimmrechte, auf deren Ausübung eine Person von Recht wegen oder tatsächlich Einfluss hat oder nehmen kann.[31]

Demgegenüber ist § 22 WpHG im Lichte des Beteiligungstransparenzregimes der §§ 21 ff. WpHG zu verstehen. Dieses Publizitätsregime bezweckt zwar auch, aber eben nicht nur, die Kapitalmarktteilnehmer über den Aufbau und den Wechsel einer kontrollierenden Aktionärsstellung zu informieren. Meldepflichtig ist die erstmalige Überschreitung der Minimummeldeschwelle von nunmehr 3 % nämlich ganz unabhängig von der Art des Beteiligungserwerbs und insbesondere auch davon, ob der Erwerber seinen Anteil überhaupt noch weiter erhöhen kann, ob eine Kontrollmehrheit fest bei einem anderen Aktionär liegt, und ob der Erwerber eine weitere Anteilserhöhung, gegebenenfalls bis hin zur Kontrollmehrheit, überhaupt beabsichtigt. Zudem ist auch das Unterschreiten von Kontrollschwellen meldepflichtig, und zwar ganz unabhängig vom Umfang des veräußerten Anteils und vor allem davon, ob der Veräußerer diese Aktien als Paket veräußert oder breit streut. Die mit den §§ 21 ff. WpHG bezweckte größtmögliche[32] Beteiligungstransparenz lässt insbesondere auch Rückschlüsse auf die Stabilität der bestehenden Kontrollstrukturen bzw., allgemeiner gewendet, der bestehenden Anteilseignerstrukturen zu und befördert damit die Informationseffizienz des Kapitalmarkts insbesondere auch mit Blick darauf, dass die Marktteilnehmer das Vorhandensein bzw. Fehlen von Übernahmephantasien mit entsprechenden Kursaufschlägen bzw. -abschlägen honorieren. In diesem Regelungskontext ist § 22 WpHG gegenüber § 30 WpÜG gegebenenfalls umfassender auszulegen;[33] entscheidend ist neben dem rechtlich oder faktisch vermittelten Einfluss auf die Stimmrechtsausübung durch den Aktionär auch, ob eine Person auf die Veräußerung von Aktien durch den Aktionär rechtlich oder faktisch vermittelten Einfluss nehmen kann.

Praktische Konsequenzen haben diese Unterschiede zwischen den Normzwecken des § 30 WpÜG und des § 22 WpHG bzw., allgemeiner, des

---

31 OLG Frankfurt, WM 2004, 1638, 1641; *Schneider* in: Assmann/Pötzsch/Schneider (oben Fn. 2), § 30 Rz. 4; KölnKommWpÜG/*von Bülow* (oben Fn. 2), § 30 Rz. 4.

32 *Schneider* in: Assmann/Schneider (Hrsg.), WpHG, 4. Aufl., 2006, Vor § 21 Rz. 23; KölnKommWpÜG/*von Bülow* (oben Fn. 2), § 30 Rz. 6.

33 Ebenso insoweit *Schneider*, WM 2006, 1321, 1323, 1325.

Übernahme- und Pflichtangebotsregimes einerseits und des Beteiligungstransparenzregimes andererseits etwa für die Beurteilung einer Vereinbarung mehrerer Aktionäre, die Aktien derzeit überhaupt nicht oder jedenfalls nur gemeinschaftlich zu verkaufen (sog. standstill-Abrede). Hierin liegt zwar keine Vereinbarung i.S. des § 30 Abs. 2 WpÜG[34], wohl aber eine solche i.S. des § 22 WpHG[35].

3. *Einseitige Zurechnung nach § 30 Abs. 1 WpÜG*

a) Allgemeines

Die Zurechnungstatbestände des § 30 Abs. 1 S. 1 Nr. 1 – 6 WpÜG statuieren nach einer kurzzeitigen Ausnahme für die Zurechnung im Konzern (Nr. 1) nunmehr wieder einheitlich die lediglich einseitige Zurechnung von Stimmrechten an eine weitere – vom Gesetz als Bieter bezeichnete – Person, ohne dass diese Stimmrechte beim Aktionär aber in Abzug zu bringen wären. Die Richtlinienkonformität dieser Regelung unterliegt weithin schon deswegen keinen Bedenken, weil die Übernahmerichtlinie mit Ausnahme der sogleich noch anzusprechenden Vorgaben für „gemeinschaftlich handelnde Personen" (Art. 2 Abs. 1 lit. d, Abs. 2 Ü-RL) die Schaffung und Ausgestaltung von Zurechnungstatbeständen dem nationalen Recht belässt (vgl. Art. 5 Abs. 3 Ü-RL).

b) Kein gemeinschaftsrechtliches Gebot allseitiger Zurechnung im Konzern

Die kurzzeitige Ausnahme für die Stimmrechtszurechnung im Konzern resultierte aus der Beschlussempfehlung des Finanzausschusses zum Übernahmerichtlinie-Umsetzungsgesetz, dass § 30 Abs. 1 Nr. 1 WpÜG für die richtlinienkonforme Umsetzung von Art. 2 Abs. 1 lit. d und Abs. 2 Ü-RL zu einer konzernweiten allseitigen Zurechnungsnorm auszubauen sei.[36] Alsbald ein-

---

34 BGH, WM 2006, 2080, 2083.

35 *Schneider*, WM 2006, 1321, 1325; *ders.* in: Assmann/Schneider (oben Fn. 32), § 22 Rz. 153 f.

36 S. Beschlussempfehlung und Bericht des Finanzausschusses (oben Fn. 11), S. 12.

setzende Klagen über die wenig sachgerechten und zudem teilweise erheblichen Aufwand verursachenden Konsequenzen dieser Neuregelung[37] veranlassten den Finanzausschuss jedoch, schon im Rahmen des Transparenzrichtlinie-Umsetzungsgesetzes für die Wiederherstellung der früheren Fassung des § 30 Abs. 1 Nr. 1 WpÜG zu sorgen.[38]

Hierin ist auch kein Verstoß gegen Art. 2 Abs. 5 Ü-RL zu erkennen.[39] Allerdings gehören zu den gegebenenfalls zur Abgabe eines Pflichtangebots verpflichteten „gemeinsam handelnden Personen" (Art. 5 Abs. 1 i.V.m. Art. 2 Abs. 1 lit. d Ü-RL) auch „die von einer anderen Person kontrollierten Personen im Sinne des Artikel 87 der Richtlinie 2001/34/EG" (Prospektrichtlinie), und zwar deswegen, weil nach Art. 2 Abs. 2 Ü-RL kontrollierte Personen sowohl mit der sie kontrollierenden Person als auch untereinander gemeinsam handeln. Ein Verstoß gegen die Umsetzungsvorgaben der Richtlinie läge aber nur dann vor, wenn die in Art. 2 Abs. 2 Ü-RL vorgesehene allseitige Zurechnung in Konzernlagen keine abweichenden mitgliedstaatlichen Regelungen dulden würde. Jedoch erlaubt Art. 4 Abs. 5 Unterabs. 2 lit. i Ü-RL den Mitgliedstaaten, für die in Umsetzung der Richtlinie eingeführten Vorschriften – im Falle von Art. 2 Abs. 1 lit. d und Abs. 2 Ü-RL also der § 2 Abs. 5 WpÜG – abweichende Sonderregelungen zu treffen, sofern die in Art. 3 Abs. 1 Ü-RL festgelegten allgemeinen Grundsätze eingehalten werden, also insbesondere die Inhaber von Wertpapieren geschützt werden, wenn eine Person die Kontrolle über die Gesellschaft erwirbt (lit. a).[40] Deren Schutz ist aber auch dann gewährleistet, wenn die konzernweite Stimmrechtszurechnung lediglich nach oben an die Muttergesellschaft erfolgt, weil

37 Illustrativ zu den Praxisproblemen *Arnold*, AG 2006, 567, 568 f.

38 Beschlussempfehlung und Bericht des Finanzausschusses zum Entwurf eines Gesetzes zur Umsetzung der Richtlinie 2004/109/EG des Europäischen Parlaments und des Rates vom 15. Dezember 2004 zur Harmonisierung der Transparenzanforderungen in Bezug auf Informationen über Emittenten, deren Wertpapiere zum Handel auf einem geregelten Markt zugelassen sind, und zur Änderung der Richtlinie 2001/34/EG (Transparenzrichtlinie-Umsetzungsgesetz), BT-Drucks. 16/3644, Zu Art. 10 Nr. 2 (S. 84 in der elektronischen Vorabfassung).

39 Nur i.E. wie hier auch *Arnold*, AG 2006, 567, 570 f.; a.A. *Seibt/Heiser*, AG 2006, 301, 308.

40 Näher zu Art. 4 Abs. 5 Unterabs. 2 lit. b Ü-RL und den Grenzen dieser Abweichungsermächtigung *Mülbert*, NZG 2004, 633, 635 f.

diese in finanzieller und organisatorischer Hinsicht am ehesten in der Lage ist, das zum Schutze der übrigen Aktionäre vorgeschriebene ordnungsgemäße Pflichtangebot anzugeben. Hinzu kommt, dass bei einem Kontrollerwerb durch gemeinsam handelnde Personen das fällige Pflichtangebot nicht notwendig von allen diesen Personen gemeinsam abgegeben werden muss.[41] Es wäre unverständlich, könnten die mitgliedstaatlichen Rechte eine Tochtergesellschaft zwar von der Angebotspflicht ausnehmen, nicht aber schon bei der rechtstechnischen Vorfrage einer Zurechnung der Kontrolle nach unten abweichen.

Im Ergebnis erweist sich damit die nunmehrige Rechtslage, was die Behandlung von Konzernsachverhalten anbelangt, als richtlinienkonform.

4. *Wechselseitige Zurechnung nach § 30 Abs. 2 WpÜG*

Eine wichtige, wenn nicht sogar „die" zentrale wirtschafts- und gesellschaftspolitische Weichenstellung des WpÜG liegt in der Zurechnungsnorm des § 30 Abs. 2 WpÜG. Gemäß deren Satz 1 werden dem „Bieter ... auch Stimmrechte eines Dritten aus Aktien der Zielgesellschaft in voller Höhe zugerechnet, mit dem der Bieter oder sein Tochterunternehmen sein Verhalten in Bezug auf die Zielgesellschaft auf Grund einer Vereinbarung oder in sonstiger Weise abstimmt; ausgenommen sind Vereinbarungen über die Ausübung von Stimmrechten in Einzelfällen". Die hiernach angeordnete wechselseitige Zurechnung der Stimmrechte zwischen allen Beteiligten an einer Vereinbarung bzw. einer Abstimmung in sonstiger Weise bildet, wie soeben erwähnt, eine Sonderregel gegenüber der allgemeinen Definition des § 2

41 S. etwa *Mülbert*, NZG 2004, 633, 641 f.; *Hopt/Mülbert/Kumpan*, AG 2005, 109, 113; noch großzügiger *Krause/Pötzsch* in: Assmann/Pötzsch/Schneider (oben Fn. 2), § 35 Rz. 29 mit dem vom Text der Art. 5 Abs. 1 i.V.m. Art. 1 lit. d, Abs. 2 Ü-RL ganz abstrahierenden Hinweis, dass ein einheitlicher Lebenssachverhalt auch nur ein einziges Angebot erfordere. Jedoch darf es wegen des gebotenen Schutzes der Aktionäre (Art. 3 Abs. 1 lit. a Ü-RL) nicht lediglich der arbiträren Entscheidung einer Mehrheit von Kontrollerwerbern überlassen bleiben, wer das Angebot abgibt. Gefordert ist vielmehr eine diesbezügliche Entscheidung des Gesetzgebers oder eine (befreiende) Einzelfallentscheidung der BaFin, also die Beachtung der Vorgaben des Art. 4 Abs. 5 Ü-RL (s. *Mülbert* a.a.O. S. 641).

Abs. 5 WpÜG für „gemeinschaftlich handelnde Personen". Die Reichweite dieses speziellen Zurechnungstatbestands entscheidet sich vor allem auch am Verständnis des Vorbehalts für „Vereinbarungen über die Ausübung von Stimmrechten in Einzelfällen".[42] Mit seiner ersten höchstrichterlichen Entscheidung zum WpÜG hat der BGH, wie nicht zuletzt mehrere obiter dicta erkennen lassen, sogleich eine grundsätzlich angelegte Standortbestimmung vorgenommen. Deren wesentliche Konturen sind im Folgenden nachzuzeichnen und zu würdigen.

a) Das Urteil des BGH vom 18. September 2006[43]

Relevante Vereinbarungen i.S. des § 30 Abs. 2 S. 1 WpÜG sind allein solche, die sich auf die Ausübung von Stimmrechten aus Aktien der Zielgesellschaft, also auf die Stimmrechtsausübung in der Hauptversammlung, beziehen. Für diese Festlegung beruft sich der BGH auf den Normtext, Normzweckerwägungen und die Bußgeldbewehrung der Norm durch § 60 WpÜG, die wegen Art. 103 Abs. 2 GG eine wortlautgemäße Normauslegung gebiete und eine Analogie zu Lasten des Betroffenen verbiete. Mit Blick auf Wahlen im Organ Aufsichtsrat verweist das Gericht zudem auf die organschaftliche Stellung aller Mitglieder des Aufsichtsrat; hiermit wäre es unvereinbar, die Aufsichtsratsmitglieder als Vertreter der Aktionäre anzusehen, über deren Verhalten im Aufsichtsrat die Aktionäre untereinander Absprachen treffen. Was schließlich den Ausnahmetatbestand der Stimmrechtskoordination „in Einzelfällen" angeht, präferiert das Gericht obiter eine formale, d.h. auf die Häufigkeit des Abstimmungsverhaltens abstellende, gegenüber einer materiellen Betrachtungsweise und verweist hierfür auf den Normtext sowie den Aspekt der Rechtssicherheit. Sozusagen höchst hilfsweise ergänzt das Gericht schließlich, dass selbst bei einer materiellen Betrachtungsweise nicht schon jede – in der Praxis übliche – koordinierte Besetzung des Aufsichtsrats zu einer wechselseitigen Stimmrechtszurechnung führen könne, sondern dass die Wahlabrede im Dienste weit reichender, konkret gefasster unternehmerischer Absichten, kurz: eines konkreten unternehmerischen Konzepts, stehen müsse.

---

42 Exemplarisch zeigt sich dies jetzt bei *Schneider*, ZGR 2007 (im Druck), unter III.5.

43 Zum Folgenden s. BGH, WM 2006, 2080, 2082 f.

Diese Ausformung des § 30 Abs. 2 WpÜG durch den BGH setzt die Linie des OLG Frankfurt fort, das im Interesse eines aktiven, funktionsfähigen deutschen Kapitalmarkts eine Zusammenarbeit mit dem Ziel verlangte, die Mitgliedschaftsrechte koordiniert und kontinuierlich auszuüben und hierdurch nachhaltigen Einfluss auszuüben.[44] Gegenläufig wollte das OLG München als Vorinstanz zur Entscheidung des BGH für die Zurechnung schon „jedes einzelne abgestimmte Verhalten mit nachhaltiger Wirkung auf die Herrschaftsverhältnisse in der Zielgesellschaft, also auf deren Geschäftsführungs- oder Aufsichtsorgane", ausreichen lassen, sofern das mit dieser Einflussnahme verfolgte Ziel „ausschließlich oder überwiegend gerade vom Bieter und Dritten beabsichtigt" werde.[45]

Die Reaktionen von (anwaltlicher) Praxis und Wissenschaft auf die Entscheidung des BGH zeichnen ihrerseits einen schon bislang zu beobachtenden Meinungsgegensatz fort. In der Praxis dominiert die Zustimmung; beklagt wird allein das fehlende klare Bekenntnis des BGH dazu, die unschädliche Stimmrechtskoordination „im Einzelfall" anhand rein formaler bzw. quantitativer Kriterien zu bestimmen.[46] Erste rasche Äußerungen aus der Wissenschaft sind gegenüber dem Urteil eher kritisch, und zwar auch deswegen, weil es die modernen Taktiken koordiniert agierender Finanzinvestoren (Stichwort: „Rudelbildung") nicht adressiere.[47]

b) Koordination (auch) der Stimmrechtsausübung

Die Verhaltenskoordination muss im Rahmen des § 30 Abs. 2 WpÜG gerade (auch) auf die Stimmrechtsausübung in der Hauptversammlung abzielen. Hierin ist dem BGH jedenfalls im Ergebnis uneingeschränkt zu folgen.

Zwar erscheint der Normtext weit weniger eindeutig, als vom Gericht angenommen, und der Hinweis, dass die Vorschrift wegen ihrer Bußgeldbewehrung wortlautgetreu statt weit auszulegen sei, könnte die sachgerechte Auslegung und Anwendung kapitalmarktrechtlicher Verhaltensgebote ange-

---

44 OLG Frankfurt, WM 2004, 1638, 1642.

45 OLG München, WM 2005, 1221, 1223.

46 S. etwa *Kocher*, BB 2006, 2436; *Krauel/Grün*, Börsenzeitung v. 27.9.2006, Nr. 186, S. 2; *Bücker/von Bülow*, Börsenzeitung v. 8.11.2006, Nr. 215, S. 2.

47 S. *Uwe H. Schneider* FAZ v. 1.11.2006, S. 25; *ders.* ZGR 2007 (im Druck) unter III.5.

sichts der derzeitigen gesetzgeberischen Neigung, diese geradezu flächendeckend mit einer Straf- oder jedenfalls einer Bußgeldbewehrung zu versehen, sogar erheblich erschweren. Zu betonen ist daher, dass das vom BGH mit Blick auf Art. 103 Abs. 2 GG postulierte Gebot der wortlautgetreuen Auslegung jedenfalls insoweit nicht ausschlaggebend sein kann, als der Gesetzesverstoß, etwa auch die Nichtabgabe eines Pflichtangebots durch mehrere kraft Stimmrechtszurechnung (§ 30 Abs. 2WpÜG) als Kontrollinhaber anzusehende Personen, noch anderweitige Rechtsfolgen wie vor allem den Verlust der Mitgliedschaftsrechte nach § 59 WpÜG auszulösen vermag. Für derart mehrdimensional flankierte Verhaltensgebote kommt nämlich durchaus auch in Betracht, die Gebotsnorm im Lichte der einzelnen Sanktionsnormen jeweils unterschiedlich weit bzw. eng auszulegen.

Entscheidend für die vom BGH vorgenommene Auslegung streiten die von ihm benannten teleologischen Aspekte. Insoweit ist als Ausgangspunkt nochmals in Erinnerung zu rufen, dass das Übernahme- und Pflichtangebotsregime lediglich bezweckt, im Falle der Kontrollerlangung die übrigen Aktionäre durch die Einräumung eines Austrittsrechts zu schützen. Nicht hingegen soll die Verwaltung einer Gesellschaft noch über die aktienrechtlich gezogenen Grenzen (s. §§ 117, 317 AktG) hinaus dadurch vor jedweden koordinierten Kontrollaktivitäten ihrer Aktionäre bewahrt werden, dass diese bei allen diesbezüglichen Verhaltenskoordinationen stets das Risiko laufen, deswegen ein Pflichtangebot abgeben zu müssen. Soweit Aktionäre, seien es einzelne oder koordiniert agierende Gruppen, unternehmerische Ziele im Widerspruch zur Strategie von Vorstand und Aufsichtsrat durchzusetzen suchen und hierfür über die beiden Organe Einfluss zu nehmen versuchen, haben die Organmitglieder aufgrund ihrer Verpflichtung auf die Verfolgung des Gesellschaftswohls etwaigen Pressionen zu widerstehen. Dies ist ihnen umso eher zuzumuten, als die widrigenfalls in Aussicht gestellte Neubesetzung des Aufsichtsrates vielfach ein materiell über den bloßen Einzelfall hinausgehendes gemeinschaftliches Handeln der Aktionäre erweisen würde, was diese wegen der hieran knüpfenden Sanktionen – Rechtsverlust nach § 59 WpÜG, Angebotspflicht nach § 35 WpÜG – kaum riskieren werden. Demgegenüber geht es weder an, sich dieser Verantwortung durch eine Amtniederlegung zur Unzeit, etwa gar am Tage vor der Hauptversammlung, zu entledigen, noch geht es an, Aktionäre mittels einer denkbar weiten Auslegung des § 30 Abs. 2 AktG präventiv von jeder Koordination ihres Verhaltens abzuschrecken. Hiermit würde die in den letzten Jahren gewachsene Einsicht in die Bedeutung informierter aktiver Aktionäre für eine gute Corporate Governance ignoriert und sogar konterkariert. Wer bislang die strukturelle Unterlegenheit der von einem Übernahmeangebot betroffenen Aktionäre der Zielgesellschaft unter Hinweis darauf beklagt hat, dass diesen eine koordinierte Gegenwehr verwehrt sei,[48] der müsste an sich im besonderem Maße anerkennen, dass eine weite Auslegung des § 30 Abs. 2 WpÜG die Möglichkeiten der Aktionäre für eine sachgerechte Kollektiventscheidung im Verhältnis zur Verwaltung in ganz ähnlicher Weise systematisch verzerrt. Ob es sich bei den aktiven Aktionären um (deutsche) Industrieadressen oder aber (vorwiegend angelsächsische) Finanzinvestoren handelt, kann hierbei keinen Unterschied machen. An sich eine Selbstverständlichkeit, gibt die derzeitige Diskussion um die Aktivitäten von Private Equity-Fonds und Hedgefonds gleichwohl Anlass zu betonen, dass Genese und wohl auch primäres[49] Gemeinschaftsrecht in Gestalt der Niederlassungs- und der Kapitalverkehrsfreiheit die Instrumentalisierung des Übernahme- und Pflichtangebotsregimes zum Zwecke der Disziplinierung aktiver Finanzinvestoren verbieten,[50] und dass ein solcher Ansatz zudem das Bemühen um die (weitere) Verbesserung der Corporate Governance nachhaltig unterminieren würde.

c) Die unerhebliche Stimmrechtskoordination „im Einzelfall": material statt formal

Das Vorliegen einer unerheblichen Stimmrechtskoordination „im Einzelfall" sollte trotz der vom BGH angeführten Aspekte – Normtext und Rechtssicherheit – anhand materieller statt formaler Kriterien bemessen werden. Stellt man nämlich in Rechnung, dass die Hauptversammlung den Vorstand zum Abschluss von Unternehmensverträgen und die Spaltung der Gesellschaft anweisen kann (§ 83 Abs. 1 AktG) oder durch die Änderung des Unternehmensgegenstands (§ 23 Abs. 2 Nr. 3 AktG) ebenso wie durch eine

---

48 Zum sog. pressure to tender-Anreizproblem s. nur *Mülbert/Birke*, WM 2001, 705, 713 f.

49 Die Übernahmerichtlinie selbst setzt, was zusätzliche Bedingungen und strengere Bestimmungen für Angebote betrifft, lediglich Mindeststandards (s. Art. 3 Abs. 2 lit. b Ü-RL), und erlaubt damit mitgliedstaatliche Verschärfungen im primärrechtlich gezogenen Rahmen.

50 S. aber *Schneide*r, ZGR 2007 (im Druck) unter III.5.; schon *ders.* WM 2006, 1321, 1326; *ders.* in: Assmann/Pötzsch/Schneider (oben Fn. 2), § 30 Rz. 104 ff.

Sachkapitalerhöhung mit Bezugsrechtsausschluss eine tiefgreifende Umstrukturierung des Unternehmens veranlassen kann, verdient die materielle statt der rein formalen Betrachtungsweise ungeachtet aller damit im konkreten Einzelfall verbundenen Unsicherheiten den Vorzug. Auch eine auf den Einzelfall beschränkte Stimmrechtskoordination ist daher als Vereinbarung bzw. sonstige Abrede i.S. des § 30 Abs. 2 S. 1 WpÜG anzusehen, sofern der in Frage stehende Hauptversammlungsbeschluss im Dienste eines von den Stimmrechtskoordinatoren gemeinsam verfolgten[51] umfassenderen konkreten unternehmerischen Konzepts steht. Anknüpfend an die Geschehnisse rund um die Deutsche Börse AG im Jahre 2005 wäre dies etwa anzunehmen, wenn mehrere Aktionäre eine Neubesetzung des Aufsichtsrats mit solchen Kandidaten durchsetzen, die sich schon im Vorfeld ihrer Bestellung für eine Änderung der Unternehmensstrategie ausgesprochen haben.

d) Der Sonderfall des abgestimmten Parallelerwerbs

Sprechen sich zwei oder mehrere Personen dahingehend ab, dass jeder einen unterhalb der Kontrollschwelle verbleibenden Stimmrechtsanteil erwirbt (sog. abgestimmter Parallelerwerb), ist der Tatbestand des § 30 Abs. 2 WpÜG nach h.M. nicht erfüllt.[52] Vom Gesetzeswortlaut her lässt sich in der Tat argumentieren, dass hierin lediglich eine Verhaltenskoordination „in Bezug auf die Aktien der Zielgesellschaft" und nicht, wie von § 30 Abs. 2 S. 1 WpÜG gefordert, „in Bezug auf die Zielgesellschaft" liegt.

Allerdings dürfte dieses Ergebnis im Widerspruch zu den Vorgaben der Übernahmerichtlinie stehen. Für den Kontrollerwerb durch gemeinschaftlich handelnde Personen nimmt Art. 5 Abs. 1 Ü-RL die Definitionsnorm des Art. 2 Abs. 1 lit. d Ü-RL in Bezug. Danach sind gemeinschaftlich handelnde Personen im hier interessierenden Sinne solche, „die mit dem Bieter ... zusammenarbeiten, um die Kontrolle über die Zielgesellschaft zu erhalten".

---

51 Enger *Engert*, ZIP 2006, 2105, 2112 f., der – angesichts der Formulierung des § 30 Abs. 2 WpÜG fast schon tautologisch – verlangt, dass „die beteiligten Aktionäre sich durch eine Absprache oder aufgrund einer besonderen Interessenlage verbindlich auf ein gemeinsames Vorgehen festgelegt haben".

52 S. nur *Dieckmann* in: Baums/Thoma (oben Fn. 2), § 30 Rz. 82; *Schockenhoff/ Schumann*, ZGR 2005, 568, 578 f.; *Seibt*, ZIP 2004, 1829, 1833; a.A. etwa *Schneider* in: Assmann/Pötzsch/Schneider (oben Fn. 2), § 30 Rz. 107; differenzierend KölnKommWpÜG/*von Bülow* (oben Fn. 2), § 30 Rz. 121 ff.

Liest man diese Definition nun im Zusammenhang mit Art. 5 Abs. 3 Ü-RL, wonach Kontrolle durch einen bestimmten prozentualen Anteil der Stimmrechte an der Zielgesellschaft begründet wird, sind gemeinschaftlich handelnde Personen solche, die zusammenarbeiten, um einen bestimmten Stimmrechtsanteil an der Zielgesellschaft zu erwerben. Dies aber entspricht der Umschreibung des abgestimmten Parallelerwerbs. Dessen Einbeziehung in die Tatbestände der Kontrollerlangung kraft wechselseitiger Zurechnung ist also schon nach dem Wortlaut der Übernahmerichtlinie geboten.[53] Weder nach Wortlaut noch telos der Art. 5 Abs. 1 i.V.m. Art. 2 Abs. 1 lit. d Ü-RL ist darüber hinaus erforderlich, dass die gemeinschaftlich Handelnden schon bei dem Erwerb auch (rechtsgeschäftliche?) Vorkehrungen für die gemeinschaftliche Ausübung der Stimmrechte getroffen haben.[54] Dies ist unter Effektivitätsgesichtspunkten auch deswegen zutreffend, weil die gemeinschaftlich handelnden Personen ihr Verhalten im Bezug auf die Zielgesellschaft aller Wahrscheinlichkeit nach über den bloßen Erwerb hinaus koordinieren werden und weil hierdurch Umgehungsstrategien vereitelt werden, die auf eine dem Erwerb nachfolgende Stimmrechtskoordination setzen.[55]

Richtlinienkonformität lässt sich methodisch entweder durch eine entsprechende Auslegung des § 30 Abs. 2 S. 1 WpÜG oder durch eine parallele Anwendung auch des § 2 Abs. 5 S. 1 WpÜG herstellen. Vorzugswürdig erscheint dabei eine erweiternde Auslegung des § 30 Abs. 2 S. 1 WpÜG dahingehend, dass auch ein abgestimmter Parallelerwerb als Verhaltenskoordination „in Bezug auf die Zielgesellschaft" anzusehen ist, statt den lex specialis-Charakter der Bestimmung partiell aufzuheben.

---

53 *Mülbert*, NZG 2004, 633, 637; *Hopt/Mülbert/Kumpan*, AG 2005, 109, 111; *Nobel/Drenckhan*, WM 2006, 1129, 1132; a.A. *Schockenhoff/Schumann*, ZGR 2005, 568, 577 Fußn. 33; *Schneider*, WM 2006, 1321, 1322; implizit ferner *Seibt/Heiser*, ZGR 2005, 200, 216; *dies.*, AG 2006, 301, 308.

54 A.A. *Habersack*, Europäisches Gesellschaftsrecht, 3. Aufl. 2006, § 10 Rz. 18; wohl auch *Schüppen*, BB 2006, 165, 170 (keine Erfassung des schlichten(?) Parallelerwerbs).

55 Art. 5 Ü-RL statuiert einen Erwerbstatbestand, so dass allein die nachträgliche Stimmrechtskoordination danach keine Angebotspflicht begründet (Erwerbsprinzip). S. etwa *Habersack* (oben Fn. 54), § 10 Rz. 17; *Seibt/Heiser*, ZGR 2005, 200, 214, die beide *Mülbert*, NZG 2004, 633, 637 unzutreffend für die gegenteilige Auffassung in Anspruch nehmen.

V. Einheitliches Mindestpreisregime für Pflichtangebote und Übernahmeangebote

Für Pflichtangebote und Übernahmeangebote gilt ein einheitliches Mindestpreisregime. § 31 WpÜG regelt für Übernahmeangebote die Höhe und die Art – Wertpapiere oder Geld – der vom Bieter mindestens anzubietenden Gegenleistung, und hierauf verweist § 39 WpÜG in vollem Umfang für Pflichtangebote. Diese Ausdehnung der Mindestpreisregeln nach vorne erlaubt im Zusammenspiel mit dem Verbot freiwilliger bloßer Teilangebote (§ 32 WpÜG), beim Kontrollerwerb qua freiwilligem Übernahmeangebot den Bieter in § 35 Abs. 3 WpÜG vom Pflichtangebotserfordernis per se freizustellen.[56]

1. Höchster Vorerwerbspreis und gewichteter Durchschnittskurs als kumulative Mindestpreisschwellen

Was die Mindesthöhe der Gegenleistung angeht, fordert § 31 Abs. 1 WpÜG im Einklang mit Art. 5 Abs. 1 Ü-RL eine „angemessene" Gegenleistung (S. 1), bei deren Bemessung anderweitige (Vor-)Erwerbe des Bieters sowie mit ihm gemeinschaftlich handelnder Personen und der durchschnittliche Kurs der Aktien der Zielgesellschaft zu berücksichtigen sind (S. 2). Eine nähere Konkretisierung dieser zwei kumulativen Mindestpreisschwellen enthalten die §§ 3 – 7 WpÜG-AngebotsVO. Hingegen fehlt der BaFin die Befugnis, die Höhe der anzubietenden Gegenleistung im Einzelfall nach oben oder unten abzuändern. Der Gesetzgeber hat von der diesbezüglichen Ermächtigung in Art. 5 Abs. 4 Ü-RL keinen Gebrauch gemacht.

Für die Berücksichtigung von Vorerwerben ist mindestens die höchste, vom Bieter oder einer mit ihm handelnden Person innerhalb von sechs Monaten vor der Veröffentlichung des Angebots „gewährte oder vereinbarte" Gegenleistung anzubieten (§ 4 WpÜG-AngebotsVO). Art. 5 Abs. 4 Ü-RL spricht zwar von „paid" bzw. „gezahlt worden". Unter Effektivitätsgesichts-

---

56 Für diese Regelungskonzeption s. Begr. RegE eines Gesetzes zur Regelung von öffentlichen Angeboten zum Erwerb von Wertpapieren und Unternehmensübernahmen, BT-Drucks. 14/7034, S. 30, 60; *Pötzsch/Möller*, WM 2000, Sonderbeil. 2, S. 20.

punkten kann nationales Recht gleichwohl schon eine bloß schuldrechtliche Vereinbarung innerhalb des maßgeblichen Vorerwerbszeitraums genügen lassen. Andernfalls wäre der mit dieser Mindestpreisschwelle bezweckte Schutz der Aktionäre der Zielgesellschaft allzu leicht zu unterlaufen.

Außerdem muss die Gegenleistung – und diese zweite Preisschwelle ist der Richtlinie ganz unbekannt – mindestens dem gewichteten Durchschnittskurs innerhalb eines Drei-Monats-Zeitraums entsprechen. Dieser endet bereits mit der erforderlichen Veröffentlichung des Bieters, dass er die Entscheidung zur Abgabe eines Übernahmeangebots getroffen oder dass er die Kontrolle über die Zielgesellschaft erlangt hat, nicht erst mit der nachfolgenden Veröffentlichung des Übernahme- oder Pflichtangebots (s. §§ 5, 6 WpÜG-AngebotsVO).

Für die Frage nach Richtlinien- sowie Verfassungskonformität dieses Mindestpreisregimes ist angesichts der Unterschiede in den Regelungsvorgaben der Übernahmerichtlinie zwischen Pflichtangeboten und Übernahmeangeboten zu unterscheiden. Die Richtlinie macht Vorgaben für die anzubietende Gegenleistung allein für Pflichtangebote (Art. 5 Abs. 4 Ü-RL), und auch die Vermutungsregeln der Art. 15 Abs. 5, 16 Abs. 3 Ü-RL zur Frage, unter welchen Voraussetzungen die im Angebot enthaltene Gegenleistung im Rahmen eines Squeeze-Out oder Sell-Out als angemessene Abfindung anzusehen ist, differieren für die beiden Angebotstypen.

2. *Das Mindestpreisregime für Pflichtangebote*

a) Richtlinienkonformität

Das Mindestpreisregime geht für Pflichtangebote insoweit über die Vorgaben des Art. 5 Abs. 4 Unterabs. 1 Ü-RL hinaus, als sich die Angemessenheit der Gegenleistung über die Berücksichtigung von Vorerwerben hinaus auch nach dem gewichteten Durchschnittskurs im Referenzzeitraum bemisst. Das begegnet deswegen keinen Bedenken, weil Art. 3 Abs. 2 lit. b Ü-RL die Mitgliedstaaten ermächtigt, für Angebote zusätzliche Bedingungen und strengere Bestimmungen festzulegen,[57] um die Wahrung der in Art. 3 Abs. 1

57 S. nur *Glade/Haak/Hellich*, Der Konzern 2004, 455, 458; *Meister* (oben Fn. 6), S. 119; *Simon*, Der Konzern 2006, 12, 16.

Ü-RL aufgeführten sechs allgemeinen Grundsätze, vorliegend denjenigen des Schutzes der Aktionäre im Falle eines Kontrollerwerbs (lit. a), zu gewährleisten. Auch Art. 5 Abs. 4 Unterabs. 2 Ü-RL steht dem nicht entgegen. Die Bestimmung gestattet den Mitgliedstaaten, ihre Aufsichtsbehörden zu ermächtigen, den vorerwerbsdeterminierten Angebotspreis unter bestimmten Voraussetzungen und nach eindeutig festgelegten Kriterien abzuändern. Hierdurch wird die auf Art. 3 Abs. 2 lit. b Ü-RL gestützte Befugnis zur Festlegung strengerer allgemeiner, d.h. nicht nur bei aufsichtsbehördlichen Einzelfallentscheidungen zu beachtender Bewertungsregeln nicht eingeschränkt oder gar verdrängt. Art. 5 Abs. 4 Unterabs. 2 Ü-RL verfolgt nämlich einen anderen Zweck, wie schon erhellt, dass die Aufsichtsbehörden danach den Angebotspreis auch nach unten abändern dürfen. Unabhängig davon lässt Art. 5 Abs. 4 Unterabs. 2 Ü-RL aber immerhin erkennen, dass das Kriterium des gewichteten Durchschnittskurses mit den allgemeinen Grundsätzen des Art. 3 Abs. 1 Ü-RL im Einklang steht. Als ein Beispiel für hiermit konforme Preisfestsetzungskriterien erwähnt Art. 5 Abs. 4 Unterabs. 2 Ü-RL nämlich den durchschnittlichen Marktwert während eines bestimmten Zeitraums.

b) Verfassungsrechtliche Bedenken

Was den Einfluss des Verfassungsrechts auf das Angemessenheitskriterium angeht, war man sich bis zur Umsetzung der Übernahmerichtlinie weithin einig, dass für Pflichtangebote die auf Art. 14 GG[58] gegründete Feldmühle-Rechtsprechungslinie des BVerfG zu den Anforderungen, die für die Angemessenheit der Abfindung beim (faktisch) erzwungenen Ausscheiden aus der Gesellschaft gelten, keine Beachtung beanspruchen.[59] Aktionäre sind bei

58 Kritisch zu dieser Verortung im Eigentumsgrundrecht *Mülbert/Leuschner*, ZHR 170 (2006), 615, 624 ff.

59 *Mülbert/Schneider*, WM 2003, 2301, 2315; *Krieger* in: Henze/Hoffmann/Becking (Hrsg.), Gesellschaftsrecht 2001, S. 289, 298; KölnKommWpÜG/*Kremer/Oesterhaus* (oben Fn. 2), Anh. § 31 § 5 WpÜG-AngebotsVO Rz. 2; *Meister* (oben Fn. 6), S. 120; a.A. *Zschocke/Rahlf*, Der Betrieb 2003, 1375, 1376; 2003, 1785; ferner erst recht wohl diejenigen, die bei einem freiwilligen Übernahmeangebot den Schutzbereich des Art. 14 GG berührt sehen; etwa *Oechsler*, FS Hadding, 2004, S. 1027, 1031 f.; *Nietsch*, Der Betrieb 2003, 2581, 2587; *Tröger*, DZWir 2002, 397, 399 f. m. Fn. 138; a.A. insoweit wiederum

ihrer Entscheidung über die Annahme eines Pflichtangebots typischerweise geringeren wirtschaftlich-faktischen Zwängen ausgesetzt als etwa im Falle eines Abfindungsangebots bei Abschluss eines Beherrschungs- oder/und Gewinnabführungsvertrags (DAT/Altana-Situation[60]).

Diese Rechts- und Argumentationslage hat sich mit der Umsetzung der Übernahmerichtlinie tiefgreifend gewandelt. Ursächlich hierfür ist die beim Squeeze-Out eingeführte Vermutungsregel des § 39a Abs. 3 S. 3 WpÜG, wonach die Gegenleistung des Pflichtangebots bei einer Annahmequote von mindestens 90 % als angemessene Abfindung gilt. Nach der richtlinienkonformen[61] gesetzgeberischen Intention handelt es sich hierbei um eine unwiderlegliche Vermutung,[62] so dass die vom BVerfG in der Moto-Meter-Entscheidung[63] speziell für Ausschlussmechanismen bekräftigten verfassungsrechtlichen Anforderungen an die Abfindungshöhe folgerichtig schon im Vorfeld, also bei den Anforderungen an die Angemessenheit der Gegenleistung des Pflichtangebots, Beachtung finden müssen. Anders gewendet: Statuiert § 39a Abs. 3 S. 2 WpÜG eine unwiderlegliche Vermutung für die Angemessenheit der angemessenen Abfindung im Ausschlussverfahren, sind die verfassungsrechtlichen Anforderungen an die Abfindungshöhe beim Squeeze-Out bereits beim Mindestpreisregime für das Pflichtangebot zu beachten.

Die derzeitige Ausformung des Angemessenheitskriteriums anhand der beiden Merkmale „höchster Vorerwerbspreis“ und „gewichteter Durchschnittskurs“ (s. § 31 Abs. 1 S. 1 WpÜG i.V.m. §§ 4 – 6 WpÜG-AngebotsVO) – nur beim Fehlen eines aussagekräftigen Börsenkurses nach näherer Maßgabe des § 5 Abs. 4 WpÜG-AngebotsVO tritt an die Stelle des Durchschnittskurses eine Unternehmensbewertung[64] – wird diesen verfassungsrechtlichen Anforderungen nicht gerecht. Wie das BVerfG erstmals in der Feldmühle-Entscheidung ausgesprochen und in allen Folgeentschei-

---

Mülbert/Schneider, WM 2003, 2301, 2315; *Habersack*, ZIP 2003, 1123, 1127; *Krieger* a.a.O.; *Kremer/Oesterhaus* a.a.O.; *Meister* a.a.O.

60 BVerfGE 100, 289 = WM 1999, 1666 ff.

61 Näher unten VI.2.c) vor Fn. 93.

62 Begr. RegE (oben Fn. 8), S. 22.

63 BVerfG, WM 2000, 1948 ff.

64 Zum abschließenden Charakter dieses Ausnahmetatbestands bei Pflichtangeboten nach bisherigem Verständnis s. *Mülbert/Schneider*, WM 2003, 2301, 2315 f.

dungen (u.a. DAT/Altana, Moto-Meter) stets bekräftigt hat, muss der ausscheidende Aktionär für seinen Verlust voll kompensiert werden und als Abfindung stets zumindest den wahren bzw. inneren Wert der Aktie, verstanden als deren – regelmäßig durch Gutachten auf der Grundlage der Ertragswertmethode festzustellenden und daher auch als Schätzwert geläufigen – anteiligen Unternehmenswert, erhalten; die erstmals von DAT/Altana geforderte Berücksichtigung des Börsenkurses hat dies im Sinne einer Meistbegünstigungsregel dann um eine zweite Untergrenze für die Abfindung, den etwaig höheren Börsenkurs infolge der Bewertung der Aktie als selbständigem Wirtschaftsgut, ergänzt.[65/66]

Verfassungsrechtlich wäre dies aufgrund des Vorrangs auch des sekundären Gemeinschaftsrechts gegenüber allem nationalen Recht hinzunehmen, wenn die Umsetzungsvorgaben der Übernahmerichtlinie den deutschen Gesetzgeber gehindert hätten, die Anforderungen der Feldmühle-Rechtsprechungslinie bei der Ausformung der Mindestpreisregeln für Pflichtangebote zu berücksichtigen. Das aber ist nicht der Fall. Denn wie soeben schon erwähnt, dürfen die Mitgliedstaaten strengere Bestimmungen für Angebote unter anderem zum Schutze der Aktionäre beim Erwerb der Kontrolle durch einen Bieter festlegen (Art. 3 Abs. 2 lit. b i.V.m. Abs. 1 lit. a. Ü-RL). Dazu gehören auch Methodenvorgaben nach Art der vom BVerfG postulierten Grundsätze für die Ermittlung der zur vollen Kompensation des ausscheidenden Aktionärs geschuldeten Abfindung.

3. *Das Mindestpreisregime für Übernahmeangebote*

Mit Blick auf das Mindestpreisregime für Übernahmeangebote erscheint ökonomisch gesehen vor allem die Mindestpreisschwelle in Form des ge-

65 Dass bei einem unter dem wahren bzw. inneren anteiligen Unternehmenswert liegenden Börsenkurs der regelmäßig mittels eines Gutachtens auf der Basis der Ertragswertmethode ermittelte höhere anteilige Unternehmenswert maßgeblich ist, entspricht der bundesverfassungsgerichtlichen Bewertungskonzeption, hat freilich erst der BGH explizit ausgesprochen; s. BGHZ 147, 108, 117 = WM 2001, 856 (DAT/Altana).

66 Instruktive Darstellung bei *Adolff*, Unternehmensbewertung im Recht der börsennotierten Aktiengesellschaft, 2007, S. 292 ff.; kürzer etwa *Mülbert/ Schneider*, WM 2003, 2301, 2310 ff.

wichteten Durchschnittskurses als kritisch. In Zeiten fallender Aktienkurse wirkt dies anreizverzerrend, weil Übernahmeangebote vorübergehend marktfern verteuernd.

Unabhängig hiervon ist das Mindestpreisregime sowohl gemeinschaftsrechtlich[67] (a.) als auch verfassungsrechtlich (b.) problematisch.

a) Fehlende Richtlinienkonformität

Die Übernahmerichtlinie sieht für freiwillige Übernahmangebote keine Mindestpreisregeln vor. Vielmehr beschränkt sich Art. 5 Abs. 2 Ü-RL darauf, ein Pflichtangebot für entbehrlich zu erklären, wenn die Kontrolle aufgrund eines allen Anforderungen der Richtlinie – und also auch den Preisregeln des Art. 5 Abs. 4, 5 Ü-RL[68] – genügenden freiwilligen Übernahmeangebots erlangt wurde. Gleichwohl scheinen Mindestpreisregeln auch für freiwillige Angebote richtlinienkonform zu sein, weil Art. 3 Abs. 2 lit. b Ü-RL den Mitgliedstaaten strengere Regelungen erlaubt.[69] Allerdings begrenzt Art. 3 Abs. 2 Ü-RL diese mitgliedstaatliche Abweichungsbefugnis schon einleitend auf solche strengeren nationalen Regelungen, die die Beachtung der in Art. 3 Abs. 1 Ü-RL aufgeführten sechs allgemeinen Grundsätze sicherstellen. In Betracht kommt dabei allenfalls das Gleichbehandlungsgebot des Art. 3 Abs. 1 lit. a Ü-RL: „Alle Inhaber von Wertpapieren einer Zielgesellschaft, die der gleichen Gattung angehören, sind gleich zu behandeln". Aber auch dieses spezifische übernahmerechtliche Gleichbehandlungsgebot vermag bei näherem Zusehen den gewichteten Durchschnittskurs als Mindestpreis-

67 Ausführlicher *Mülbert*, NZG 2004, 633, 640 f.; ferner *Hopt/Mülbert/Kumpan*, AG 2005, 109, 111.

68 *Pötzsch/Möller*, WM 2000, Sonderbeil. 2, S. 8; *Glade/Haak/Hellich*, Der Konzern 2004, 455, 457; wohl auch *Maul/Muffat-Jeandet*, AG 2004, 221, 230; a.A. *Krause/Pötzsch* in: Assmann/Pötzsch/Schneider (oben Fn. 2), § 35 Rz. 25; *Seibt/Heiser*, ZGR 2005, 200, 221; missverständlich noch *Mülbert*, NZG 2004, 633, 640 f. Wenn zur Begründung, dass die Richtlinie bei freiwilligen Übernahmeangeboten allein auf den Preisfindungsmechanismus des Marktes setze, auf die entsprechenden Passagen im Bericht der High Level Group (Bericht (oben Fn. 16), S. 11, 53) verwiesen wird, geht dies daran vorbei, dass Art. 5 Abs. 2 Ü-RL bereits zuvor Bestandteil des Richtlinienvorschlags war und im Sinne des Textes verstanden wurde. S. nur *Neye*, AG 2000, 289, 282.

69 So etwa *Habersack* (oben Fn. 54), § 10 Rz. 7, 21; *Simon*, Der Konzern 2006, 12, 16.

schwelle nicht zu rechtfertigen. Von einer allgemeinen intertemporalen Gleichbehandlung der Angebotsadressaten und derjenigen Aktionäre, die innerhalb des Drei-Monats-Referenzzeitraums ihre Aktien veräußerten, kann offenkundig keine Rede sein; die Angebotsadressaten werden vielmehr besser gestellt als ein erheblicher Teil der im Referenzzeitraum über den Markt ausgeschiedenen früheren Aktionäre. Ebenso wenig geht es um die weniger ambitionierte, an ein eigenes Bieterverhalten in einen bestimmten Zeitraum (Stichwort: Vorerwerbe und Parallelerwerbe) anknüpfende intertemporale Gleichbehandlung von Aktionären. Denn das Durchschnittskurserfordernis ist ganz unabhängig vom Bieterverhalten in der Vorangebotsphase und erheischt selbst dann Beachtung, wenn dieser im Referenzzeitraum überhaupt keine Vorerwerbe getätigt hat.

Die generelle Richtlinienwidrigkeit von Mindestpreisregeln für freiwillige Angebote folgt im Übrigen auch daraus,[70] dass die Regelungen zur angemessenen Abfindung bei Ausübung des Ausschluss- und Andienungsrechts danach differenzieren, ob ein Pflichtangebot oder ein freiwilliges Angebot vorausging. Im ersten Fall gilt stets die Vermutung, dass der Angebotspreis auch die angemessene Abfindung darstellt (Art. 15 Abs. 5 Unterabs. 3, 16 Abs. 3 Ü-RL), im zweiten Fall nur dann, wenn mindestens 90 % der vom freiwilligen Angebot betroffenen Aktionäre dieses angenommen haben (Art. 15 Abs. 5 Unterabs. 2, 16 Abs. 3 Ü-RL). Diese Unterscheidung basiert offenkundig darauf, dass sich der Aktionärsschutz beim freiwilligen Angebot durch Eigeninitiative und nicht durch paternalistische Mindestpreisregeln verwirklicht. Nur dies erklärt, dass der freiwillig gebotene Preis für das anschließende Ausschluss- oder Andienungsverfahren nicht durchweg als angemessen gilt, sondern lediglich bei besonders hoher Akzeptanz des Angebots. Bei der Zulassung von Mindestpreisregeln für freiwillige Angebote wären Wertungswidersprüche nur zu vermeiden, indem Art. 15 Abs. 5 Unterabs. 2 Ü-RL um eine weitere Vermutungsregel ergänzt würde: (auch) bei freiwilligen Angeboten gilt der Angebotspreis als angemessene Abfindung, wenn dieser vom Bieter – bei Vorliegen eines Vorerwerbs im Referenzzeitraum – nach den für das Pflichtangebot geltenden Maßstäben (Art. 5 Abs. 4 Ü-RL) zu bemessen ist. Das Fehlen einer solchen Vermutungsregel

70 Zum Folgenden schon *Mülbert*, NZG 2004, 633, 640.

belegt, dass der Richtlinie nach ihrer Konzeption Mindestpreisregeln für freiwillige Übernahmeangebote ganz und ganz fremd sind.

Als Fazit bleibt damit festzuhalten: Mögen Gründe der Regelungsökonomie noch so nachdrücklich für das Anliegen des deutschen Gesetzgebers streiten, für den Fall des Kontrollerwerbs qua freiwilligem Übernahmeangebot ein zusätzliches Pflichtangebot mittels eines für beide Angebotstypen einheitlich geltenden Mindestpreisregimes entbehrlich zu machen (s. § 35 Abs. 3 WpÜG), steht seine Regelungskonzeption gleichwohl in unüberbrückbarem Widerspruch zu den Vorgaben der Übernahmerichtlinie.

b) Verfassungsrechtliche Erwägungen

Aus verfassungsrechtlicher Sicht liegt im Mindestpreisregime für Übernahmeangebote ein erheblicher Eingriff in die allgemeine Handlungsfreiheit des Bieters (Art. 2 Abs. 1 GG). Diese kaum verhältnismäßige, weil nicht sachlich gebotene Beschränkung[71] ist insbesondere auch nicht in Parallele zu obigen Überlegungen für das Pflichtangebot als sozusagen vermutungsvermittelte (§ 39a Abs. 3 S. 3 WpÜG) Vorwirkung der verfassungsrechtlichen (Feldmühle-)Anforderungen an die Abfindungshöhe beim Squeeze-Out zu rechtfertigen.

Zunächst einmal hat der Gesetzgeber den § 39a Abs. 3 S. 3 WpÜG als unwiderlegliche Vermutungsregel vor dem Hintergrund der – freilich verbreiteten – Fehlvorstellung konzipiert, dass Art. 15 Abs. 5 Unterabs. 2 Ü-RL seinerseits eine unwiderlegliche und nicht zwingend eine bloß widerrufliche Vermutung vorgibt[72]. Und selbst wenn man in § 39a Abs. 3 S. 3 WpÜG richtlinienwidrig eine unwiderlegliche Vermutung sehen wollte, müsste die

---

71 A.A. *Baums/Hecker* in: Baums/Thoma (oben Fn. 2), Vor § 35 Rz. 139 unter Berufung darauf, dass sich der Bieter „durch geschicktes, auf den Verfall des Kurses der Zielgesellschaft zielendes Agieren am Markt und einem sich daran anschließenden Übernahmeangebot die Kontrolle“ durch einen unter dem inneren Unternehmenswert liegenden Preis verschafft. Doch übergeht diese Argumentation ganz und gar, wie häufiger zu beobachten und möglicherweise auch durch das Fehlen einer Pflichtangebotsregel in den USA bedingt, die Wirkungen des Pflichtangebotsregimes und dessen Mindestpreisregeln. Zur Wirkung der Pflichtangebotsregel als effektiver Antwort auf das pressure to tender-Problem s. *Mülbert/Birke*, WM 2001, 705, 714 f.

72 Dazu näher unten VI.2.c. bei Fn. 94.

verfassungsrechtlich gebotene Konsequenz dann dahin gehen, das Merkmal der Angemessenheit in § 31 Abs. 1 S. 1 WpÜG konsequent im Sinne der Anforderungen der Feldmühle-Rechtsprechungslinie zu entfalten. Hiervon hat der Gesetzgeber jedoch beim derzeitigen Mindestpreisregime, wie zum Pflichtangebot soeben schon dargelegt, gerade abgesehen.[73] Dies wiederum bedingt sozusagen gegenläufig, dass bei Übernahmeangeboten derzeit nur das Verständnis des § 39a Abs. 3 S. 3 WpÜG als einer widerleglichen Vermutung die Verfassungskonformität des übernahmerechtlichen Regelungsrahmens gewährleistet.[74]

VI. Übernahmerechtlicher Squeeze-Out

Im Nachgang zu einem Übernahme- oder Pflichtangebot stehen einem besonders erfolgreichen Bieter zwei Squeeze-Out-Alternativen zu Gebote, um eine verbliebene kleine Aktionärsminderheit auch gegen deren Willen aus der Zielgesellschaft auszuschließen: der neu eingeführte übernahmerechtliche Squeeze-Out (§§ 39a, 39b WpÜG) und der schon seit Inkrafttreten des WpÜG verfügbare aktienrechtliche Squeeze-Out (§§ 327a ff. AktG). Stellt der Bieter einen Antrag auf Ausschließung durch gerichtliche Entscheidung nach § 39a Abs. 1 WpÜG, ist ihm bis zum rechtskräftigen Abschluss dieses Verfahrens eine Ausschließung qua Hauptversammlungsbeschluss (§§ 327a ff. AktG) verwehrt (§ 39a Abs. 6 WpÜG).

Was den Regelungsrahmen des übernahmerechtlichen Ausschlussverfahrens anbelangt, treffen die §§ 39a, 39b WpÜG weitestgehend eine Einheitsregelung unabhängig davon, ob ein Übernahmeangebot oder ein Pflichtangebot vorausging.

1. Voraussetzungen

Der übernahmerechtliche Squeeze-Out setzt voraus, dass dem Bieter „Aktien der Zielgesellschaft in Höhe von mindestens 95 % des stimmberechtigten Grundkapitals gehören" (§ 39a Abs. 1 S. 2 WpÜG).

---

73 Soeben V.2.b. bei Fn. 64 ff.

74 Unten VI.2.d.

a) Die einem Squeeze-Out zugänglichen Zielgesellschaften

Zielgesellschaften im Sinne des § 39a Abs. 1 WpÜG, also dem übernahmerechtlichen Squeeze-Out zugängliche Gesellschaften, sind nur vordergründig alle in § 2 Abs.3 WpÜG als Zielgesellschaft definierten Gesellschaften mit Sitz im Inland (Nr. 1) oder einem anderen Staat des EWR (Nr. 2). Eindeutig erfasst sind nämlich nur Zielgesellschaften mit Sitz im Inland, deren stimmberechtigte Aktien (auch) an einem organisierten Markt mit Sitz im Inland zugelassen sind.

Für Zielgesellschaften mit Sitz im Inland, deren stimmberechtigte Aktien allein in einem oder mehreren anderen Mitgliedstaaten des EWR zum Handel an einem organisierten Markt zugelassen sind, beruft § 1 Abs. 2 WpÜG in Umsetzung der Vorgaben des Art. 4 Abs. 2 lit. e (i.V.m. lit. b) Ü-RL lediglich einen vorliegend keinesfalls einschlägigen Normenkatalog sowie die „andere gesellschaftsrechtliche Fragen“ regelnden Vorschriften des WpÜG zur Anwendung. Die Regelung des übernahmerechtlichen Squeeze-Out ist – ebenso wie im Übrigen auch die des Andienungsrechts nach § 39c WpÜG[75] – als eine andere gesellschaftsrechtliche Frage im Sinne des § 1 Abs. 2 WpÜG anzusehen.[76] Andernfalls wäre nämlich das Ausschlussrecht bei diesen Zielgesellschaften – und gleiches gälte für das Andienungsrecht – überhaupt nicht verfügbar, wenn die Rechtsordnung des anderen EWR-Mitgliedstaates, an dessen organisierten Markt die stimmberechtigten Aktien zugelassen sind, richtigerweise (sogleich) gar kein Ausschlussverfahren für Zielgesellschaften mit Sitz im Ausland vorsieht. Diese Kupierung des Regelungsregimes für Übernahme- und Pflichtangebote stünde im unüberbrückbaren Widerspruch zur Regelungskonzeption der Richtlinie. Diese will nämlich als Konsequenz eines sozusagen besonders erfolgreichen Angebots stets das Ausschlussverfahren sowie das Andienungsrecht verfügbar machen.

Zielgesellschaften mit Sitz in einem anderen Staat des EWR sind demgegenüber schon deswegen keine Zielgesellschaft im Sinne des § 39a Abs. 1 WpÜG, für die das Ausschlussverfahren der §§ 39a, 39b WpÜG eröffnet wäre, weil § 1 Abs. 3 WpÜG für Zielgesellschaften im Sinne des § 2 Abs. 3 Nr. 2 WpÜG, also Zielgesellschaften mit Sitz in einem anderen EWR-Staat, überhaupt nur die Vorschriften betreffend die Gegenleistung, den Inhalt der

---

75 S. unten VII. bei Fn. 111.

76 Begr. RegE (oben Fn. 8), S. 16.

Angebotsunterlage sowie das Angebotsverfahren für anwendbar erklärt, und dies auch nur in seltenen Einzelfällen. Es wäre im Übrigen auch regelungstechnisch kaum vorstellbar, dass für den Ausschluss der verbleibenden Minderheitsaktionäre eine andere Rechtsordnung als diejenige des Satzungssitzes der Gesellschaft maßgeblich sein soll.

b) Inhaberschaft von 95 % des stimmberechtigten Grundkapitals

Was das „gehören" von mindestens 95 % des stimmberechtigten Grundkapitals als Voraussetzung eines Squeeze-Out betrifft, meint § 39a Abs. 1 S. 1 WpÜG vorbehaltlich der sogleich noch anzusprechenden Stimmrechtszurechnung die Vollrechtsinhaberschaft[77] des Bieters an den betreffenden Aktien.

Mit dieser Regelung hat der Gesetzgeber den Ausschlusstatbestand des Art. 15 Abs. 2 lit. a Ü-RL umgesetzt und zugleich von der hierfür vorgesehenen mitgliedstaatlichen Regelungsoption Gebrauch gemacht, den Schwellenwert auf 95 % zu erhöhen. Ob kumulativ auch der Ausschlusstatbestand des Art. 15 Abs. 2 lit. b Ü-RL umzusetzen wäre, hängt nicht zuletzt vom richtigen Verständnis dieser nur auf den ersten Blick eindeutigen Regelung ab. Nach ihrem Wortlaut muss der Bieter „durch Annahme des Angebotes Wertpapiere erworben oder sich fest vertraglich verpflichtet [haben], solche Wertpapiere zu erwerben, die mindestens 90 % des stimmberechtigten Kapitals der Zielgesellschaft und 90 % der vom Angebot betroffenen Stimmrechte entsprechen". Die Bedeutung des ersten 90 %-Schwellenwerts lässt sich ausgehend vom Normtext wohl in dreierlei Weise verstehen. Die ersten zwei Interpretationsmöglichkeiten beziehen den Schwellenwert auf das stimmberechtigte Grundkapital der Gesellschaft, und zwar dergestalt, dass der Bieter (i) durch die Annahme des Angebots 90 % des Grundkapitals erwirbt oder dass er (ii) als Ergebnis seines Angebots 90 % des Grundkapitals hält. In beiden Varianten wäre lit. b sehr viel strenger als lit. a und bedürfte keiner kumulativen Umsetzung. Die in der deutschen Fassung am fernsten liegende dritte Interpretationsmöglichkeit bezieht die erste 90 %-Schwelle auf die vom Angebot betroffenen Aktien und ist damit je nach Ausgangssituation strenger oder weniger streng als lit. a. Zugunsten dieser dritten Variante wird darauf verwiesen, dass die englische (Arbeits-)Fassung so zu verstehen sei und dies

77 Begr. RegE (oben Fn. 8), S. 22 spricht von Eigentum.

jedenfalls gewollt gewesen war.[78] Entstehungsgeschichtlich liegt das insofern nahe, als die High Level Group ihrerseits die beiden Ausschlusstatbestände auf Betreiben ihres englischen Mitglieds als echte Alternativen verstanden wissen wollte.[79] Das alles spricht für ein mitgliedstaatliches Wahlrecht bei der Umsetzung.[80]

c) Zugerechnete Aktien

Für das Erreichen der 95 %-Schwelle finden in gewissem Umfang auch dem Bieter zuzurechnende Stimmrechte Berücksichtigung. Maßgebliche Zurechnungsvorschrift ist allerdings nicht die spezifisch übernahmerechtliche Zurechnungsvorschrift des § 30 WpÜG, sondern die sehr viel engere, weil insbesondere die Zurechnungstatbestände des § 30 Abs. 2 WpÜG nicht kennende Zurechnungsvorschrift des § 16 Abs. 4 AktG (§ 39a Abs. 2 WpÜG). Das entspricht der Regelung für den aktienrechtlichen Squeeze-Out (s. § 327a Abs. 2 AktG) und ist auch richtlinienkonform. Die in Art. 2 Abs. 1 lit. d, Abs. 2 Ü-RL für gemeinschaftlich handelnde Personen enthaltenen Zurechnungsregeln gelten nämlich nur für den die Angebotspflicht begründenden Kontrolltatbestand des Art. 5 Abs. 1 Ü-RL, nicht für die Anschlussfrage, ob der Bieter mit den aufgrund des Angebots insgesamt gehaltenen Aktien die Schwellenwerte des Art. 15 Abs. 2 lit. a oder lit. b Ü-RL erreicht oder gar überschritten hat. Dies folgt aus Art. 15 Abs. 3 Ü-RL, wonach die Mitgliedstaaten über Vorschriften verfügen, nach denen sich berechnen lässt, wann der Schwellenwert erreicht ist. Gemeint sind damit nämlich unter anderem Zurechnungsregeln nach Art des § 16 Abs. 4 AktG.[81]

---

78 *Maul*, NZG 2005, 151, 157 Fn. 12.

79 Näher *Hopt/Mülbert/Kumpan*, AG 2005, 109, 115.

80 Ganz h.M.; s. etwa *Maul/Muffat-Jeandet*, AG 2004, 306, 316; *Austmann/Mennicke*, NZG 2004, 846, 847; *Maul*, NZG 2005, 151, 157; *Hopt/Mülbert/Kumpan*, AG 2005, 109, 117; *Seibt/Heiser*, ZGR 2005, 200, 240 f.; *Hasselbach*, ZGR 2005, 387, 392; *Kindler/Horstmann*, DStR 2004, 866, 871 Fn. 65; a.A. – kumulative Umsetzung – wohl *Grundmann*, Europäisches Gesellschaftsrecht, 2004, Rz. 975.

81 S. *Maul/Muffat-Jeandet*, AG 2004, 306, 316.

d) Die Schwellenwerte im Falle stimmrechtsloser Vorzugsaktien

Hat die Zielgesellschaft neben Stammaktien zudem stimmrechtslose Vorzugsaktien begeben, kann der Bieter auch Vorzugsaktionäre ausschließen (lassen), wenn ihm „zugleich Aktien in Höhe von 95 Prozent des Grundkapitals der Zielgesellschaft" gehören (§ 39a Abs. 1 S. 2 WpÜG). Danach genügt die Innehabung von Aktien in Höhe von 95 % des gesamten Grundkapitals, ohne dass der Bieter zudem auch 95 % der stimmrechtslosen Vorzugsaktien halten müsste. Hat die Gesellschaft stimmrechtslose Vorzugsaktien im höchstzulässigen Umfang des hälftigen Grundkapitals (§ 139 Abs. 2 AktG) begeben und hält der Bieter alle Stammaktien, kann er dann im Maximum eine 10 %-Minderheit stimmrechtsloser Vorzugsaktionäre ausschließen (lassen).

2. *Angemessene Abfindung*

a) Ausschluss gegen Gewährung einer angemessenen Abfindung

Dem ausgeschlossenen Aktionär ist nach § 39a Abs. 1 S. 1 WpÜG bei der Übertragung seiner Aktien durch Gerichtsbeschluss eine angemessene Abfindung zu gewähren. In Parallele zu den aktienkonzernrechtlichen und umwandlungsrechtlichen Abfindungskonstellationen wird dies dahin zu verstehen sein, dass zwischen antragstellendem Bieter und verbleibenden Minderheitsaktionären ein gesetzliches Abfindungsschuldverhältnis besteht,[82] und dieser gesetzliche Abfindungs- bzw. Kompensationsanspruch mit Rechtskraft der gerichtlichen Gestaltungsentscheidung fällig wird.

Die Angemessenheit bestimmt sich, soweit die Übernahmerichtlinie keine bindenden Vorgaben macht, im Ausgangspunkt nach den Kriterien der Feldmühle-Rechtsprechungslinie des BVerfG. Maßgeblich ist danach der wahre bzw. innere Wert der Aktie, verstanden als deren anteiliger Unternehmenswert, oder aber ein die Aktie als selbständiges Wirtschaftsgut bepreisender höherer Börsenkurs.[83] Hinzu tritt die bereits angesprochene Vermutungsregel des § 39a Abs. 3 S. 3 WpÜG, wonach bei einer Annahmequote von mindestens 90 % die „im Rahmen des Übernahme- oder Pflichtangebots

82 *Mülbert/Schneider*, WM 2003, 2301, 2308.
83 Oben V.2.b. vor Fn. 65 f.

gewährte Gegenleistung ... als angemessene Abfindung anzusehen" ist. Nach der Regierungsbegründung begründet dies sowohl für vorausgegangene Pflicht- als auch Übernahmeangebote eine unwiderlegliche Vermutung.[84] Derart verstanden ist die Vermutungsvorschrift gleich mehrfach problematisch.

b) Richtlinienkonformität der 90 %-Annahmequote des § 39a Abs. 3 S. 3 WpÜG bei Pflichtangeboten?

Die Vermutungsregel des § 39a Abs. 3 S. 3 WpÜG hat ihren Ursprung in den Vermutungen des Art. 15 Abs. 5 Unterabs. 2 und 3 Ü-RL. Allerdings sieht Unterabsatz 3 für Pflichtangebote eine schwellenwertunabhängige per se-Vermutung vor. § 39a Abs. 3 S. 3 WpÜG ist mit dem Erfordernis einer 90 %-Annahmequote sehr viel strenger, was die Regierungsbegründung mit Hinweis auf die – insoweit jedoch gerade anderslautende – Vorgabe der Übernahmerichtlinie[85] und die Gegenäußerung der Bundesregierung zur Stellungnahme des Bundesrats mit nicht näher präzisierten Gründen des Aktionärsschutzes[86] erklären. Art. 3 Abs. 2 lit. b Ü-RL erlaubt den Mitgliedstaaten in der Tat, zum Schutze der Aktionäre bei Pflichtangeboten „zusätzliche Bedingungen und strengere Bestimmungen" vorzusehen, aber eben nur „für Angebote". Die Akzeptanzquote des § 39a Abs. 3 S. 3 WpÜG hat mit dem Angebotsverfahren und dessen Gestaltung jedoch gar nichts zu tun, sondern betrifft die Ausgestaltung des Squeeze-Out als einem besonderen Folgeverfahren zum Pflichtangebot. Die Einführung einer Akzeptanzquote gleich welcher Höhe als Voraussetzung für die Angemessenheitsvermutung bei einem Squeeze-Out nach vorausgegangenem Pflichtangebot ist daher von Art. 3 Abs. 2 lit. b Ü-RL nicht gedeckt.[87]

---

84 Begr. RegE (oben Fn. 8), S. 22.
85 Begr. RegE (oben Fn. 8), S. 22.
86 Gegenäußerung (oben Fn. 10), S. 7.
87 Ebenso jedenfalls i.E. *Habersack* (oben Fn. 54), § 10 Rz. 31; in der Tendenz ferner Handelsrechtsausschuss des DAV, NZG 2006, 217, 220; a.A. *Fuchs* in: Baums/Cahn (oben Fn. 6), S. 143.

c) Beschränkte Richtlinienkonformität des § 39 Abs. 3 S. 3 WpÜG als unwiderlegliche Vermutung

Die Richtlinienkonformität des § 39a Abs. 3 S. 3 WpÜG stünde außer Zweifel, wenn Art. 15 Abs. 5 Ü-RL seinerseits unwiderlegliche Angemessenheitsvermutungen für freiwillige Übernahmeangebote (bei mindestens 90 %iger Annahmequote, Unterabs. 2) und Pflichtangebote (Unterabs. 3) vorgäbe.[88] Bislang wird die Qualität der vom nationalen Recht vorzusehenden Vermutungen – widerleglich oder unwiderleglich – praktisch durchweg einheitlich beurteilt,[89] freilich mit diametral entgegengesetzten, wenn auch meist nicht näher begründeten Ergebnissen.[90]

Die Genese der Vermutungen spricht zunächst dafür, dass für beide Konstellationen nur eine widerlegliche Vermutung ins Auge gefasst war. Die Europäische Kommission wollte mit dem Ausschlussrecht und dem Andienungsrecht nämlich entsprechende Anregungen der High Level Group of Company Law Experts umsetzen[91] und diese hatte lediglich je widerlegliche Vermutungen vorgeschlagen.[92] Berücksichtigt man aber den funktionalen

---

88 A.A. wohl nur *Heidel/Lochner*, Der Betrieb 2005, 2564, 2565 ff. wegen Verfassungswidrigkeit(!) des Art. 15 Abs. 5 Ü-RL (unter neben der Sache liegender Berufung auf die Entscheidung des BVerfG – NJW 2005, 2289 ff. – zum europäischen Haftbefehl; dazu zu Recht krit. *Rühland*, NZG 2006, 401, 406 f.).

89 Differenzierend nur *Hopt/Mülbert/Kumpan*, AG 2005, 109, 117: widerleglich bei freiwilligen Übernahmeangeboten (Unterabs. 2), unwiderleglich bei Pflichtangeboten (Unterabs. 3).

90 Für Widerleglichkeit der Vermutungen etwa *Maul/Muffat-Jeandet*, AG 2004, 306, 317; *Maul*, NZG 2005, 151, 157; *Mülbert*, NZG 2004, 633, 634; *Simon*, Der Konzern 2006, 12, 17 *Rühland*, NZG 2006, 401, 407; *Möllers* in: Schulze/Zuleeg (Hrsg.), Europarecht, 2006, § 18 Rz. 131; *Heidel/Lochner*, Der Konzern 2006, 653, 656; a.A. – unwiderlegliche Vermutungen – Handelsrechtsausschuss des DAV, NZG 2006, 217, 219; *Krause*, BB 2004, 113, 118; *Wiesner*, ZIP 2004, 343, 349; *Austmann/Mennicke*, NZG 2004, 846, 851; *Hasselbach*, ZGR 2005, 387, 405 ff.; *Seibt/Heiser*, ZIP 2002, 2193, 2201; *dies.*, ZGR 2005, 200, 243 f.; *dies.*, AG 2006, 301, 318 f.; *Meyer*, WM 2006, 1135, 1142; *von Kann/Just*, DStR 2006, 328, 331; tendenziell auch *Habersack* (oben Fn. 54), § 10 Rz. 29; *Grundmann* (oben Fn. 80), Rz. 976.

91 Commission Communication on the proposal for a Directive of the European Parliament and the Council on takeover bids, of 2 October 2002, p. 3 (explanatory memorandum); s. auch *Neye* NZG 2002, 1144, 1145.

92 S. Bericht (oben Fn. 16), S. 14 (Empfehlung III.3./5.), 76, 79: Vermutungen sollen anfechtbar sein. Die englische (Original-)Fassung spricht von „rebut-

Gesamtzusammenhang, den die Übernahmerichtlinie zwischen den Bestimmungen für (Pflicht-)Angebote und denjenigen für die Folgemechanismen – Squeeze-Out und Sell-Out – hergestellt hat und in dessen Lichte auch die jeweiligen Preisvermutungen zu verstehen sind, spricht alles für eine Differenzierung dahin, dass die Vermutung im Falle von Pflichtangeboten unwiderleglich und im Falle von Übernahmeangeboten widerleglich ist. Im Einzelnen:

Was zunächst das Pflichtangebot anbelangt, ist insbesondere auch die Ermächtigung der Mitgliedstaaten aus Art. 5 Abs. 4 Unterabs. 2 Ü-RL bedeutsam, ihren Aufsichtsbehörden für Einzelfälle die Befugnis zur Änderung des Angebotspreises unter bestimmten Voraussetzungen und nach klar definierten Kriterien einzuräumen. Da die Angemessenheitsvermutung des Art. 15 Abs. 5 Unterabs. 3 Ü-RL auch für einen solchen Fall gilt – Anhaltspunkte für eine diesbezügliche Einschränkung liefern weder Wortlaut noch Genese oder Systematik –, spricht alles für die Unwiderleglichkeit. Andernfalls müsste man nämlich annehmen, dass Art. 5 Abs. 4 Unterabs. 2 Ü-RL die Mitgliedstaaten dazu ermächtigt, ihren Aufsichtsbehörden bei der Abänderung des Angebotspreises auch die Festsetzung einer Gegenleistung zu gestatten, die im Sinne der Übernahmerichtlinie und insbesondere deren Art. 5 Abs. 4 gerade nicht angemessen ist. Das wiederum stünde im unüberbrückbaren Widerspruch dazu, dass Art. 5 Abs. 4 Unterabs. 2 Ü-RL die mitgliedstaatliche Ermächtigung, für den Einzelfall aufsichtsbehördliche Preiskorrekturen vorzusehen, unter den Vorbehalt der Wahrung der allgemeinen Grundsätze des Art. 3 Abs. 1 Ü-RL und damit insbesondere auch das Gebot des lit. a stellt, die Aktionäre bei Pflichtangeboten zu schützen. Ist aber nach der Konzeption der Richtlinie selbst bei einer aufsichtsbehördlichen Preiskorrektur im Einzelfall die Vorgabe eines „angemessenen Angebotspreises" zu wahren, kann Art. 15 Abs. 5 Unterabs. 3 Ü-RL sinnhaft kaum anders denn als unwiderlegliche Vermutung verstanden werden. Pointiert gesagt, werden im Falle des Pflichtangebots die Interessen der betroffenen Aktionäre nach der Konzeption der Übernahmerichtlinie dadurch gewahrt, dass der nationale Gesetzgeber seine Mindestpreisvorschriften im durch die Art. 3 Abs. 2 lit. b (i.V.m. Abs. 1) und Art. 5 Abs. 4 Unterabs. 2 Ü-RL gezogenen Rahmen

---

table" und bringt den Charakter als bloß widerlegliche Vermutungen klarer zum Ausdruck.

entsprechend auszugestalten vermag,[93] nicht durch eine lediglich den verbleibenden Minderheitsaktionären zu Gute kommende Widerleglichkeit der Angemessenheitsvermutung.

Bei freiwilligen Übernahmeangeboten liegt es demgegenüber ganz anders. Die Übernahmerichtlinie kennt insoweit keine Mindestpreisregeln. Daher würde es schon konzeptionell einen unüberbrückbaren Widerspruch bedeuten, wenn Art. 15 Abs. 5 Unterabs. 2 Ü-RL gleichwohl ein Mindestpreisregime mittelbar dadurch erzwänge, dass die beim Squeeze-Out zu beachtenden Abfindungsstandards mit der Vorgabe einer unwiderleglichen Vermutung nach vorne auf das vorgängige freiwillige Übernahmeangebot projiziert werden. Weil der Übernahmerichtlinie, wie dargelegt, Mindestpreisregeln für freiwillige Übernahmeangebote sogar gänzlich fremd sind,[94] wird man in der Vorgabe einer widerleglichen Vermutung sogar eine Maximalharmonisierung sehen müssen. Den Mitgliedstaaten ist es verwehrt, hierüber durch Einführung einer unwiderleglichen Vermutung hinauszugehen.

d) Exkurs: Verfassungskonformität einer unwiderleglichen Vermutung bei Übernahmeangeboten?

Die Konzeption des § 39 Abs. 3 S. 3 WpÜG als unwiderlegliche Vermutung begegnet für Übernahmeangebote unabhängig von den dargelegten gemeinschaftsrechtlichen Bedenken angesichts des derzeitigen, in den § 31 WpÜG, §§ 4 – 6 WpÜG-AngebotsVO ausgeformten Mindestpreisregimes auch durchgreifenden verfassungsrechtlichen Einwänden.

Dass diese Regeln den vom BVerfG in seiner Feldmühle-Rechtsprechungslinie entwickelten materiellen Kriterien für die Angemessenheit der Abfindung beim (faktisch) erzwungenen Ausscheiden aus der Gesellschaft nicht genügen,[95] lässt sich wohl kaum bestreiten.[96] Insbesondere liegt es neben der Sache, wenn das Zurückbleiben der Abfindung hinter dem inneren Wert der Aktie, verstanden als deren anteiligem Unternehmenswert, unter Hinweis auf die Dispositionsfreiheit der annehmenden Aktionäre für ver-

93 Dazu schon oben V.2.a.

94 Oben V.3.a. bei Fn. 70.

95 Oben V.2.b. bei Fn. 64 ff.

96 A.A. freilich *Hasselbach*, ZGR 2005, 387, 407 mit der schlichten Annahme, dass der Börsenkurs den Unternehmenswert widerspiegelt.

fassungsrechtlich unbedenklich erklärt wird; diesen stehe die Entscheidung zur Annahme oder Nichtannahme nämlich frei.[97] Beim Squeeze-Out geht es doch um die Abfindung der zwangsweise ausgeschlossenen Aktionäre, und im Bezug auf diese lässt sich die Angemessenheit der angebotenen Gegenleistung als Abfindung wohl kaum damit rechtfertigen, dass sie eine freiwillige Entscheidung getroffen haben – weil sie sich eben gerade gegen die Annahme des hinter dem inneren Wert zurückbleibenden Angebots entschieden haben.

Die Gegenäußerung der Bundesregierung zu entsprechenden Bedenken des Bundesrats setzt denn auch rein prozedural an. Bei einer Annahmequote von 90 % „kann ... davon ausgegangen werden, dass die gebotene Gegenleistung mindestens dem Verkehrswert der Aktien entspricht und damit angemessen ist. Eventuell hierüber hinausgehende Preisvorstellungen der verbleibenden Aktionäre müssen nicht berücksichtigt werden".[98] Unschädlich hält die Gegenäußerung ferner, dass anlässlich der Einführung des aktienrechtlichen Squeeze-Out von der Einführung einer § 39a Abs. 3 S. 3 WpÜG entsprechenden Vermutungsregel (§ 327b Abs. 1 S. 3 AktG-E) aufgrund verfassungsrechtlicher Bedenken[99] letztlich abgesehen wurde, weil doch die Verfassungswidrigkeit der damaligen Vorschrift „keineswegs als erwiesen angesehen" wurde.[100]

All dies vermag freilich nicht zu widerlegen, dass das BVerfG in seiner Feldmühle-Rechtsprechungslinie (DAT/Altana, Moto-Meter) den Markttest, beim Squeeze-Out also die Annahmequoten, gerade nicht als eine Konsensschätzung des Verkehrswerts der Gesellschaft, sondern des Werts der einzelnen Aktie als selbständigem Wirtschaftsgut ansieht. Die hieraus resultierenden verfassungsrechtlichen Einwände lassen sich auch nicht mit dem Hinweis entkräften, dass eine unwiderlegliche Vermutung mit den Anforderungen der Moto-Meter-Entscheidung des BVerfG[101] an das Vorhandensein verfahrensmäßiger Sicherungen vereinbar sei, weil solche Mechanismen fehlen dürften, wenn auf Grund von Marktmechanismen ein Schutz-

97 So aber *Rühland*, NZG 2006, 401, 404.
98 Gegenäußerung (oben Fn. 10), S. 6.
99 S. etwa *Heidel/Lochner*, Betrieb 2001, 2031 ff.; *Rühland*, NZG 2001, 448, 455; *Wenger/Kaser/Hecker*, ZBB 2001, 317; 332; *Vetter*, AG 2002, 176, 188.
100 Gegenäußerung (oben Fn. 10), S. 6 f.
101 BVerfG, WM 2000, 1948, 1950.

bedürfnis der Aktionäre gar nicht bestehe und weil die Vermutungsregel auf einem solch funktionsfähigen Marktmechanismus aufsetze.[102] Denn als unwiderlegliche Vermutung bzw. Fiktion determiniert § 39a Abs. 3 S. 2 WpÜG schon auf der materiell-rechtlichen Ebene die Höhe der geschuldeten Abfindung und muss also den diesbezüglichen verfassungsrechtlichen Anforderungen genügen. Demgegenüber bleibt die von der Moto-Meter-Entscheidung geforderte verfahrensmäßige Flankierung ganz unberührt. Nicht die gerichtliche Überprüfungsbefugnis wird nämlich eingeschränkt, sondern es werden die gerichtlich weiterhin voll überprüfbaren materiell-rechtlichen Anforderungen sozusagen verkürzt.

Unabhängig davon blieben selbst bei einer entsprechenden Änderung der bundesverfassungsgerichtlichen Judikatur weiterhin die Anforderungen des Art. 3 Abs. 1 GG zu beachten. Sollte bei Bewertungsfragen allein die Größe der Mehrheit dafür maßgeblich sein, ob die Mehrheit unwiderleglich richtig liegt, wäre dieser Gedanke auch auf alle sonstigen Abfindungskonstellationen (s. § 1 SpruchG) und sogar auf die verbliebenen Konstellationen, in denen Bewertungsrügen qua Anfechtungsklage geltend zu machen sind, zu übertragen. Entsprechend hohe Quoren für die Antragsbefugnis im Spruchstellenverfahren und die Erhebung einer Anfechtungsklage wären zulässig und im Lichte des Art. 3 Abs. 1 GG dann sogar geboten.

3. *Gerichtliches Ausschlussverfahren*

Der Ausschluss der verbleibenden Minderheitsaktionäre erfolgt durch ein den Verfahren der freiwilligen Gerichtsbarkeit nachgebildetes gerichtliches Ausschlussverfahren. Für dieses gelten die §§ 39a, 39 WpÜG und im Übrigen die Vorschriften des FGG (§ 39b Abs. 1 WpÜG).

Die erstinstanzliche Zuständigkeit hat der Gesetzgeber mit der ausschließlichen Zuständigkeit des Landgerichts Frankfurt am Main (§ 39a Abs. 5 WpÜG) bundesweit bei diesem Gericht konzentriert.

Die Einleitung des Verfahrens erfolgt durch fristgebundenen Antrag eines antragsbefugten Bieters. Was die Antragsfrist betrifft, muss der Antrag innerhalb von drei Monaten nach Ablauf der Annahmefrist für ein Übernahme-

102 So *Austmann/Mennicke*, NZG 2004, 846, 850; der Sache nach ablehnend hierzu *Rühland*, NZG 2006, 401, 405 f.

oder Pflichtangebot gestellt werden (§ 39a Abs. 4 S. 1 WpÜG). Antragsbefugt ist nur eine im vorangegangenen Angebotsverfahren förmlich als Bieter aufgetretene Person (formaler Bieterbegriff),[103] dem nach einem Übernahme- oder Pflichtangebot Aktien der Zielgesellschaft in Höhe von mindestens 95 % des Grundkapitals gehören (s. § 39a Abs. 1 S. 1 WpÜG) oder dessen Angebot von Aktionären der Zielgesellschaft in einem Umfang angenommen wurde, dass ihm bei späterem Vollzug der durch die Annahme des Angebots geschlossenen Kaufverträge Aktien in Höhe von 95 % am Grundkapital der Zielgesellschaft gehören werden (§ 39a Abs. 4 S. 2 WpÜG).[104] Diese Ausdehnung der Antragsbefugnis soll dem Umstand Rechnung tragen, dass Übernahmeangebote vielfach mit aufschiebenden Bedingungen versehen werden, etwa der Bedingung der Erteilung aller für den Zusammenschluss erforderlichen kartellrechtlichen Genehmigungen.[105]

Der Ausschluss der verbliebenen Minderheitsaktionäre durch Übertragung ihrer Aktien auf den antragstellenden Bieter wird mit Rechtskraft der in Beschlussform (§ 39b Abs. 3 S. 1 WpÜG) ergehenden richterlichen Gestaltungsentscheidung wirksam (§ 39b Abs. 5 S. 1, 3 WpÜG)[106]. In dem Beschluss muss das Gericht, auch wenn dies in § 39b WpÜG nicht explizit angeordnet ist, auch die Höhe der angemessenen Gegenleistung bestimmen. Das Ausschlussverfahren ist also ein Verfahren mit gerichtlicher Preisfindung, in dem folglich auch streitige Bewertungsfragen zu klären sind. Im Gegensatz zum durchgängigen Regelungsansatz des Aktien(konzern)rechts[107] und des Umwandlungsrechts ist die Höhe der angemessenen Abfindung nicht in einem selbständigen Spruchverfahren, sondern im Ausschlussverfahren selbst zu klären.

---

103 *Seibt/Heiser*, AG 2006, 301, 317; *Heidel/Lochner*, Der Konzern 2006, 653, 654.

104 Die erst im Laufe des Gesetzgebungsverfahrens eingeführte Einschränkung der Antragsbefugnis auf Bieter, denen 95 % der Aktien gehören (werden), ist an sich entbehrlich, weil die 95 %ige Beteiligung ohnehin eine zentrale Sachentscheidungsvoraussetzung bildet (s. auch § 39b Abs. 3 S. 2 WpÜG).

105 Beschlussempfehlung (oben Fn. 11), S. 13.

106 Angesichts der in § 39b Abs. 5 S. 3 WpÜG angeordneten konstitutiven Wirkung des rechtskräftigen Beschlusses kaum haltbar *Heidel/Lochner*, Der Konzern 2006, 653, 655, 658: § 39a Abs. 1 S. 1 WpÜG ist gemeinschaftsrechtskonform als bloße Verpflichtung der Minderheitsaktionäre zur Zug-um-Zug-Übertragung der Aktien auszulegen.

107 Für den aktienrechtlichen Squeeze-Out im Besonderen s. § 327f AktG.

Die Konsequenzen liegen auf der Hand. Verfehlt das Angebot die 90 %-Annahmequote des § 39a Abs. 3 S. 2 WpÜG, muss das Gericht die Höhe der angemessenen Abfindung wie in einem Spruchverfahren ermitteln. Damit ist auch eine vergleichbare mehrjährige Verfahrensdauer zu erwarten, freilich mit dem entscheidenden Unterschied gegenüber dem aktienrechtlichen Squeeze-Out (s. § 327e Abs. 3 AktG), dass auch der Ausschluss der Minderheitsaktionäre erst nach diesem langen Zeitraum wirksam wird. Hat der Bieter die 90 %-Annahmeschwelle erreicht, kommt ihm zwar die Vermutung des § 39a Abs. 3 S. 3 WpÜG über die Angemessenheit der im vorgängigen Angebot vorgesehenen Gegenleistung zu Gute. Für freiwillige Übernahmeangebote kann es sich hierbei aber lediglich um eine widerlegliche Vermutung handeln,[108] so dass das Ausschlussverfahren regelmäßig gleichwohl geraume Zeit in Anspruch nehmen wird. Vor diesem Hintergrund kann nicht verwundern, dass die Praxis das übernahmerechtliche Ausschlussverfahren als praxisuntauglich ansieht und davon ausgeht, dass die besonders erfolgreichen Bieter hiervon keinen Gebrauch machen werden.[109]

Gemeinschaftsrechtlich gewendet stellt diese Einschätzung nachhaltig in Frage, dass der Gesetzgeber seiner in Art. 249 Abs. 3 EGV verankerten Verpflichtung zur effektiven Umsetzung der Übernahmerichtlinie nachgekommen ist, indem er ohne erkennbaren Sachgrund die Übertragung der Aktien von der vorgängigen Ermittlung der angemessenen Abfindung abhängig gemacht hat, statt diese Bewertungsfrage abzukoppeln und entsprechend dem aktien(konzern)rechtlichen und umwandlungsrechtlichen Regelungskonzept einem selbständigen Spruchverfahren zu überantworten.

VII. Andienungsrecht

Das Andienungsrecht verbleibender Minderheitsaktionäre aus § 39c WpÜG bildet das Gegenstück zum Ausschlussrecht eines Bieters. Folgerichtig gelten übereinstimmende Tatbestandsvoraussetzungen. Das bedeutet auch, dass § 39c WpÜG wie schon die §§ 39a, 39b WpÜG[110] eine „andere gesellschafts-

108 Näher soeben VI.2.c./d.

109 *Seiler*, Börsenzeitung v. 17.1.2007, S. 2; vgl. auch Handelsrechtsausschuss des DAV, NZG 2006, 217, 220.

110 Zum Ausschussrecht oben VI.1.a. bei Fn. 76.

rechtliche Frage" im Sinne des § 1 Abs. 2 WpÜG regelt,[111] also auch bei einer Zielgesellschaft mit Sitz im Inland und ausschließlicher Zulassung zu einem Markt in einem oder mehreren anderen EWR-Staaten zum Zuge kommt.

Rechtstechnisch hat der Gesetzgeber das Andienungsrecht in Form einer zweiten erweiterten Annahmefrist, d.h. in einer Art Extension der Zaungastregel des § 16 Abs. 2 WpÜG, umgesetzt. Verbleibende Aktionäre können das ursprüngliche Angebot noch innerhalb von drei Monaten nach Ablauf der Annahmefrist (§ 16 Abs. 1 WpÜG) annehmen, wenn dem Bieter mindestens 95 % der stimmberechtigten Aktien gehören (§ 39a Abs. 1 S. 1 WpÜG) oder ihm beim späteren, d.h. erst mehr als drei Monate nach Ende der Annahmefrist erfolgenden Vollzug des Angebots gehören werden (s. § 39a Abs. 4 S. 2 WpÜG). Anspruchsgegner sind damit nur der bzw. die mehreren Bieter, nicht dagegen auch diejenigen, die zwar ebenfalls Kontrolle im Sinne des § 29 Abs. 2 WpÜG erlangt haben, aber kein eigenes Angebot abzugeben haben, sei es aufgrund einer ex lege eintretenden Befreiung durch das Angebot des Bieters oder aber aufgrund einer Befreiungsentscheidung der BaFin nach § 37 WpÜG. Hiergegen ist aus Sicht der Übernahmerichtlinie nichts zu erinnern.

Bedenken begegnet aber die rechtstechnische Ausgestaltung als nochmalige erweiterte Annahmefrist. Der Angebotspreis ist nämlich nicht stets die angemessene Abfindung, die dem Aktionär bei der Ausübung des Andienungsrechts nach Art. 16 Ü-RL zu gewähren ist.[112] Im Einzelnen: Art. 16 Abs. 2, 3 Ü-RL gibt vor, dass dem Aktionär bei Ausübung des Andienungsrechts eine angemessene Abfindung zu gewähren ist und verweist, was die Angemessenheit nach Art und Höhe anbelangt, vollumfänglich auf die Regeln für den Squeeze-Out in Art. 15 Abs. 2 – 4 Ü-RL.[113] Für den Squeeze-Out folgt aber sowohl aus Art. 15 Abs. 5 Ü-RL als auch aus § 39a Abs. 3 WpÜG, dass der angemessene Preis nicht stets der Angebotspreis ist.

111 Begr. RegE (oben Fn. 8), S. 16.

112 Hierauf weist *Schüppen*, BB 2006, 165, 169 zutreffend hin.

113 Diesen Verweis in Art. 16 Abs. 3 Ü-RL ignoriert, wer Preisregeln und Angemessenheitsvermutungen beim übernahmerechtlichen Squeeze-Out für vollständig entbehrlich erklärt, weil sich der Aktionär für die Ausübung des Andienungsrechts freiwillig entscheide (so der Handelsrechtsausschuss des DAV, NZG 2006, 217, 222; s. auch schon *Austmann/Mennicke*, NZG 2004, 846, 855).

Unabhängig davon, ob und inwieweit die Vermutungsregel des § 39a Abs. 3 S. 2 WpÜG den Umsetzungsvorgaben des Art. 15 Abs. 5 Ü-RL gerecht wird, stimmen Art. 15 Abs. 5 Ü-RL und § 39a Abs. 3 S. 2 WpÜG jedenfalls für freiwillige Übernahmeangebote darin überein, dass bei Verfehlung einer 90 %igen Annahmequote die angemessene Abfindung vom Angebotspreis abweichen kann. Die Konsequenzen hieraus für die Anforderungen an eine richtlinienkonforme Umsetzung des Andienungsrechts liegen auf der Hand: Wenn und soweit die angemessene Abfindung beim Squeeze-Out vom Angebotspreis abweichen kann, muss auch die Regelung des Andienungsrechts eine entsprechende „Nachbesserung" vorsehen. Die regelungstechnisch schlanke Lösung des § 39c WpÜG in Form einer (nochmaligen) erweiterten Annahmefrist wird dem nicht gerecht.[114]

VIII. Anwendungsbereich des WpÜG und Zuständigkeit der BaFin

Die Vorschriften zum Anwendungsbereich des WpÜG (§ 1) und den Zuständigkeiten der BaFin waren bei der Schaffung des Gesetzes bewusst als überarbeitungsbedürftige vorläufige Regelungen konzipiert worden.[115] Eine Anpassung an die diesbezüglichen komplizierten Vorgaben des Art. 4 Ü-RL erfolgte erst im Transparenzrichtlinie-Umsetzungsgesetz. Was die Details der Umsetzungsvorgaben, die Umsetzungsmöglichkeiten und schließlich die vom Gesetzgeber gefundenen Lösungen angeht, haben diese von Anfang an große Aufmerksamkeit gefunden.[116] Hingegen wurde bislang nur vereinzelt vermerkt, dass der deutsche Gesetzgeber zu einer von Art. 4 Ü-RL ganz abweichenden Regelungskonzeption gefunden hat.[117] Art. 4 Ü-RL teilt zunächst die aufsichtsbehördlichen Zuständigkeiten zwischen den Aufsichtsbehörden der Mitgliedstaaten auf und bestimmt daran anknüpfend sodann das jeweils anwendbare Recht. Demgegenüber legt § 1 WpÜG den Anwendungsbereich der Bestimmungen des WpÜG in differenzierter Weise fest und determiniert

---

114 Insoweit zutreffend krit. *Heidel/Lochner*, Der Konzern 2006, 653, 659.

115 Oben I. bei Fn. 15.

116 Neben den oben in Fn. 6 f., 9 genannten Beiträgen s. im Besonderen ferner *von Hein*, ZGR 2005, 528 ff.; *Josenhans*, ZBB 2006, 269 ff.; *Kiesewetter*, RIW 2006, 518 ff.

117 S. aber *Schüppen*, Der Betrieb 2006, 165, 169.

damit implizit zugleich die Zuständigkeiten der BaFin. Trotz dieses abweichenden konzeptionellen Ansatzes dürfte das WpÜG in der Sache den Vorgaben des Art. 4 Ü-RL aber ganz und gar genügen.

Kennzeichnend für das umfassend schon auf gemeinschaftsrechtlicher Ebene ausgeformte System an Zuweisungen ist eine Aufspaltung von anwendbarem Recht und aufsichtsbehördlichen Zuständigkeiten für den Fall, dass es bei einer Gesellschaft mit Sitz in einem EWR-Mitgliedstaat an der Zulassung ihrer stimmberechtigten Aktien zum Handel (auch) an einem organisierten Markt in ihrem Sitzstaat fehlt. Bei der jeweiligen Zuweisung wird unterschieden zwischen „gesellschaftsrechtlichen Fragen" (Art. 4 Abs. 2 lit. b./c. i.V.m. lit. e S. 2 Ü-RL; § 1 Abs. 2 WpÜG) und Fragen der Gegenleistung, des Inhalts der Angebotsunterlage und des Angebotsverfahrens (Art. 4 Abs. 2 lit. e S. 1 Ü-RL; § 1 Abs. 3 S. 2 WpÜG). Trotz verbreitetem Unbehagen darüber, ob diese sachliche Abgrenzung zwischen den kumulativ anwendbaren mitgliedstaatlichen Übernahmerechten sowie den Zuständigkeiten der beteiligten Aufsichtsbehörden sich im europäischen Kontext zu bewähren vermag, wurden bislang noch kaum Regelungen identifiziert, deren jeweilige Zuordnung nach Maßgabe der gemeinschaftsrechtlichen Vorgaben zweifelhaft erscheinen könnte.

Trefflich streiten lässt sich aber wohl, und mit diesem Hinweis muss es schon aus Platzgründen bewenden, über die Zuordnung des § 24 WpÜG, wonach die BaFin dem Bieter unter dort näher bezeichneten Voraussetzungen gestatten kann, Aktionäre in einem Staat außerhalb des EWR (z.B. USA, Kanada) vom Angebot auszunehmen. Geht es hierbei um die Regelung einer gesellschaftsrechtlichen Frage, weil diesen Aktionären gegenüber schon die Angebotspflicht als solche entfällt oder handelt es sich, vielleicht letztlich doch näherliegend, um eine Frage des Angebotsverfahrens?

IX. Schlussbemerkungen

Das deutsche Übernahmerecht hat mit der Umsetzung der Übernahmerichtlinie durch das Übernahmerichtlinie-Umsetzungsgesetz seine endgültige Gestalt möglicherweise nur vorläufig gefunden. Trotz aller Bemühungen von Gesetzesverfassern, Praxis und auch Wissenschaft steht die Richtlinien- und Verfassungskonformität der Regelungen des WpÜG in einigen Kernpunkten keineswegs ganz außer Zweifel. Ursächlich hierfür sind mehrere Faktoren.

Genannt seien an dieser Stelle nur drei: (i) der Gegensatz zwischen der Übernahmerichtlinie mit ihrer englischen Regelungsvorstellungen verhafteten Fokussierung auf den Aktienerwerbstatbestand (Erwerbsprinzip) und der ambitionierteren deutschen Gesetzeskonzeption, die eine Kontrollerlangung auch unabhängig von Erwerbstatbeständen durch rechtsgeschäftliche Abreden einbezieht und daher an zahlreichen Stellen der Richtlinie unbekannte Zusatzelemente[118] einführen muss; (ii) Unsicherheiten über die Reichweite der nach der Richtlinie verbleibenden mitgliedstaatlichen Abweichungsbefugnisse; (iii) das Ineinandergreifen von gemeinschaftsrechtlichen und verfassungsrechtlichen Anforderungen. Diese Kollusion, und nicht etwa Kollision, von Richtlinienrecht und Verfassungsrecht zum Schutze der Aktionäre birgt besondere Herausforderungen. Sie dürfte den BGH auch nach seiner ersten Maßstäbe setzenden Grundsatzentscheidung vom September letzten Jahres noch häufiger beschäftigen.

118 Z.B. den Zurechnungstatbestand des § 30 Abs. 2 WpÜG betreffend die Kontrolle kraft Koordination der Stimmrechtsausübung und die zusätzliche Mindestpreisschwelle in Form des gewichteten Durchschnittsbörsenkurses.

Diskussionsbericht

Dr. *Christoph Kumpan* LL.M. (Univ. of Chicago)
Max-Planck-Institut für ausländisches und internationales Privatrecht, Hamburg

Der Bankrechtstag 2006 der Bankrechtlichen Vereinigung – Wissenschaftliche Gesellschaft für Bankrecht e.V. (BrV) fand am 23. Juni 2006 in Zürich statt. Insgesamt hatten sich 164 Teilnehmer angemeldet. Themen des Bankrechtstages waren diesmal die Vermögensverwaltung (1. Abteilung) und das Übernahmerecht im Gefolge der EU-Übernahmerichtlinie (2. Abteilung), die aus schweizerischer, österreichischer und deutscher Sicht diskutiert wurden.

Der Bankrechtstag wurde von Prof. Dr. Dr. Dr. h.c. mult. *Klaus J. Hopt,* Direktor am Max-Planck-Institut für ausländisches und internationales Privatrecht in Hamburg und Vorstand der BrV, eröffnet. Er begrüßte die Anwesenden und gab zunächst einen Überblick über die gegenwärtige Situation der BrV. Dabei gab er unter anderem bekannt, dass die BrV mittlerweile 847 Mitglieder hat. Sodann führte er in die Themen des Bankrechtstags ein und dankte dabei den Referenten und Diskussionsleitern für ihr Engagement sowie der Credit Suisse für ihre Unterstützung des Bankrechtstags. Im Anschluss an *Hopt* begrüßte Prof. Dr. *Wolfgang Wiegand,* em. Ordinarius für Privatrecht, Privatrechtsgeschichte, Bank- und Wirtschaftsrecht, Bern, und zugleich Kuratoriumsmitglied der BrV, die Anwesenden und betonte, dass der Tagungsort im Ausland erneut der Bedeutung der Rechtsvergleichung Rechnung trage.

I. Vermögensverwaltung

Die 1. Abteilung des Bankrechtstages, die sich mit dem Thema Vermögensverwaltung befasste, wurde von *Arne Wittig*, Chefsyndikus Deutschland/ Zentraleuropa der Deutsche Bank AG, Frankfurt a.M., geleitet.

1.1 In seinem Einführungsvortrag sprach Prof. Dr. *Christoph Benicke*, Gießen, über das Recht der Vermögensverwaltung.[1] Einleitend diskutierte er die Bedeutung der Vermögensverwaltung sowie ihre Vorteile und Kosten. Sodann widmete er sich den rechtlichen Aspekten der Vermögensverwaltung und sprach insbesondere über die Anlagerichtlinien für Vermögensverwalter, die Interessenkonflikte, denen Vermögensverwalter ausgesetzt sind, und ihre Treuepflichten. Dabei nahm er auch Rück- und erfolgsbezogene Vergütungen in den Blick.

[Beitrag *Benicke* S. 3]

1.2 Daran anschließend stellte Prof. Dr. *Frank A. Schäfer*, LL.M., Düsseldorf, die Auswirkungen der Richtlinie über Märkte für Finanzinstrumente (MiFID)[2] auf die Vermögensverwaltung vor. Dabei befasste er sich insbesondere auch mit den Bestimmungen der Durchführungsrichtlinie zur MiFID, für die die EU Kommission am 6.2.2006 und 21.4.2006 Vorschläge vorgelegt hatte.[3] Dabei widmete er sich insbesondere dem Best Execution, den Be-

---

1 Umfassend dazu *Benicke*, Wertpapiervermögensverwaltung, 2006.

2 Richtlinie 2004/39/EG des Europäischen Parlaments und des Rates vom 21.4.2004 über Märkte für Finanzinstrumente, zur Änderung der Richtlinien 85/611/EWG und 93/6/EWG des Rates und der Richtlinie 2000/12/EG des Europäischen Parlaments und des Rates und zur Aufhebung der Richtlinie 93/22/EWG des Rates, ABl. EU 2004 Nr. L 145 vom 30.4.2004, S. 1, in der Fassung der Änderung durch die Richtlinie 2006/31/EG des Europäischen Parlaments und des Rates vom 5.4.2006 zur Änderung der Richtlinie 2004/39/EG über Märkte für Finanzinstrumente in Bezug auf bestimmte Fristen, ABl. EU Nr. L 114 vom 27.4.2006, S. 60.

3 Veröffentlicht wurde allerdings lediglich der Entwurf der Richtlinie der Kommission zur Durchführung der Richtlinie 2004/39/EG des Europäischen Parlaments und des Rates in Bezug auf die organisatorischen Anforderungen an Wertpapierfirmen und die Bedingungen für die Ausübung ihrer Tätigkeit sowie bestimmte Begriffsdefinitionen für die Zwecke der genannten Richtlinie vom 6.2.2006 (MiFID-Durchführungsrichtlinie-E), abrufbar unter <http://ec.europa.eu/internal_market/securities/docs/isd/dir-2004-39-implement/dir-6-2-06-final_de.pdf>. Mittlerweile hat die Kommission am 30.6.2006 eine neue Version des MiFID-Durchführungsrichtlinie-E veröffentlicht, abrufbar unter <http://ec.europa.eu/internal_market/securities/docs/isd/dir-2004-39-implement/dir-30-6-06_de.pdf>. Im Folgenden wird die erste, den Vorträgen zugrunde liegende Version zitiert.

stimmungen über Interessenkonflikte, den Bestimmungen zu Abschluss und Inhalt des Vermögensverwaltungsvertrages – insbesondere die Form des Verwaltungsvertrages, die Vereinbarung von Benchmarks und die Benachrichtigungspflichten – sowie Retrozessionen (Kickbacks) und Bestandspflegeprovisionen.

[Beitrag *Schäfer*, S. 31]

1.3 Prof. Dr. *Wolfgang Wiegand*, Bern, sprach über das Vermögensverwaltungsgeschäft in der Schweiz. Nach einer einleitenden Diskussion der Bedeutung der Vermögensverwaltung für die Schweiz und deren verschiedene Arten widmete er sich den einschlägigen rechtlichen Bestimmungen. Insbesondere diskutierte er das Auftragsrecht, Art. 11 BEHG[4] sowie die Richtlinien der Schweizerische Bankiersvereinigung. Abschließend sprach Wiegand über Retrozessionen.

[Beitrag *Wiegand* S. 59]

1.4 In der Diskussion merkte *Hopt* an, dass bei der Vermögensverwaltung eine zunehmende Tendenz zur Verrechtlichung zu beobachten sei, die insbesondere auch durch die MiFID vorangetrieben werde. Er erkundigte sich nach dem Grund dafür und nach den dadurch hervorgerufenen Kosten. *Schäfer* führte dies auf den Lamfalussy-Prozess zurück, bei dem durch das Committee of European Securities Regulators (CESR) das größtmögliche Vielfache an Regelungen eingebracht werde. *Wittig* zufolge wird die Umsetzung der MiFID teuer werden, weil insbesondere viele IT-Prozesse angepasst werden müssten. Prof. Dr. *Peter O. Mülbert*, Mainz, gab zu bedenken, dass der Verweis auf CESR zwar nahe liege. Doch habe die Kommission in den Entwürfen für die Durchführungsrichtlinie und die Durchführungsverordnung vieles von CESR Vorgeschlagene nicht übernommen. Für einzigartig hielt er die Vorschrift zu Inducements, weil sie sowohl die Zahlung als auch den Empfang verbiete. Er wollte wissen, wie dies bei grenzüberschreitenden Transaktionen zu bewerten sei. Weiterhin äußerte er, dass es wegen der Wirkungen von erfolgsabhängigen Vergütungen auf die Entscheidungen

4 Schweizer Bundesgesetz über die Börsen und den Effektenhandel (BEHG) vom 24.03.1995, SR 954.1.

von Vermögensverwaltern gute Gründe gebe, diese beim Umgang mit Kleinanlegern nicht zuzulassen. Aufgrund der Potenzierung des Risikos würden sich bei der Betreuung vieler Portfolios die negativen Anreize der erfolgsabhängigen Vergütung noch verstärken. Diese Bedenken wegen der Potenzierung des Risikos schwächte *Benicke* jedoch ab. Man müsse auch die entgegenwirkenden Mechanismen bedenken, wie z. B. dass ein Fehlverhalten zum Verlust von Kunden führe und die Akquirierung neuer Kunden sehr schwierig sei. Rechtsanwalt Dr. *Günther Hemmerling*, Freiburg, erkundigte sich, ob der Vermögensverwalter, der ja wegen seines Know-hows beauftragt werde, eine Mitteilungspflicht gegenüber seinem Kunden habe, wenn er über ein solches Know-how nicht verfüge. *Benicke* antwortete, dass der Verwalter sein Produkt kennen müsse und verwies auf die Rechtsprechung zur Anlageberatung. Wenn der Verwalter sein Nichtwissen transparent mache, dann sei dies in Ordnung. Ansonsten komme eine Schadensersatzpflicht in Betracht. Dr. *Urs Zulauf*, Bern, erkundigte sich, ob ein Kunde ganz oder teilweise auf den Schutz verzichten könne, den ihm die MiFID biete, und falls nicht, ob dies dann nicht das Ende des Discountbrokers wäre. *Schäfer* sah keine Möglichkeit für einen wirksamen Verzicht, doch bestünden gerade für den Fall des Discountbrokers in der MiFID besondere Ausnahmen. *Benicke* merkte an, dass die Möglichkeit einer negativen Einzelweisung davon abhänge, wie das Produkt angeboten werde. *Hopt* gab zu Bedenken, dass die MiFID im größeren Zusammenhang mit dem Verbraucherschutz gesehen werden müsse, der zunehmend als ordre public angesehen werde. Weiterhin wollte *Zulauf* wissen, in welchem Umfang Anforderungen der MiFID auf Drittstaaten anwendbar seien. Hierzu merkte *Mülbert* an, es werde interessant sein zu sehen, ob auch bei der Umsetzung der MiFID Kollisionsregeln ähnlich denen zu §§ 31, 32 WpHG geschaffen würden. In diesem Fall könnten die MiFID-Regelungen anwendbar sein, wenn Dienstleistungen in irgendeiner Form grenzüberschreitend angeboten würden. Nach *Schäfer* hat die MiFID einen Paradigmenwechsel eingeleitet. Gegenwärtig gelte noch die Gastlandkontrolle, zukünftig gelte dagegen regelmäßig die Heimatlandkontrolle. Ein Schweizer Vermögensverwalter, der seine Dienstleistung in Deutschland anbiete, unterliege der Gastlandkontrolle. Würde er dagegen von deutschen Kunden in der Schweiz angesprochen werden und keine Dienstleistung in Deutschland erbringen, erfolge auch keine Kontrolle durch deutsche Behörden.

Prof. Dr. *Jens Ekkenga*, Gießen, kritisierte, dass Informationspflichten vielfach mit Wohlverhaltenspflichten gleichgesetzt würden. Die Informationspflichten dienten jedoch dazu, dem Anleger zu ermöglichen, eine eigene Entscheidung zu treffen, während bei der Vermögensverwaltung der Verwalter die Entscheidungen trifft. Es sei daher zu fragen, welchen Sinn es habe, wenn man die Informationspflichten für Vermögensverwalter extensiv auslege. *Wiegand* betonte, der Kunde habe eine Mitwirkungspflicht, damit der Vermögensverwalter einwandfrei arbeiten könne. Lege der Kunde seine Ziele nicht offen, könne er dem Vermögensverwalter nicht entgegenhalten, dass dieser auf seine Ziele keine Rücksicht genommen hätte.

Rechtsanwalt Dr. *Roland Erne*, Düsseldorf, sah eine wesentliche Neuerung der MiFID in dem Beratungsverbot, wenn der Kunde sich weigere, zu seinen Verhältnissen Auskunft zu geben. Er wollte wissen, was das Beratungsverbot für den Verwalter bedeute, wenn der Kunde nicht ausreichend informiere. *Schäfer* antwortete, dass für den Vermögensverwalter ein Beratungsverbot bestehe, wenn er nicht in die Asset Allocation eingebunden worden sei. In diesem Fall müsse der Verwalter sich daran halten, was ihm vorgegeben werde. Während der Anlageberater darauf hinweisen müsse, dass er nicht vollumfänglich beraten könne, bestehe für den Vermögensverwalter eine solche Hinweispflicht jedoch nicht.

Rechtsanwalt *Stefan Allmendinger*, Stuttgart, sprach die Informations- und Beratungspflichten bei steuerlichen Fragen an. Hierzu gab *Wiegand* zu bedenken, dass der Kunde – unabhängig von der Qualifizierung als Pflicht oder Obliegenheit – eine Mitwirkungspflicht habe. Nur so könnte die Bank bzw. der Vermögensverwalter optimal arbeiten. Wenn der Kunde die ihm wichtigen Aspekte nicht offen lege, könne er sich nicht über eine mangelnde Rücksichtnahme beklagen. Auch Rechtsanwalt Dr. *Raimund Wollenberger*, Wien, wollte wissen, ob sich die Bank angreifbar mache, wenn sie dem Kunden – auf dessen Wunsch hin – Post, wie z.B. Kontoauszüge, nicht zusende, sondern an ihrem Schalter für ihn zur Abholung bereithalte. Darauf antwortete *Schäfer* mit dem Hinweis auf die zivilrechtliche Zugangsregelung und diesbezüglich mögliche Vereinbarungen. Die MiFID enthalte dafür keine ausdrücklichen Regelungen. Rechtsanwalt Dr. *Markus Escher,* München, fragte nach den Auswirkungen der MiFID auf institutionelle Vermögensverwaltungsverträge mit einer Kapitalanlagegesellschaft (KAG). *Schäfer* antwortete, dass die MiFID grundsätzlich auch für eine KAG gelte, wenn sie als Nebendienstleistung eine Finanzportfolioverwaltung anbiete. Für institutionelle Kunden sei der Umfang der zu beachtenden Regeln aber geringer. So dürften z.B. Erfahrung und Kenntnisse bei diesen Kunden unterstellt werden. Allerdings müssten dennoch Fragen nach den Vermögensverhältnissen gestellt werden.

II. Übernahmerecht im Gefolge der EU-Übernahmerichtlinie

Die zweite Abteilung, die sich dem Thema Übernahmerecht im Gefolge der EU-Übernahmerichtlinie widmete, wurde von Dr. *Urs Zulauf,* Vizedirektor und Leiter des Rechtsdiensts der Eidgenössischen Bankenkommission, Bern, geleitet.

2.1 Prof. Dr. *Karl Hofstetter*, Hergiswil, setzte sich in seinem Vortrag mit den Auswirkungen der neuen EU-Bestimmungen zum Übernahmerecht auf die Schweiz auseinander und diskutierte die Unterschiede zwischen den Regelungen. Schwerpunkte setzte er bei den extraterritorialen Auswirkungen, der Neutralitätspflicht, der Durchbruchsregel und der Angebotspflicht.

[Beitrag *Hofstetter*, S. 91]

2.2. Prof. Dr. *Peter Doralt*, Wien, widmete sich in seinem Vortrag dem Übernahmerecht in Österreich. Zunächst stellte er das bisherige österreichische Übernahmerecht und die österreichischen Übernahmekommission vor. Sodann wandte er sich dem seit dem 20.5.2006 in Österreich geltenden neuen Übernahmerecht zu und erläuterte zentrale Aspekte des neuen österreichischen Rechts.

[Beitrag *Doralt*, S. 109]

2.3 Daran anschließend stellte Prof. Dr. *Peter O. Mülbert*, Mainz, das deutschen Übernahmerecht vor. Dabei erläuterte insbesondere auch er die vorgenommenen Anpassungen im Gefolge der Übernahmerichtlinie und zeigte den weiterhin bestehenden Änderungsbedarf im deutschen Übernahmerecht auf.

[Beitrag *Mülbert*, S. 141]

2.4 In der Diskussion erkundigte sich zunächst Rechtsanwalt Dr. *Lutz Krämer*, Frankfurt am Main, ob in der Schweiz ein „Anschleichen“ an die Zielgesellschaft möglich sei. *Hofstetter* antwortete, dass in der Schweiz die Meldepflicht erst bei 5% beginne und sodann außerdem eine Freigrenze für weitere 4,9% bestehe. Außerdem seien die Meldepflichten in der Schweiz schwer durchzusetzen. Rechtsanwalt *Oliver Rossbach*, Berlin, fragte nach Möglichkeiten, um die mangelnden Hauptversammlungspräsenzen zu verbessern. *Doralt* wies darauf hin, dass Hauptversammlungspräsenzen zumeist von der Anzahl der Großaktionäre abhingen und es keine validen Untersuchungen zu Streubesitzpräsenzen gebe. *Hofstetter* kommentierte, dass die Hauptversammlungspräsenzen insbesondere bei Gesellschaften mit hohem Streubesitz sehr gering seien. In der Schweiz käme die Besonderheit der Dispoaktien hinzu, bei denen sich Aktionäre nicht ins Aktienbuch eintragen lassen müssten. In den USA helfe das Proxy-System, um hohe Präsenzen zu erreichen, doch sei dies in der Schweiz nicht konsequent eingeführt worden. *Mülbert* wies darauf hin, dass in dieser Saison die Hauptversammlungspräsenzen in Deutschland gestiegen seien. Geringe Präsenzen seien oft darauf zurückzuführen, dass Aktionäre apathisch seien oder Fonds an den Unternehmen beteiligt sind. Für letztere sei es oft kaum lohnend, auf allen Hauptversammlungen von allen Unternehmen zu erscheinen, deren Aktien sie im Portefeuille haben.

Stichwortverzeichnis

FSC
www.fsc.org
MIX
Papier | Fördert gute Waldnutzung
FSC® C083411

Kolibri 360 GmbH
Ferdinand-Jühlke-Straße 7
99095 Erfurt, Deutschland
produktsicherheit@kolibri360.de